フライフィッシングの「高そうな壁」をらくらく乗り越える、3日でマスター術

白川 元

目差せ！ 3日でマスター

目的は、管理釣り場で最初のトラウトに出会うこと

Day1 準備

道具をそろえ・タックルをセッティングし・
仕掛けの結びをマスターする

Day2 練習

ロッドにラインを通して振ってみる・
基本のキャストとリトリーブをマスターする

Day3 本番

ヒットからランディングまでをマスターする
フライフィッシングは、自然をよく観察し、独特な動作で
魚と出会うアウトドア・アクティビティ。
1尾との出会いに初めて体験する感動が待っている

そして、そのあと Day4 以降は…

国土の約75%を山地が占める日本列島には3万本以上もの
河川が流れ、湖沼も含めて、フライフィッシングの
メインターゲットとなるトラウトたちが生息する。
つまり、フライフィッシングのフィールドだらけといっていい。
自然のフィールドは、本書を活用して管理釣り場で覚えた
フライフィッシングに、さらに無限の喜びと楽しみを与えてくれるだろう。
「4日目以降」には、生涯を通じて探求する
価値のある世界が広がっている。

Day1 — 準備

Day1

Day2 — 練習

Day2

Day3 — 本番

Day3

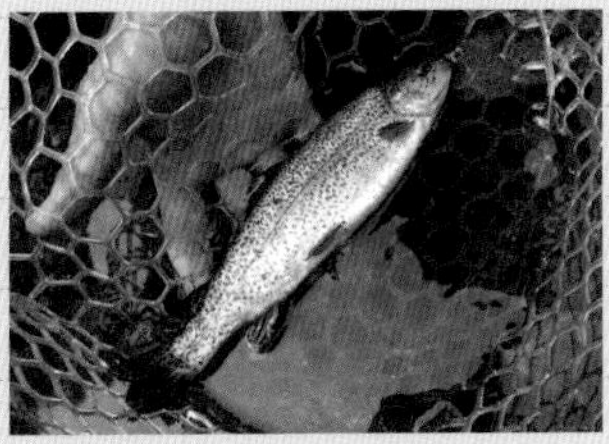

Day4以降

Day4以降

メインターゲットの生態

フライフィッシングにおける国内の代表的なターゲットは、
ヤマメ、アマゴ、イワナ、ニジマスのトラウト類。

ヤマメ

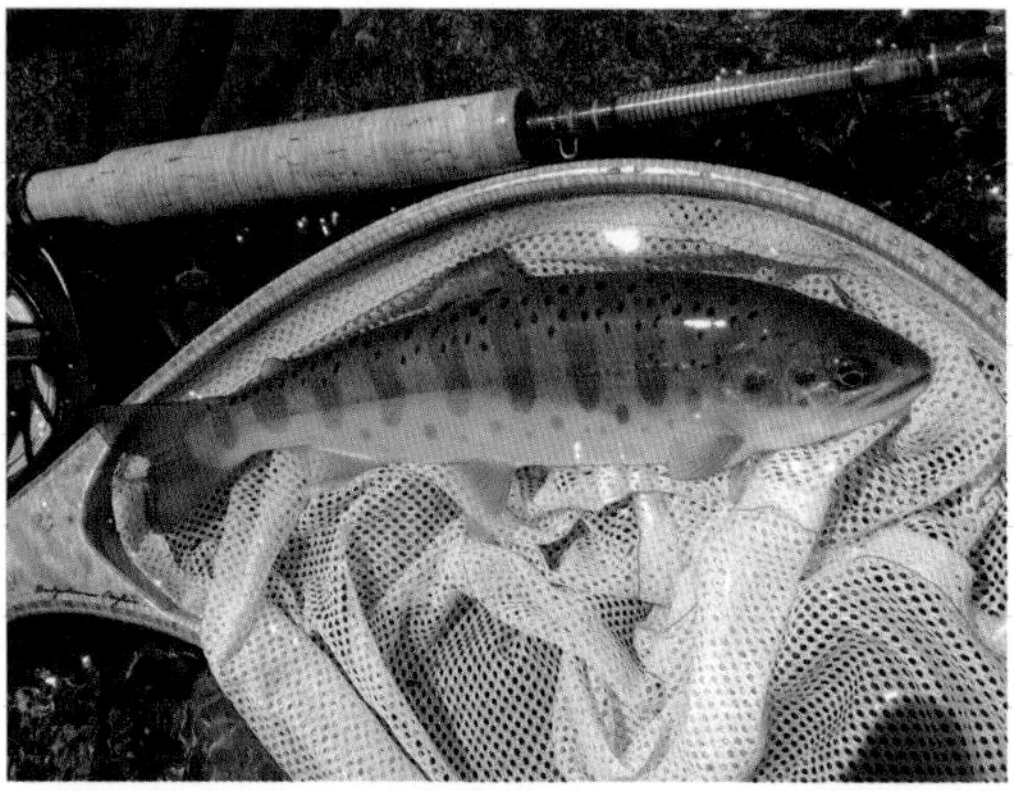

渓流の女王と呼ばれる日本を代表する美しいトラウト。水温 20℃以下の清流から渓流に棲み、基本的にウグイより上流、イワナより下流に生息する（混生も多い）。降海して大きくなり、産卵のため生まれた川に戻ってくるものをサクラマスという。
成魚の魚体にはパーマークと呼ばれる青緑色の大きな斑点がある。朱点はない（朱点があるのはアマゴ）。成魚の体長は 20㎝前後が多いが、なかには 30㎝を超えるものもいて尺ヤマメと呼ばれ、釣り人羨望の的となる。
南限は鹿児島県で、アマゴの生息している川と千葉県を除く北海道までの河川で広範囲に生息している。産卵は秋で、オス、メスとも黒ずんでピンク色の婚姻色が出る。

アマゴ

ヤマメと同じ生態で、魚体には朱点がある。降海して大きくなり、産卵のため生まれた川に戻ってくるものをサツキマスという。
自然分布は、神奈川県酒匂川以西の本州太平洋側の河川、四国全域、大分県大野川以北の九州および瀬戸内海に注ぐ各河川。近年は放流事業等によりヤマメとの分布が乱れつつある。

イワナ

地域性が強く、川によっても体色や模様が異なることがある。地方変異種または亜種としてニッコウイワナ、ヤマトイワナ、アメマス、ゴギ、キリクチがある。
自然分布では四国と九州には生息しない。低水温を好み、ヤマメやアマゴより上流部に棲む。産卵は秋で、細流に入って産卵する。産卵後も多くは死なず、再度産卵する。寿命は５～６年といわれ、大きいものは 60㎝にもなる。

ニジマス

英名レインボートラウト。体側の中心からエラにかけての朱色～赤紫色の帯が虹を連想させることから、そう呼ばれる。原産は北米で、カムチャツカントラウトは同種。降海型はスチールヘッドと呼ばれる。19 世紀後半日本に移殖され、適応力があることと養殖が簡単なため、食用としても人気のある淡水魚となった。現在では北海道の河川に定着し、本州でも一部の河川と湖沼に放流され、ゲームフィッシュとして人気。また、管理釣り場のメインターゲットといえばこのニジマスである。

産卵は、水温が高い川で 1 月から 2 月、水温が低い川で 4 月から 6 月、また飼育環境下では 11 月から 3 月とされている。寿命は 5 年以上。大きいものは 1 m を超える。

その他のトラウトたち

国内では北海道のみに生息するイトウ。1 m を超える大型も希に見られる

大きな白斑が特徴のアメマス。これは湖沼で釣ったもの

ブラウントラウトは魚食性が強い。写真は湖沼で釣ったもの

栃木県中禅寺湖のみに生息するレイクトラウト

湖沼型のサクラマス

はじめに

私は28年間、東京都内のフライフィッシング専門店で接客をしてきた。その経験上、「これからフライを始めたい」というお客さんには、２つのタイプがあると思う。１つは、友だちや会社の先輩などに教えてもらいながら、あるいはスクール等に入って教わりながら始めるタイプ。もう1つは、全く誰にも教わらず始めようとするタイプである。私の感覚では、後者の割合は前者の10分の1にも満たないが、決してゼロではなかった。

また、以前釣り雑誌編集の方から、一般の方を対象に「どんな釣りに興味があるか？」とアンケートを取ると、「フライフィッシング」と答える方が意外に多いと聞いた。ということは、フライに興味があっても、ハードルが高そうで、お店にたどり着く前にあきらめてしまう方もけっこう多いのではないだろうか。

一方で、これからフライフィッシングを始めたいというお客さんが来店されると、私は初めに「いつ」「どのようなフィールド」で「どんな魚」を釣りたいかをお聞きしていた。すると、「川でフライフィッシング」というイメージはあるのだが、「いつ、どこで、何を」釣りたいかを具体的に即答できない方が意外に多かった。

このようなことから、本書では、私が今まで入門者や初心者の方にお教えしてきた経験をもとに、まずは管理釣り場で手っ取り早くフライフィッシングの魅力を感じてもらえる構成と解説を練ってみた。それがすなわち「3日でマスター術」である。また、将来自然のフィールドで野生魚に出会いたいと思った時にきっと役に立つ知識とアドバイスも後半に用意した。

フライフィッシングの入口を管理釣り場に設定したのは現実的な理由もある。私の経験上、最近は90％以上の方が、季節にかかわらず管理釣り場からフライフィッシングを始められるからだ。ちなみに、私が勤めていたお店では、秋冬になると風物詩のようにお客さんとよくこんなやり取りが交わされた。

「近郊の自然の川でフライフィッシングで釣ってみたいのですが」

「川はどんな川ですか？　渓流ですか？」

「そうです」

「では魚は、ヤマメやイワナなどの渓魚ですね？」

「そうです」

「そうしますと、このあたりの渓流のヤマメ・イワナ釣りは、今の時期は禁漁となっています。たいていの川は、10月1日から2月末まで禁漁です」

「えーっ！」

「いえいえ、お客様。がっかりされることはありません。一年中営業している管理釣り場が近郊にたくさんありますし、川の漁協がやっている冬季マス釣り場もあります。まずは魚がたくさんいる管理釣り場で練習して、来年暖かくなってから自然渓流に行かれてはいかがでしょう。ゴルフも練習場で練習してからコースに出るのと同じです。自然渓流へ行くとなると道具のほかに川を歩くための装備、たとえばウエーダーやウエーディングシューズも必要になりますが、管理釣り場なら多くの場合、普通のシューズでも大丈夫です。ウエーダーやウエーディングシューズは川が解禁になるまでにおそろえになられたらよろしいかと」


そうお話しすると、お客さんは納得して管理釣り場から始められることになる。

今、フライフィッシングを始めてみたい、あるいは始めたばかりでいろいろ分からないことが多いという方へ。誰かに教えてもらいながらでも、本書を頼りにひとりででも、どなたにもこの一冊があなたの大きな一歩を踏み出せる手助けになることを願って止みません。

さあ、一緒にフライフィッシングを楽しみましょう。

Day3 本番

装丁　神谷利男デザイン株式会社
本文イラスト　廣田雅之

Day4以降

Day 1
準備

道具をそろえながら基礎知識と用語を覚える

タックルのセッティング、ノット（結び方）ができるようになる

本章は、Day２、３と進んだ時、現場でものごとがスムーズにいくための、料理でいえば「下ごしらえ」的なステージ。忘れ物があったりすると困るので、１つずつチェックしていこう。

To Do List

- □ フライフィッシングを始めるために最低限必要な 14のタックル（道具）をそろえる
- □ タックルのセッティング（組み立て）
- □ 3つのノット（結び）でライン・リーダー・ティペット・フライ（毛バリ）をつなぐ

最低限必要な14のタックル（道具）と名称

1/14 フライロッド

「番手」指定がある専用設計されたサオ

シングルハンドのカーボンロッドでヒットしたニジマス

フライフィッシングで使うサオをフライロッド（Fly Rod）という。ちなみにルアーフィッシングはルアーロッド、ブラックバス釣りのサオはバスロッドという。

フライロッドにはカーボン（グラファイト）、グラス（グラスファイバー）、バンブー（竹）製のものがある。初心者には軽くて投げやすいカーボン製のロッドをお勧めしている。カーボンロッドは釣りのジャンルを問わず一番流通しているものだ。

片手で振るロッドをシングルハンドロッド、両手で振るロッドをダブルハンドロッドまたはツーハンドロッドという。近年はスイッチロッドといって、片手、両手のどちらでも振れる（スイッチできる）ロッドもある。

フライロッドは何本かを継いで1本のロッドにする継ぎザオタイプが主流で、継ぎの本数をピースという言葉で表わす。2本継ぎは2ピースロッド、4本継ぎは4ピースロッド。継ぎ数の多いロッドをまとめてマルチピースと称することもある。ロッドの継ぎの部分はジョイントという。

「番手」とは？

フライロッドには「番手」という表示がある。ひと言でいうと強さのようなもので、数字が大きいほど強いロッドだ。国内の淡水域では、対象魚・使用するフライ・フィールドの規模等に応じて3番から8番までを使うことが多い。番手は#記号に数字をつけて「#○」と表わされる。もしも#3と書かれていれば、3番ロッドだ。番手は何で決まるか？　それは、ラインの項に図解と表を載せているが、American Fly Fishing Trade Association（AFFTA）という組織でフライラインの規格が定められており、ロッドの番手はこのライン規格に呼応している。つまり、#3は3番ラインを投げるのに最適なロッドという意

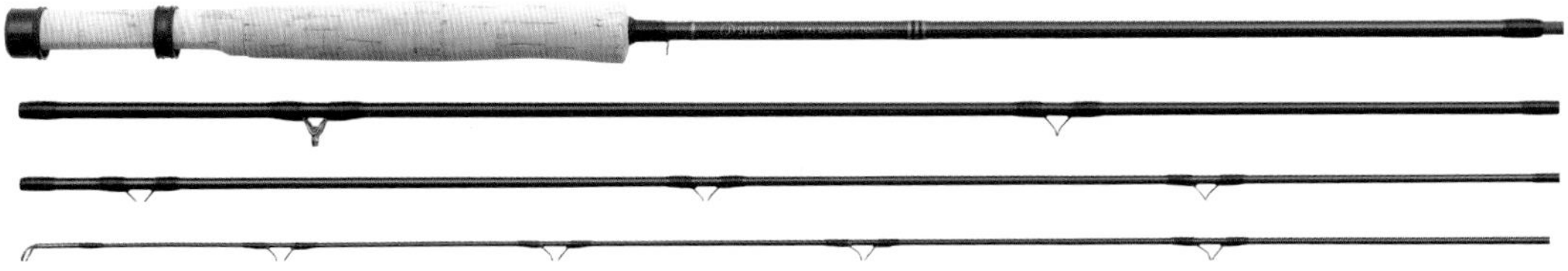

４本継ぎのフライロッドを４ピースロッドという。写真は渓流用の 7ft6in#3

２本継ぎの２ピースロッド。かつてはこの２ピースが主流だったが、最近は番手を問わず少なくなった

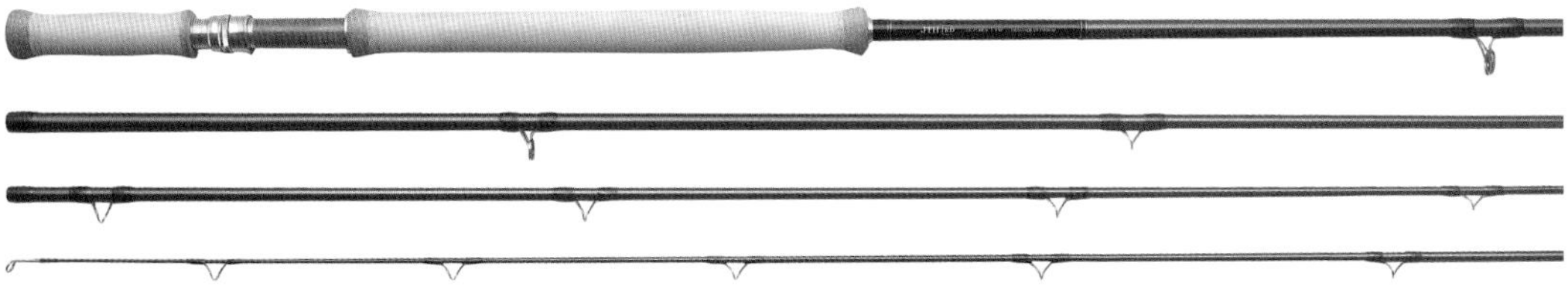

ツーハンドロッドはリールシートの下側にも短いグリップがつく。写真は 13ft1in#8/9。
番手が上がるとロッドは径が大きくなり、強くなる

8'0"#3 ＝８フィート３番。ロッドにはこのようにスペックが記されている

味。５番ラインを投げるなら＃５ロッド。なかには＃６−７など複数番手に適合するように作られたものもある。

この規格はフライラインの先端約９ｍの重さで決められ、番手が上がるほど重くなる。したがって、番手が大きくなるほどロッドもパワーが必要になり硬くなる。ロッドとラインの番手が合っていないとバランスが崩れ、キャスティング（ロッドを振ってラインを投げること）などが難しくなるので、合わせるのが基本だ。

長さはフィート（ft）とインチ（in）

ロッドの長さはメートル法や尺貫法ではなく、ヤード・ポンド法によるフィート（ft）とインチ（in）が使用される。１フィートは約30㎝。ロッドやカタログには、たとえば「8'0"」（８フィート０インチ）のように表記され

る。注意しなければならないのは、フィート・インチは12進法のため、「8フィート半（ハチハン）」または「8' 1/2"」といった場合、8フィート6インチになることだ。

シングルハンドの場合は一般的に7〜9フィートのロッドを使うことが多い。グラスロッドは6フィート台もある。また、ロッドは番手が大きく硬くなっていくと、長くなっていくのが一般的だ。

フライロッド

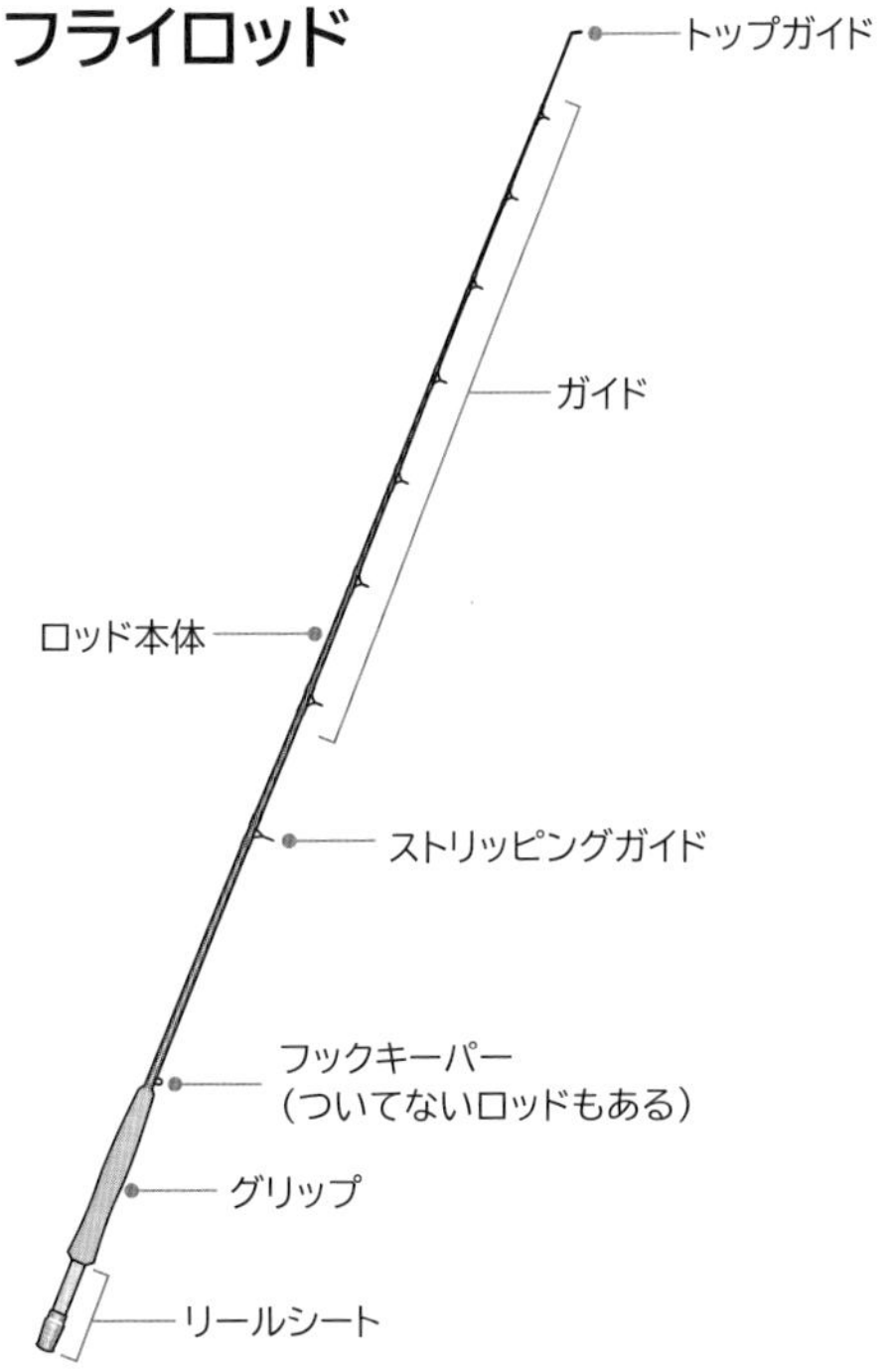

それでは最初はどのロッドを選べばよいのだろうか。

私は初心者のお客さんには次のように説明してきた。

「ロッドは＃3〜4が渓流向きで、＃6〜8が大きな川や湖向き。＃5はそのちょうど中間的なオールラウンダーのロッドで、管理釣り場やキャスティング練習に向いています。その反面、渓流には硬めで、湖では柔らかく風に弱いロッドともいえます」

そしてこう続ける。

「ゴルフのクラブで考えると分かりやすいかもしれません。＃3、4がパターで＃5がアイアン、＃6〜8がウッドにたとえられます。もし渓流で＃5ロッドを使うとするとグリーンでアイアンを用いるようなもので、また湖で＃3ロッドを使うのは、ゴルフのティーグラウンドで第1打をパターで打つようなものです」

具体的には、シングルハンドのロッドで番手と長さは次のように分けてお勧めする。

・渓流で将来釣ってみたい方
7・5ft＃3または＃4

・湖で将来釣ってみたい方
8・5〜9ft＃6

・どこで釣るかをまだ決めていないか、管理釣り場で釣りたい方
8〜8・5ft＃4または＃5

初心者用のセット（キット）もだいたいこのように分かれている。購入する際はそれぞれ番手と長さに注意してほしい。

フライロッド各部の名称（図参照）

・リールシート　リールを取り付けるパーツ。フライロッドで外見上の一番の特徴はリールシートの位置。リールを使う他のサオとは異なり、グリップの下＝ロッドの一番下にリールシートがくる（ダブルハンドの場合は別）。

・グリップ　ロッドを持つところ。ほとんどがコルク製。なかにはEVA（プラスチック系の柔らかい樹脂）製のものもある。

・ガイド　リールから出したフライラインを通すところ。先端についているガイドをトップガイドという。フライフィッシング独特のワイヤを曲げて作ったような途中のガイドをスネークガイド、一番下の大きいリングのガイドをストリッピングガイドという。

・フックキーパー　フライを留めておくガイド。ここにはラインは通さない。

2/14

フライリール

サイズとハンドルの向きに注意

フライリールは収納するラインの番手に応じて、同じ製品でも写真のように複数サイズが用意されている。使用するラインにマッチしたリールを選ばないと、ラインを巻いた時にスカスカだったり、巻ききれない恐れもある

フライフィッシングで使うリールをフライリールという。ほとんどがアルミニウム製で、プラスチックやカーボン、ブラス製のものもある。ちなみにルアーで使うリールは形態上スピニングリールとベイトキャスティングリールに大別される。

フライリールにはハンドルの巻く向きがある。右手で巻く（巻き取る）のが右巻き、左手で巻くのが左巻きだ。どちら向きで巻かなければならないという決まりはないが、日本では右利きの初心者には右巻きで使うことをお勧めするほうが多い。フライフィッシングでは、特別に力の強い対象魚以外はリールで直接魚とやり取りをすることがないからだ。詳しくは後述するが、魚が掛かったら左手でラインをたぐり、足元にラインが溜まり邪魔になったらロッドを左手に持ち替えリールで巻き取る。

ちなみに、たいていのリールは右巻き・左巻きの変更が可能。ま

クリックタイプのフライリール。本体裏側の小さなつまみを回してブレーキの強弱を調整する。製品によっては調整機能がないものもある

ディスクブレーキを搭載したフライリール。引きの強い対象魚を相手にする場合によく使われる。本体裏側のやや大きなダイヤル状のパーツを回してブレーキの強弱を調整する

フライリール

表

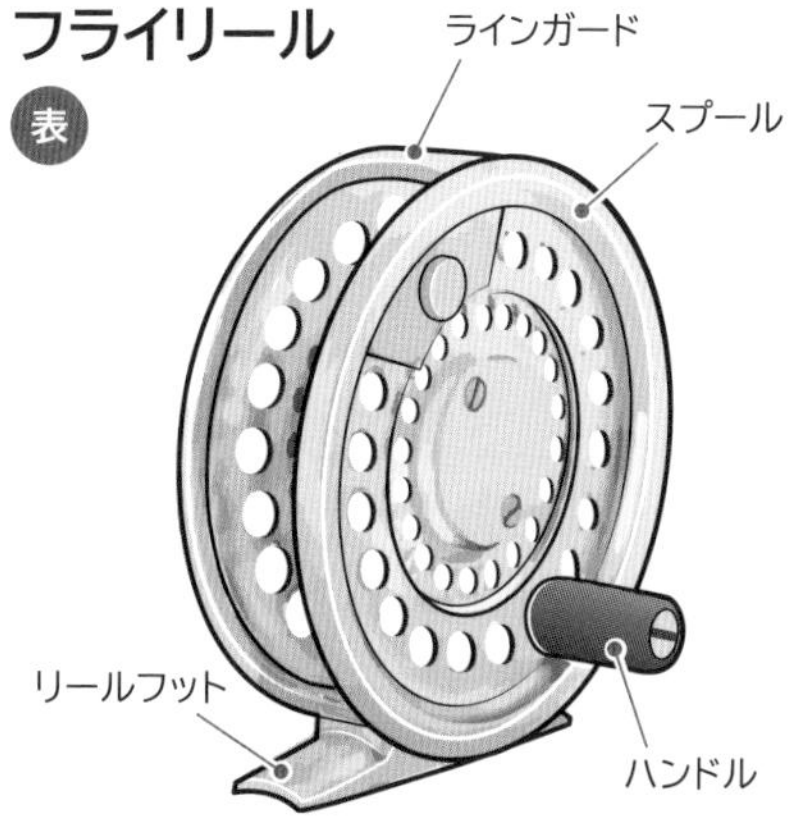

裏

クリックタイプ
（小さなつまみ等でブレーキの強弱を調整）

ディスクブレーキタイプ
（操作がしやすいように大きめのダイヤル状のパーツがつく）

た日本の初心者セットのリールは右巻きでセッティングしてある。米国製のセットは左巻きが多いので注意が必要だ。

フライリールはスプールが逆転した時にブレーキがかかる仕組みで、板バネの強さでブレーキを効かせるクリックリールと、ディスク版を締め込むことでブレーキを効かせるディスクリールの2タイプがある。どちらでも問題ないが、初心者には軽量なクリックリールをお勧めすることが多い。

サイズについて

フライリールは同じ製品でも靴のようにいくつかのサイズが用意されている。これは収納するフライラインの番手によって必要となるスプールの大きさが変わってくるためだ。その表記はまちまちで、1・2・3となっていたり、34・56・78などライン番手が表記されているものもある。セット（キット）であらかじめセッティングされている場合はよいが、リールを単体で選ぶ際には、そのリールが何番ライン用かを確認し、ラインの番手に合わせた大きさのものを購入すること。つまり、ロッドもリールも使うフライラインの番手に合わせて選ぶのが大前提となる。

フライリール各部の名称（図参照）

・**スプール**　イトを巻く内側のドラム状のパーツ。ほとんどのリールはスプールを外すことができる。メンテナンスや左右の切り替えの時に外す。

・**ハンドル**　指でつまみ回す突起。

・**リールフット**　リールの足の部分。比較的薄く出来ていて、落として地面にぶつかると曲がったり折れたりすることがよくあるので注意が必要。

・**ラインガード**　フレームにラインが当たり削れるのを防ぐためのもの。ついていないモデルもある。

3/14

フライライン

重さで規格化され種類&グレードは多彩

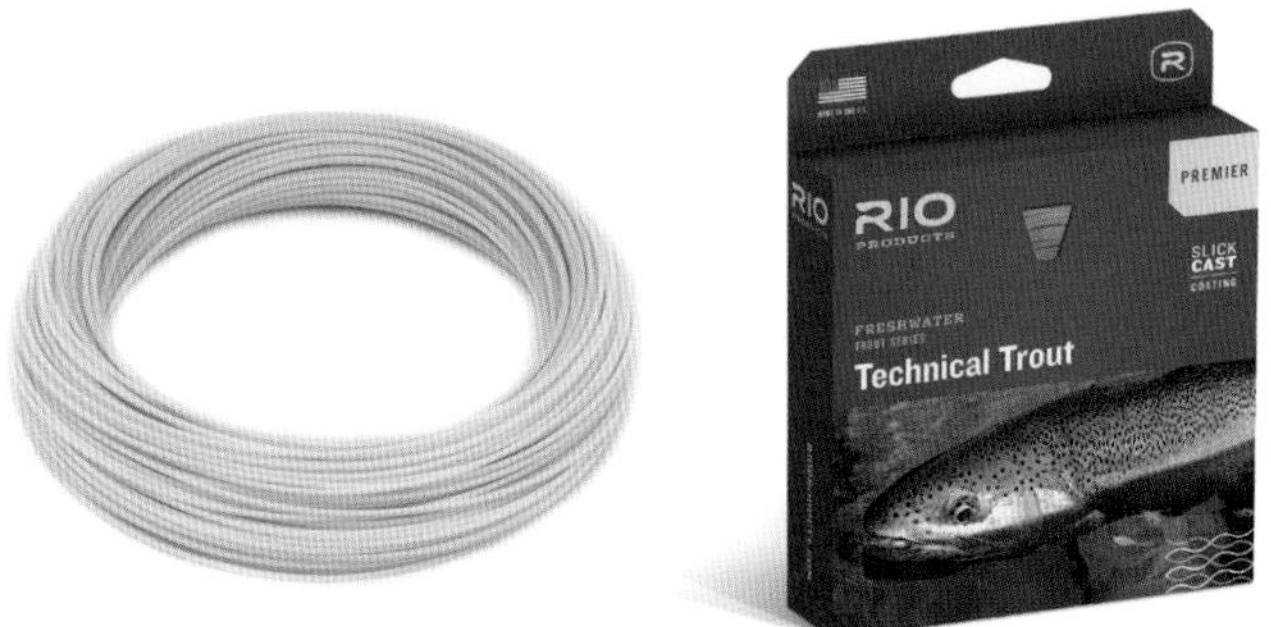

フライラインのパッケージ例（右）とフライライン
フライラインは水に浮くフローティングと沈むシンキングに大別されるが、現在はそこから非常に多くの種類やグレードに枝分かれしていく。フローティングラインは写真のように視認性のよい明るいカラーが特徴。シンキングタイプは総じて地味な色が多い

バッキングライン。右は横からラインが見える状態
バッキングライン。フライラインをリールに巻く前に、下巻きとしてこれを巻く。最初はどのくらい巻けばよいか分からないと思うので、購入したお店でその場で店員さんに聞くとよい

フライフィッシングで使うライト（ライン）は、フライ（毛バリ）を遠くへ飛ばすために、オモリの代わりにそれ自体に重量がある専用品を使う。

ロッドの項で解説したようにフライラインはAFFTA規格により、重さで各番手が定められている。3番手の重さのラインは3番ライン（スリーウエイトライン）、4番手の重さのラインは4番ライン（フォーウエイトライン）という。番手は#記号で表わされ、#3ライン、#4ラインなどと表記される。

フライラインは、まず水面に浮くフローティングラインと高比重で沈むシンキングラインに大別される。また、浮きはしないがほとんど沈まないインターミディエイトというラインもある。

多彩なバリエーション

フライラインには次のような種類

AFFTA フライライン規格

※フライライン先端から 30ft（約 9m）までの重量を規定したもの。

ライン番手	先端30ftのグレイン数（1グレイン=0.0648g）	先端30ftのグラム数
#1	60	3.90
#2	80	5.20
#3	100	6.50
#4	120	7.80
#5	140	9.10
#6	160	10.40
#7	185	12.00
#8	210	13.60
#9	240	15.55
#10	280	18.15
#11	330	21.40
#12	380	24.60
#13	450	29.20
#14	500	32.40
#15	550	35.60

フライラインのテーパー

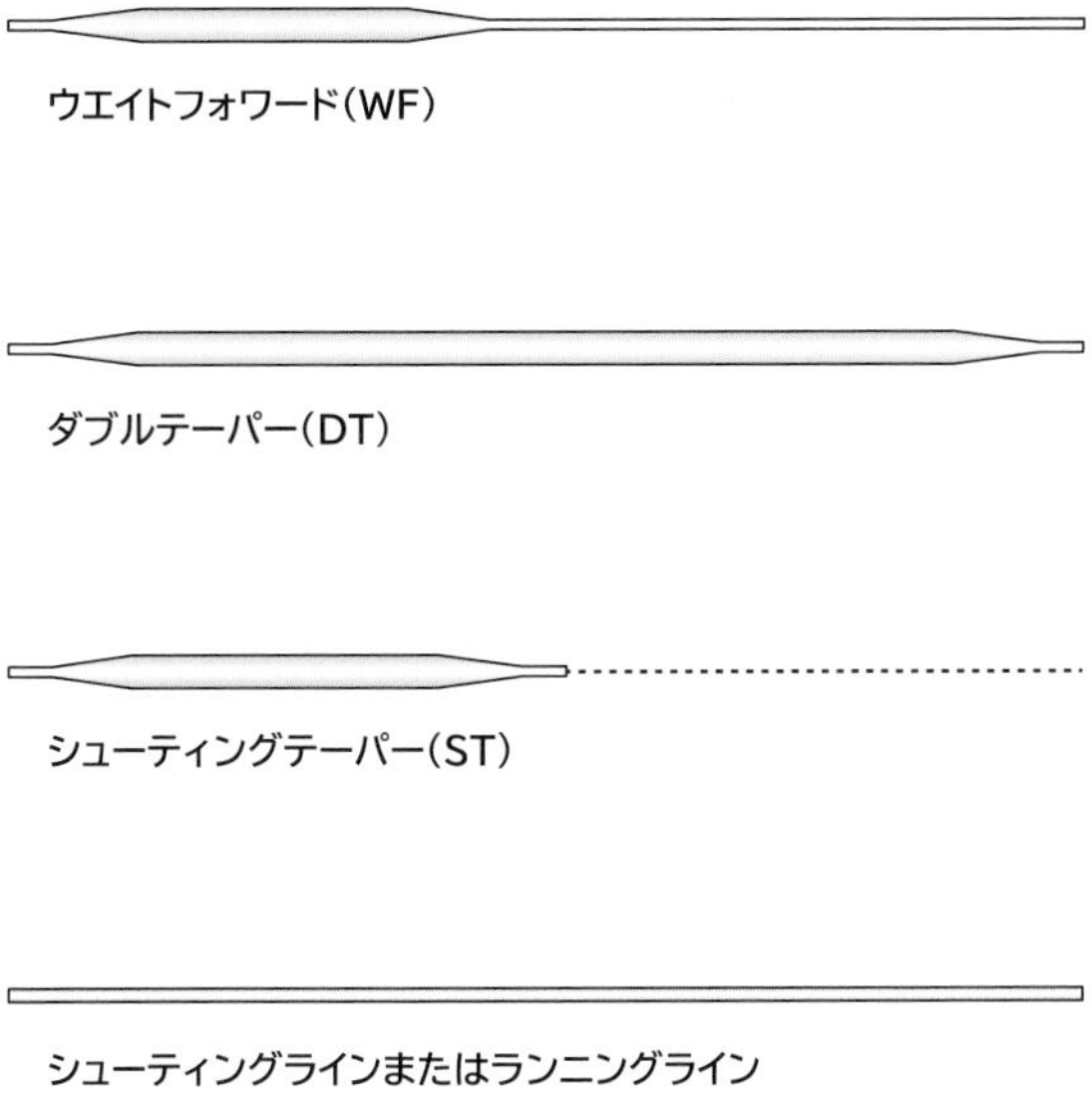

がある。（図参照）

・ウエイトフォワード（WT）

フライラインの先端側が太く重さがあるタイプ。長さは一般的に25〜30ヤード。（1ヤード約90㎝）。直進性と飛距離に優れ、より遠くへ飛ばしたいフィールドに適している。

・ダブルテーパー（DT）

両端にテーパー（段々と細くなる）がついた前後対称形のライン。傷ついたり切れたりした場合、前後を逆にしてもう一度使うことが可能。ウエイトフォワードと比較すると飛距離が出ない。渓流などの近い距離で使う場合に適している。長さは一般的に25〜30ヤード。

・シューティングテーパー（ST）またはシューティングヘッド

ウエイトフォワード先端の太い部分だけを切り取ったようなライン。シューティングライン（またはランニングライン）と組み合わせて遠投に用いる。長さは一般的に10〜12ヤード。STは中級者以上向けのラインだ。

・シューティングラインまたはランニングライン

シューティングヘッドの後端に接続して使用する、細くてテーパーがついていないライン。

・バッキングライン

リールに最初に巻く下巻きイト。本来はフライラインがすべて出てしまった時の予備だが、リールの巻き軸をかさ上げして、フライラインに巻きグセがつかないようにする役割もある。フライラインの強度と同等かそれ以上のもの（20〜30ポンド）を使い、リールの大きさにより巻けるぶんの長さを巻く。バッキングラインはスプールに50〜100ヤード巻かれた状態で市販されており、巻ききれなければ次の機会に使うとよい。

リールに直接フライラインを巻くことはできないので、必ずバッキングラインを巻く。最初はどれだけバッキングラインを巻いたらよいか分からないと思うので、ショップの店員さんに聞くこと。

最初の1本は……

ライン選びは初心者には難しく、ロッドに合わせてすでにリールにセッティングされているものを除けば、はじめはショップの店員さんお勧めのラインを使うのが無難だと思う。

自分で選びたい方のために、目安としてお勧めのラインを挙げる。いずれの場合もバッキングラインは必須だ。

#3ロッドを選んだ方
DT3F　ダブルテーパー3番のフローティングライン。

#4ロッドを選んだ方
DT4F　ダブルテーパー4番のフローティングライン。

#5ロッドを選んだ方
WF5F　ウエイトフォワード5番のフローティングライン。

#6ロッドを選んだ方
WF6F　ウエイトフォワード6番のフローティングライン。

渓流はフローティングライン一択でシンキングは使わない。

管理釣り場や湖ではシンキングラインも使うが、まずはカラフルで見やすい色のフローティングラインを使うことをお勧めする。必要であればシンキングラインを追加して用意する。

フライラインは各メーカーからさまざまな種類の製品が市販されている。グレード（＝価格）もピンキリだ。ラインの寿命は、切れなければ（滅多に切れない）1年以上使える。品質と手入れがよければ2～3年は使える。品質の悪いラインは、投げづらかったり、すぐに劣化したりするため、初心者は小売価格で5000円前後以上のラインを選ぶことをお勧めする。

コラム

フライラインの寿命と手入れ

お客さんから「フライラインは、どれくらい使ったら交換すべきか」とよくたずねられた。その時は、「よく釣りに行かれる方で、通常、フローティングラインは1年で交換されたほうがよいと思います。ただ、ダブルテーパー（DT）の場合は、前と後ろをひっくり返して使えますので、2年間使えることになります」とお答えしていた。

もう少し詳しく説明すると、フローティングラインの場合は、表面がひび割れてくるか、全体的に硬くなり巻きグセが取れなくなってきたら交換のタイミングである。フローティングラインは（一部のメーカーを除き）PVC でコーティングされている。いわゆるビニールの一種だ。そう考えると、紫外線に長く当たればひび割れてくるし、経年劣化で硬くなるのも理解できる。

しかし、それは手入れによって変わってくる。フローティングライン用のフライラインクリーナーやフライラインドレッシング（シンキングライン用にはシンキングラインドレッシング）が販売されている。それらをこまめに使って手入れすることで、ラインの浮力や滑りを回復するだけでなく、寿命を長くすることができる。面倒でも、ラインの使用後には毎回、クリーナーやドレッシングで手入れすることをおすすめする。

また、もう1つの交換のタイミングは、リーダーをネイルノットやスプライスで直接結んでいる場合に、リーダーを交換する度にラインのティップ（先端のテーパーのない細い部分）を切り、先端が太くなってしまった時である。太くなったところにリーダーを結んで使うと、キャスト中にラインが暴れて上手くキャストできない。ティップは通常30～50㎝あるが、リーダーをつける際になるべく切るぶんを短くしないと、すぐにラインを交換しなくてはならなくなり、不経済だ。リーダーリンクやブレイデッドループを使っている場合は、ラインを切らないので問題ない。

4/14 リーダー

フライをターンさせラインから離れたところに落とす

5/14 リーダーリンク

フライラインとリーダーを簡単接続

6/14 ティペット

フライフィッシングの〝ハリス〟

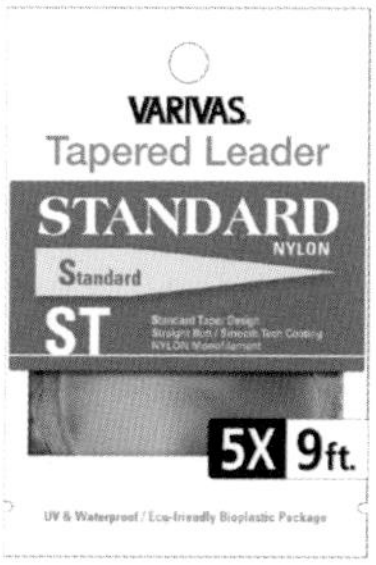

5X9ft ナイロンリーダー。パッケージには「STANDARD」の表記とともに、テーパーが分かりやすく図案化されている

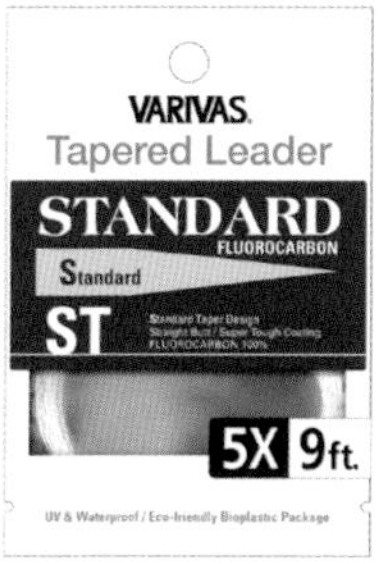

5X9ft フロロカーボンリーダー。「STANDARD」の文字、テーパーの図案はナイロンリーダーと同じ。ただしよく見るとSTANDARDのすぐ右下に「FLUOROCARBON」とあり、フロロカーボン素材のリーダーであることが明記されている。ナイロンリーダーは同じ位置に「NYLON」と記されてあり、間違えないように注意

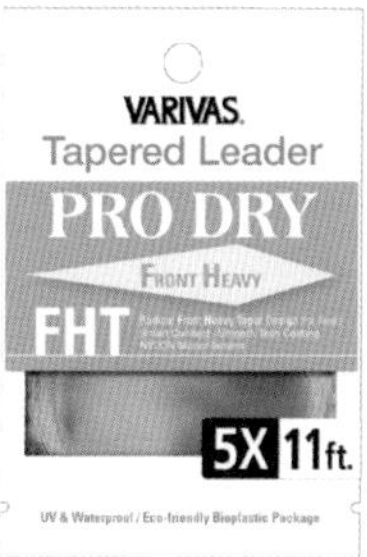

5X11ft ナイロンリーダー。スタンダードのナイロンリーダーと比べると2フィートも長く、テーパーの図案もスタンダードとは大きく異なり、ウエイトフォワードのフライラインのように先端側が太くなっている。これは風が強い時や大きなフライでもしっかりとフライをターンさせるために設計されたものだ

リーダー

フライラインの先端に接続する透明なライン。テーパー（段々と細くなっていくこと）がつけられ、先端に向けて細くなっていくのでテーパードリーダーともいう。

リーダーにテーパーがあることにより、フライラインからリーダー、そしてティペットを介して結んだ軽いフライ（毛バリ）までエネルギーがスムーズに伝達され、ターン（伸びきること）して遠くに飛んでいく。

「こんなに太くてカラフルなラインだと魚が警戒してフライを食べないのではないですか？」

初心者の方からよくこんな質問を受ける。私は次のように説明している。

「確かに、この派手で太いフライラインの先端に直接フライを結んだら釣れないでしょう。フライラインの先には全長で3・5mくら

リーダー（先端径）とティペットの太さ

サイズ（X）	参考号数	イト径（m/m）
04X	5.0	0.38
03X	4.5	0.35
02X	4.0	0.33
01X	3.5	0.30
0X	3.0	0.28
1X	2.5	0.26
2X	2.0	0.23
3X	1.5	0.20
4X	1.0	0.16
5X	0.8	0.14
6X	0.6	0.12
7X	0.4	0.10
8X	0.3	0.09
9X	0.25	0.08
10X	0.2	0.07

※数値はメーカーによって差がある

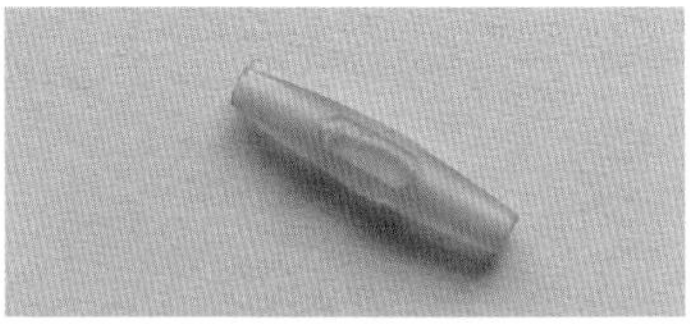

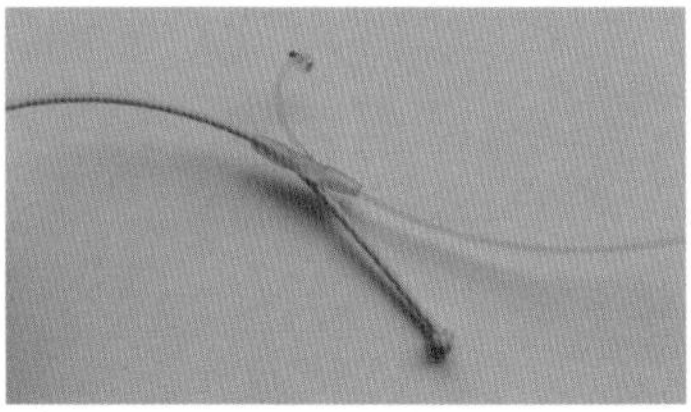

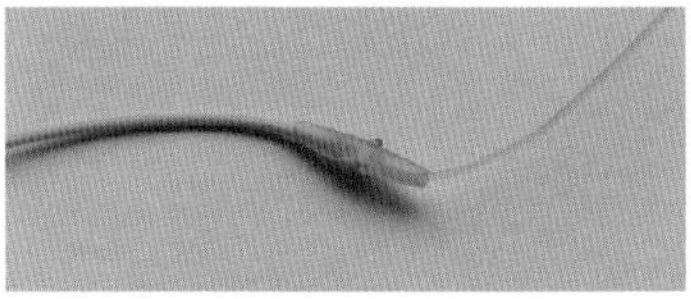

リーダーリンク。使い方は、フライラインの先端、リーダーは後端をリーダーリンクの内側にそれぞれ通して抜け防止のコブを作り、外側に引っ張って固定する（36頁参照）。フライフィッシングに慣れてきたら、ブレイデッドループやネイルノットなど他の方法にもチャレンジしよう

い、ベテランになると6mもある透明なリーダーとティペットという別のラインを接続して、その先端にフライを結びます。こうしてフライラインを魚から離れたところに落とすので、魚を驚かせることなくフライを食わせることができます」

さらにこう続ける。

「リーダーには、だんだんと細くなっていくテーパーがついているので、このようにくしゃくしゃにならずきれいに伸びて、軽いフライを遠くへ飛ばすことができます」

そう言って実際にリーダーの根本を持ち、腕を振ってリーダーをターンさせてみせるとお客さんは目を丸くして納得してくれる。

種類（前頁写真参照）

リーダーの素材はナイロンとフロロカーボン製がある。ナイロン製のほうが一般的で、種類も多く値段も安い。初心者の方にはこちらをお勧めする。各メーカーからさまざまなタイプと長さ、太さの製品が発売されている。あまりの種類の多さに、初心者にはかなり分かりづらい。

まずはナイロン製でスタンダードと表記されているリーダーを選ぼう。次は長さと太さ。長さは通常7・5ftまたは9ftで、使用するロッドの長さに合わせる。太さは、ねらう魚が大きかったり、大きな（重い）フライを使う場合は4X、通常は5Xを選ぶ。ここでいう太さとはリーダーの細くなった先端径を差し、X（エックス）で表示される。

このXにも太さの規格があり、4Xは日本でいう釣りイトの約1号、5Xは約0・8号。慣れるまでは分かりづらいが、リーダーのXは数字が大きくなるほど細くなる（つまり番手と逆）ので間違えないようにしたい。

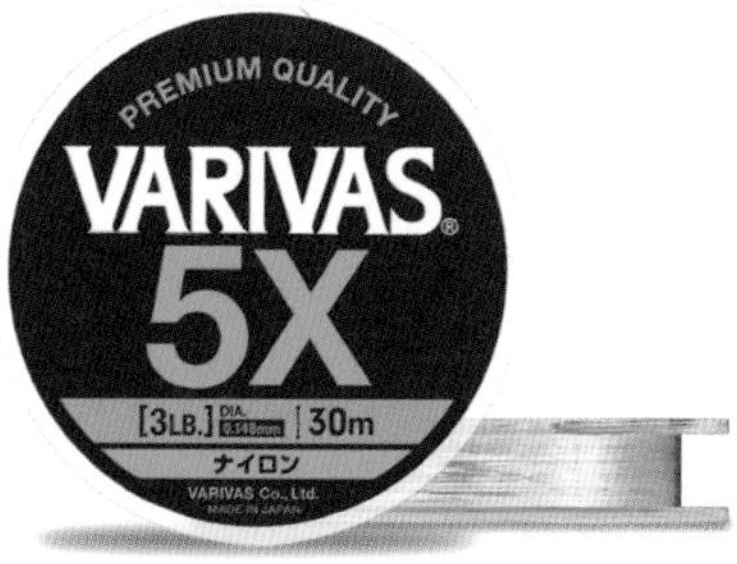

5Xナイロンティペット。ティペットは通常数十m分がスプールに巻かれている。何Xなのかとナイロン・フロロ（素材）をしっかり確認して選ぼう

ティペット＝ハリスは、フライの次に魚に近い重要な釣り具だ。そのため、より高品質をうたう製品（上）も市販されている。またティペットもリーダーに合わせてナイロン、フロロカーボン製があるので注意（左がナイロン、右がフロロ）。

実際の使用例

（ア）ロッドが7・5ft（7ft6in）#3の場合「スタンダード・リーダー7・5ft 5X」と表記されているリーダーを選ぶ。

（イ）ロッドが8・5ft（8ft6in）#5で大きめの魚をねらう場合「スタンダード・リーダー9ft 4X」のリーダーを選ぶ。

※リーダーの長さは一般的に7・5、9、12ftの3種類。（イ）の場合は9ftを選ぶ。ちなみにもう少し短い8ftで#3なら7・5ftのリーダーを選ぶか、9ftリーダーの根本を1ft切って使う。

リーダーは1本250円前後。途中で切れてなくなると釣りができないので、予備を数本持とう。

リーダーリンク

フライラインとリーダーが簡単に接続できるプラスチックのパーツ。フライラインの先端がループ（輪）になっている場合は必要ない。リーダーリンクを使わず、ネイルノットやスプライス（フライライン先端の断面と側面に小さな穴をあけてそこにリーダーを差し込んで結ぶ）といった方法もあるが、初心者には難易度が高い。最初はリーダーリンクを使用し、他の作業に慣れてきたらブレイデッドループやネイルノットにチャレンジしてみよう。

リーダーリンクはフライラインの先端を岩に当てると割れるといって使用を避ける意見もあるが、実際には端が少し欠けたりすることはあっても滅多に壊れない。3個入りで300～500円と値段も安価だ。

ティペット

リーダー先端につなぐ細い釣りイト（ハリス）。リーダーと同じく太さの単位はXで表わされ

る。リーダーのターン（伸びること）をスムーズにするため、ティペットはリーダーの先端と同じ太さか、少し細いものをつなぐ。たとえば、リーダーが9ft5Xだったら5Xか6Xのティペットをつなぐ。

ティペットは30m、50mぶんをスプールに巻いたものが市販されている。素材はナイロン製とフロロカーボン製があるが、初心者の方には結びやすくて柔らかいナイロン製をお勧めする。

「ティペットは使わなければいけませんか？」とよく聞かれる。

確かになくてもよさそうに思えるが、ティペットは付けたほうがよい。リーダーの先端側はテーパーがなくなり径が同じになっているが、その細い部分は、種類によって異なるがおおむね50cm〜1mしかない。ということはフライを直結した場合、結び替える度に数10cmを切るので数回でリーダーの先端が太くなり始め、新しく交換しなければならない。ティペットを最初に先端につないでおけば、フライを何度か交換して短くなってきたら新しいティペットをつなぎ直せばよい。リーダー交換の手間も掛からずコスト的にもお得である。さらにベテランなると、ティペットを長くすることで、フライを自然の流れに逆らわずに流すことができるというメリットもある。

ティペットをつけることでフライが自然に流れやすくなる効果も得られやすい。結果としてそれは釣果にも現われる

コラム

リーダーとティペットの交換時期は

リーダーは、先端の細い部分がなくなり、径が太くなってきたら交換時期である。太くなったリーダーの先端に細いティペットを結ぶと、切れやすくなるだけではなく、きれいにターンしなくなる。

また、リーダーの先端の径が太くなっていなくても、リーダーがクリクリになり、引っ張っても巻きグセが取れないようだったら交換である。新しい使い始めのリーダーにも巻きグセがついているが、これは引っ張るとなおる。しかし、数回使ってついた巻きグセや、1回使ってしばらく使わずにいてついた巻きグセは、引っ張ってもなおらない。要交換である。

リーダーの交換時期は何となく分かるが、ティペットの交換時期ってあるのか、ティペットはスプールに巻いてある30mや50mを使い切るまで使えるのではないか、と思っている方も多いだろう。ティペットは、使い始めたシーズン中に使い切れれば問題ないのだが、使い切れずに何年も経ったティペットは劣化して、簡単に切れてしまう。こうなると要交換である。細いティペットや、水に浸かって水分を吸ったティペットは特に劣化しやすいので注意が必要だ。

私はシーズンが始まる前に、使いかけのティペットを手で引っ張り（強度を確かめて）、まだ使えるかどうか判断している。もしあっさりと切れてしまうティペットがあれば、数メートルをスプールから引き出して捨て、再度強度を確かめる。すると、スプールに巻いてある中のほうは劣化せず、強度が保たれている場合がある。この場合はそこから使うことにしている。

年を越して、新しいシーズンを迎えたら、ぜひティペットを引っ張って強度を確認してみよう。

7/14

フライ

鳥の羽根や獣毛などで作る、魚をだます無数の擬似餌

ドライフライ

エルクヘアカディス

オオクママダラカゲロウ

毛バリはフライといい、大きくドライ、ニンフ、ウエット、ストリーマーの4つに分けられる。

ドライは水面に浮くフライ。ニンフは水生昆虫の幼虫を模したもの。ウエットは水中を泳がせて使い、水生昆虫を模したものと、カラフルでアトラクター（魚を引き付ける）要素が強いものがある。ストリーマーは小魚を模し、湖などで引っ張って泳がせて使う。

フライには数えきれないほどパターン（名前）が存在するが、不思議とフライフィッシングをしている間に自然と覚えてしまう。

ここでは、管理釣り場でフライフィッシングを始めることを想定した場合にそろえるべきフライについてお話しする。管理釣り場については後述するが、簡単に説明すると、フライフィッシングやルアーフィッシングを対象とした釣り堀（エリアとも呼ばれる。止水＝ポンドと河川型の2タイプがある）で、主な対象魚はニジマスだ。

管理釣り場初釣行には最低10個を持参

管理釣り場で一日釣りをするのなら、10個のフライを用意されるとよい。初めてのお客さんにそうお勧めすると、「えっ、10個も！」と皆さん少しびっくりされる。そんなにたくさん必要なの？という驚きだが、フライフィッシングでは他の釣りのようにねらったポイントへ1回で仕掛けを投じるのではなく、前後に数回少しずつラインを伸ばしながら投げて最後に前方のポイントへフライを落とす。この独特なスタイルで、しばしば後ろの木や草、地面や石にフライをぶつけたり引っ掛けて失くしてしまうことがある。またフライは鳥の羽根や動物の毛でできているので、そのようなトラブルがなくても何尾か魚を釣ると壊れてしまう。もちろん壊れなかったフライはまた次回使えるのだが、そのようなことから最初は少なくても10個は持って行きたい。

10個の内訳だが、ドライフライとニンフを半分ずつ用意する。フライは管理釣り場でも販売されていることが多いが、なければ釣りが出来ないし、目当てのものがあるとも限らない。必ず事前に用意しよう（釣り場でよく効くフライを販売していることもあるので、その場合は利用するのも手だ）。

セットでタックルを購入するとフライが付属する商品もあるが、数がまちまちだったり、付属していないものも多いので事前に要チェックだ。

フライはフライフィッシング用品を扱うショップ（釣具店、プロショップ）で購入できる。1個300円くらいである。選び方は最初は難しいので、ショップの店員さんに「○○の管理釣り場へ行く」と言って選んでもらうとよい。自分で選ぶ場合は、ドライフライのカディス（#14）と、ニンフのヘアズイヤー（#14。ビーズヘッド＝金色のビーズが頭部についているタイプがあればなおよい）を5個ずつ購入するとよい。

フライの部位の名前

よく使う部位の名前を覚えておこう。（図参照）

・**フック**　鳥の羽根や動物の毛を巻きつけたハリ本体。

・**アイ**　フライ頭部の小さい輪。英語ではeye（目）。ここにティペットを通してフライを結ぶ。

・**バーブ**　フックのハリ先につけられたカエシ。英語ではbarbで「とげ」という意味もある。バーブがないフックやバーブを潰すことをバーブレスという（バーブを潰したフックはdebarb hookディバーブフックとも）。

バーブは掛かった魚が外れにくいようにする小さな突起で、旧石器時代の骨角器の釣りバリにも認められる先人の知恵。ただし釣った魚をリリース（放す）する場合はバーブがないほうが速やかにフライを外せるのと、魚へのダメージも軽減できるので、バーブレスをお勧めする。管理釣り場によってはバーブレスフックの使用がルールになっていることもある。

また初心者は、前後に飛ぶフライで自分自身や後方にいる人を引っ掛けてしまう事故もまれに起こるので、そういった時のためにもバーブレスフックを使うことを強くお勧めしたい。用意したフライにバーブがついている場合、フォーセップ（29頁参照）で簡単にバーブを潰すことができる。

フライのサイズ（大きさ）

フライ（フック）のサイズは番手と同じく#記号と数字で表わし、○番という。そして、リーダーやティペットと同様に数字が大きくなるとサイズは小さくなり、数字が小さくなると大きくなるので

フライフック

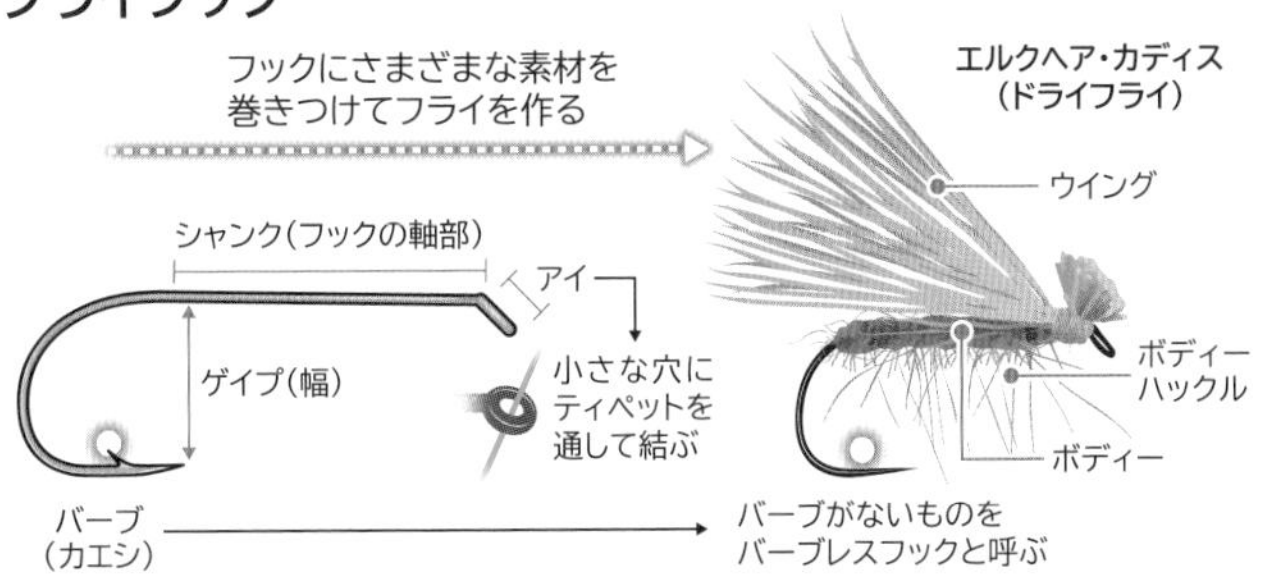

アント

ビートル

パラシュート

CDC ダン

モンカゲロウ

スパイダー

グラスホッパー

カメムシ

セミ

注意が必要だ。たとえば、渓流では＃14が標準的なサイズだが、＃12は少し大きく、＃16は少し小さなフライということになる。

フライサイズは一般的には偶数を使うことが多いが、最近は奇数のフックも販売されているので、奇数を使う場合もある。

ミッジ

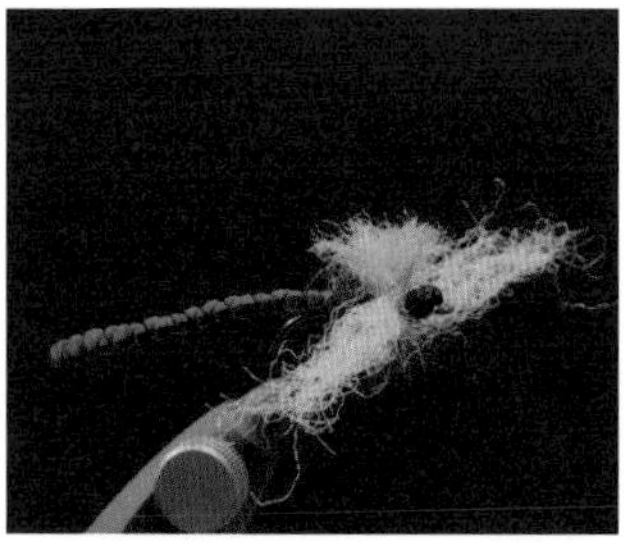
ドラゴンフライ

カディス・ブラック

ニンフ

ゴールドビーズ・ヘアズイヤー

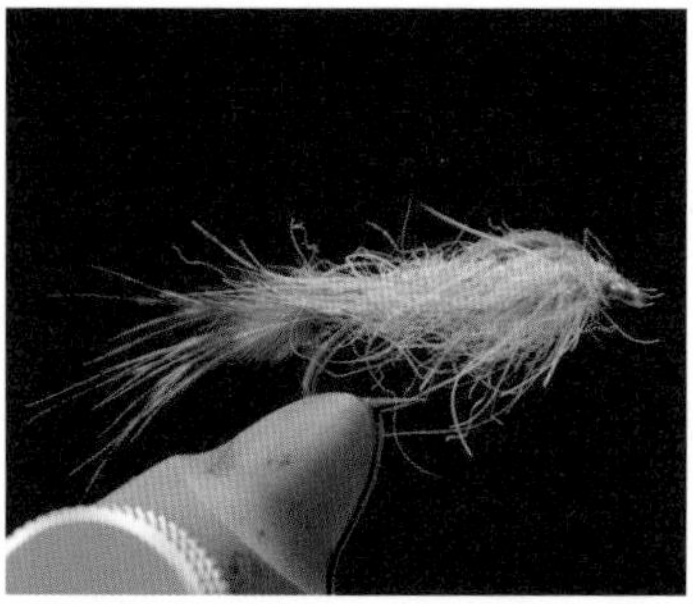
ヘアズイヤー

ストリーマー

ウーリーバガー

マラブーストリーマー

ウエット

ソフトハックル

スタンダードウエットフライ

Day1 ― 準備

8/14

フロータント

ドライフライの必需品

ジェル状フロータント。チューブを軽く押すと粘度のある液体が出てくるので指に取り、よく伸ばしてからドライフライにもみ付けるようにして使う。たくさんつけすぎないことがコツ。指に余ったぶんはティペットやリーダーにも塗ると浮力の助けになる

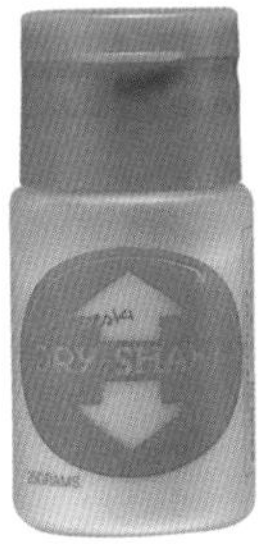

パウダータイプのフロータント。ティペットに結んだ乾いたフライをボトルに入れ、フタを閉じてカシャカシャと振ると浮力効果を得られる。フライが濡れたまま入れるとから揚げの衣をつけたようになるので注意

リキッドタイプのフロータント。ティペットに結んだフライを入れて出すだけで浮力効果を得られる。液体なのでこぼしたりフタの締め方が不充分で漏れや揮発させないように注意

ドライフライを水面に浮かせるための浮力剤。ジェル状のもの、リキッド（液体）、パウダー（粉末）、スプレータイプなどの種類がある。それぞれを合わせると多数の商品が発売されていて、初心者にはどれを選んだらよいのか難しい。また、それだけ多数のフロータントが発売されているということは、フロータントは欠かせないアイテムだといえる。

初心者に最初に使ってもらいたいのは、ジェル状のフロータントである。これはフライだけではなく、リーダー&ティペットやフライラインにも塗ることができる。使い方は、指先に少量を出してよく伸ばし、使う前の乾いた状態のフライに塗り込む。この時、たくさんつけすぎないことが肝心で、指に残ったフロータントはそのままリーダーとフライラインの先端まで塗っておくとよい。

余裕ができたら、２つめにはパウダータイプのフロータントを使うことをお勧めする。このタイプはフライを乾かすこともできる特徴がある。濡れたフライをティッシュペーパーなどで挟んで水分を取った後、パウダータイプのフロータントを指につけてフライに揉み込むようにするとフライが乾く。濡れたフライを容器の中に入れて振るとから揚げの衣をつけたように団子なって効率が悪いので、指で揉み込むほうがよい。

さらに慣れてきたらいろいろなフロータントを試して、自分に合ったものを探すのも楽しい。またどのタイプにも共通するのは、釣りをしている間にフライが沈みやすくなってきて再度フロータントを使う場合は、なるべくフライの水気を切ってから行なうと効果的だ。前述したティッシュペーパーを忘れた場合は、口元にフライをもってきて強く息を吹きかけるだけでもよい。また、フライの水気を切るための専用の布なども市販されている。

9/14
インジケーター（マーカー）
方向指示器とウキの役割

10/14
ショット（シンカー）
ニンフを速やかに沈める補助具

テープタイプのインジケーター。裏がシール状になっていて、切り取ったぶんをティペットに押し当て、くるくると回して貼り付ける（66頁参照）

可動タイプのインジケーター。この製品は中空のパイプで足部とティペットを固定する方式。ニンフの釣りに慣れてきたら可動式も使ってみるとよい

ショットとはエサ釣りのガン玉（カミツブシ）のこと。小さな玉状オモリの真ん中に割れ目があり、そこにティペットを挟み込んで使用する。各サイズが仕分けされた専用ケースに入った状態で市販されているほか、補充用に１サイズずつも用意されている

インジケーター（マーカー）

水面にあるドライフライは魚がフライを食った瞬間が見えるが、ニンフなどの沈むフライは魚がいつフライを食ったか分からない。そこで、インジケーターまたはマーカーと呼ばれる派手な目印をリーダー先端部かティペットにつけることで、魚のアタリ（反応）を知ることができる。フォーム（発泡素材）やヤーン（毛糸）のような水面に浮く素材が多く、いわゆる「ウキ」として使用する。また河川ではフライがどのあたりを流れているかを知る目安の役割も果たしてくれる。

　インジケーターも多くの種類が発売されているが、最初にお勧めなのは張り付けて使うことができるテープ状の製品。可動式と違い何度も位置を変えることはできないが、簡単に取り付けることができて、カラフルで見やすい。価格も安価だ。

ショット（シンカー）

ニンフをより速やかに沈ませるためのオモリ。小さな丸い玉状のもの（ガン玉）と、粘土状のものがある。

　ショットはゴールドビーズ（金属の玉）が頭についているビーズヘッドニンフや、オモリが内臓されたウエイテッドニンフを使う場合は必要ないが、それ以外のニンフを使う時にティペットにつけてフライを沈みやすくする。ニンフは放っておくと沈むが、軽いものや動物の毛を多用したニンフを特に河川で使用すると、流れに押されて魚がいる水深まで到達しないことが多い。そこで沈みを補助する目的でショットをつける。ただし、ショットをつけるとキャストがしづらくなるので注意が必要だ。

　お勧めのショットは丸い玉状のタイプで、フライの上20～30㎝の位置にティペットを挟んで、割れ目をつぶしてつける。

11/14

クリッパー

フライ専用品は刃の反対側に工夫あり

爪切り型の小さなラインカッター。リーダーやティペットを切るのに使う。フライフィッシング用の製品は反対側にフライのアイの目詰まりを取り除くニードルがついている。
クリッパーはピンオンリールと呼ばれる引き延ばしが自由になるコードにつなげておき、バッグやベストの表側に取り付けておくと便利である。

12/14

フォーセップ

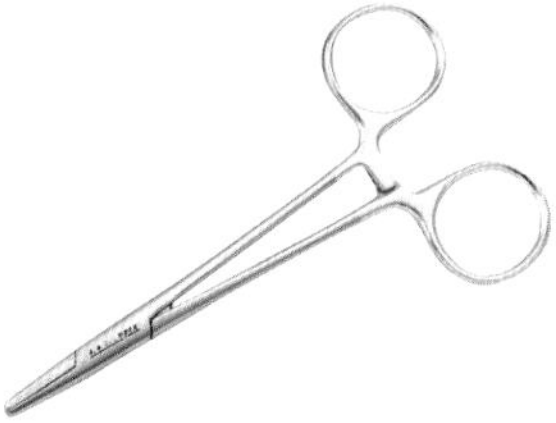

1つで何役もこなす便利な小道具

釣った魚からフライを外す、バーブをつぶす、ショットをつぶす時などに使う。ペンチに比べて全体が細く、小さなフライもつかみやすい。医療器具の鉗子と同じ形をしているのは興味深い。

13/14

ピンオンリール

小物類を落としてなくす心配無用

引っ張るとコードが伸び、離すと元に戻る。クリッパーやフォーセップをつけておくと便利。コードの長さがいろいろあるので用途によって使い分ける（ただし重たいものは不可）。たとえばフォーセップは長いコード、クリッパーは短いコードのピンオンリールにするといった具合だ。

14/14

ネット

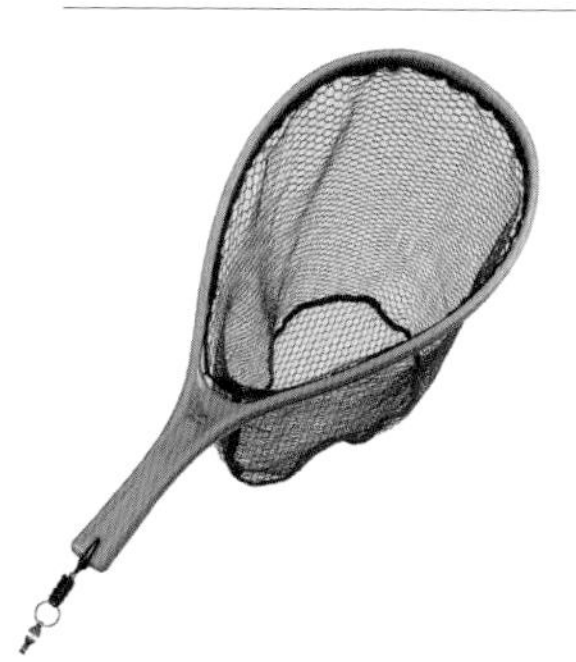

魚をすくう実用と美意識も兼ねた道具

釣った魚をすくう網。金属枠でできた安価なものから、銘木を使った数万円のハンドメイド製品まで価格帯は広い。また魚に配慮して網の部分がラバーまたはラバーコートされたものもある。最初は高額なネットの必要はないが、持ち歩くのであれば軽い物のほうがよい。管理釣り場ではネットを無料で貸し出しているところもあるので要チェックだ。
魚が釣れた時、ネットをすぐに取り外せるようにネットリリーサーという器具をつけて、バッグやベストに取り付けておくと便利である。

14の必須アイテムに準ずるモノ

帽子・サングラス（偏光グラス）・フィッシングベスト・フライボックス・フライパッチ・ウエーダー

前頁までの14項目が最初に最低限揃える必要があるアイテムだ。そのほかにも、ぜひ持って行ってもらいたいものがある。それは帽子とサングラスだ。

フライフィッシングは、フライが自分の前後を何回も行き来するため、帽子とサングラス（普通の眼鏡でもよい）は、危険防止のため身に着けてもらいたい。私がかつて行なっていた入門スクールでは参加者に必需品として用意してもらっていた。

またサングラスと見た目は同じだが、釣り用には水面のギラツキを抑えて水中も見やすくする偏光グラスという大変便利なものがある。フライフィッシングを長く続けていくつもりなら、いつかは手に入れてもらいたい。より安価な製品では普通の眼鏡に取りつけるクリップやマグネット式のものもある。

ほかに、徐々に揃えてもらいたいものを参考までにいくつか挙げてみる。

・フィッシングベスト

最近のキャンプブームで、ポケットのたくさんあるフィッシングベストがキャンパーにも人気のようだ。また、ファッションとしてフィッシングベストを街で着ている若者もいる。フィッシングベストは、小物の多いフライフィッシングにはうってつけのウエアである。自分の気に入ったスタイルのベストを身に着けてもらいたいと思う。

・フライボックス

フライをしまっておく専用の入れ物。仕切りがあるもの、フォームにスリット（割れ目）が入っていてそこにフライを挟むものなど、タイプや大小さまざまな製品がある。フライの数が多くなると必然的に必要なアイテムである。

・フライパッチ

使ったフライを乾かすために、一時的にフライを留めておくもの。ベストやバッグにつけておくと便利。

・ウエーダー

自然のフィールドに出るようになると、水の中を歩くための道具は必携アイテムだ。普段履いているシューズやブーツで川を歩くと、滑って大変危険。安全に歩くためにはウエーダーなどそれなりの装備が必要になってくる。

ウエーダーは、ブーツフットタイプ（ウエーディングシューズとウエーダーの一体型）とストッキングタイプ（ウエーディングシューズとウエーダーが分かれているタイプ）がある。素材も透湿性防水素材、ナイロン製、ネオプレン製があり、用途によって分かれている。また夏など暑いシーズンは、ウエーダーを履かずにゲーター（足を守るためのスパッツ）にウエーディングシューズを履いて水の中を歩くスタイルもある。

ウエーダー&ウエーディングシューズについては詳しく後述する。

帽子は、キャップでもハットでも好みのモノでよいが、ツバの部分が大きいと日差しをさえぎる効果が高くなりドライフライの視認性が向上する

アイウエアはベテランほど気を遣うアイテム。写真の偏光グラスは水面のギラツキをカットしてくれるので目の疲労が少なく、また水中のようすが分かりやすいため非常に釣りがしやすい。遡行も楽だ。予算の問題がある場合はとりあえず目の保護目的で安価なサングラスでもよいが、早いうちに偏光グラスを購入したい

フライベスト。表・内側に大小のポケットがレイアウトされ、さまざまな小物類を機能的に収納してくれる。夏用にメッシュタイプのベストや、ウエーディングを考慮した丈の短いショートベストなどさまざまなタイプが用意されている

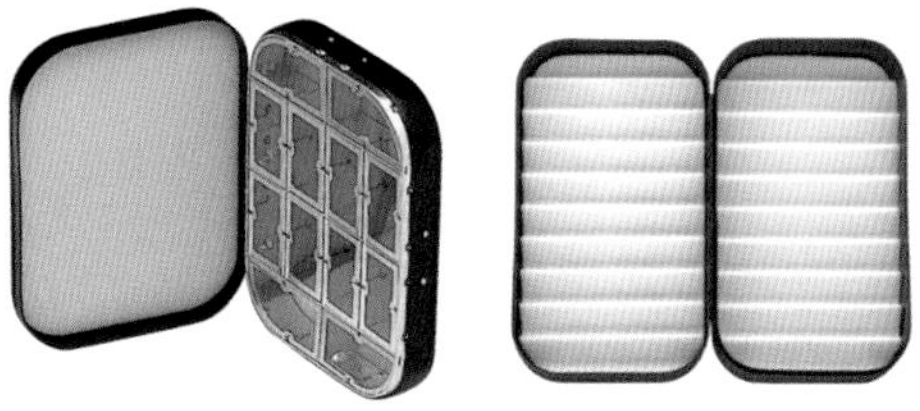

フライボックス。間仕切りのあるもの、フラットなフォーム、凸凹のフォームなど収納するフライのタイプに応じてさまざまな製品が市販されている

フライパッチ。古くはムートンを短く刈り込んだ文字どおりのパッチが主流だった。近年はプラスチック板にフォームをつけたものや、写真のような開閉できる小箱型もあってバラエティーに富んでいる

ウエーダー＆ウエーディングシューズ。川の中に立ち込むためのギヤ。写真はセパレート式だが靴と一体になったブーツフットタイプもある。詳しくは 104 頁で解説している

タックルのセッティング

釣りの実践の前にタックルをセッティングする練習をしてみよう。

フライリールは、フライラインを右巻きで巻いてある状態で、すでに用意してあるとする。

（※フライリールにフライラインを自分で巻かなければならない場合は拙著『初歩からのフライフィッシング』の中の「リールにラインを巻く」の項をご参照ください）

ロッドにリールをセットし、ラインをガイドに通してセッティングが完了した状態。最後にラインのガイドへの通し忘れがないかもチェック！（1つだけ通し忘れているケースが案外多い）

1. ロッドをつなぐ

3ピース以上の継ぎ数の場合は、ティップ（先端）側から継いでいく。初めての方はなぜかバット（根本）側から継ごうとすることが多いが、そうすると最後が先端の細いピースになってしまい、重量のあるバット部分がぶらぶらしてロッドが折れそうになってしまう。必ずティップ側から継ぐこと。

ロッドの継ぎ目はジョイント、またはフェルールという。ジョイントは、上下のピースのガイドの位置を合わせて継ぐ。その際、まず90度ほど上下のガイド位置をずらして差し込み、最後にガイド位置が合わさるようにひねり込むようにすると、しっかりと継ぐことができる。緩んだ状態でロッドを振るとジョイント部が折れたり、傷んだりするので、必ずしっかりと継ぐこと。

2. リールをセットする

ロッドを継いだら次はリールだ。右巻きにセットされたリールの場合、ロッドを倒して真上から見た時にリールのハンドルが右側にくるようにセットする。

まず、リールの片足を固定し、もう1つの足をあとから固定する。固定の仕方はリールシートのタイプによって異なり、差し込んでリングを回して固定するものや、小さなリングで両方のリールフット（リールの足）を挟むだけのものもある。いずれにしてもリールがぐらぐらしないようにしっかり留める。

ロッドを継ぐ

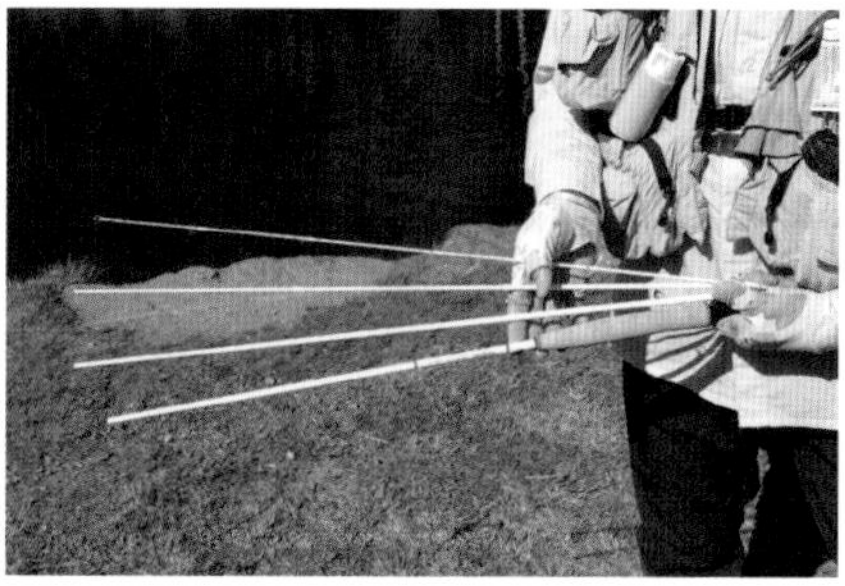
①すべてのピースを並べて持つ

②ロッドは手元側から順に継いでいく

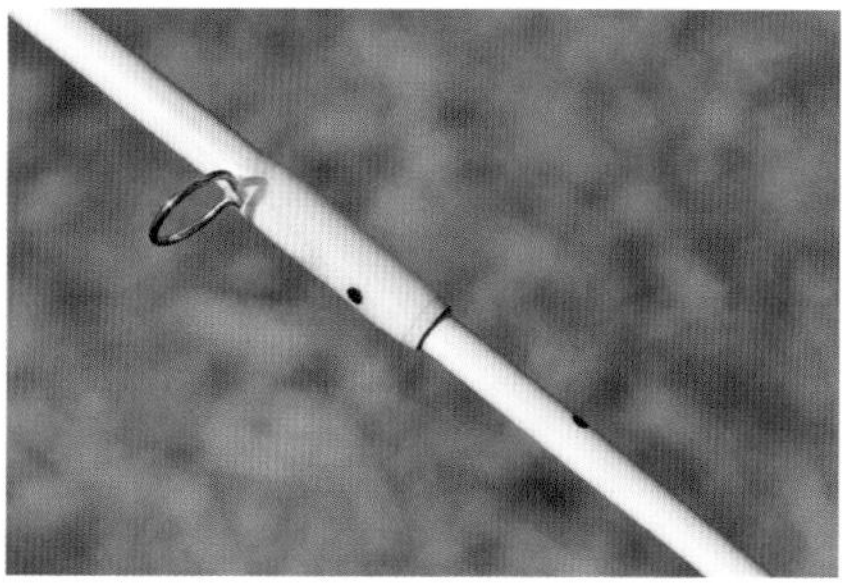
③まず目印の●が 90 度になるように差し込み……

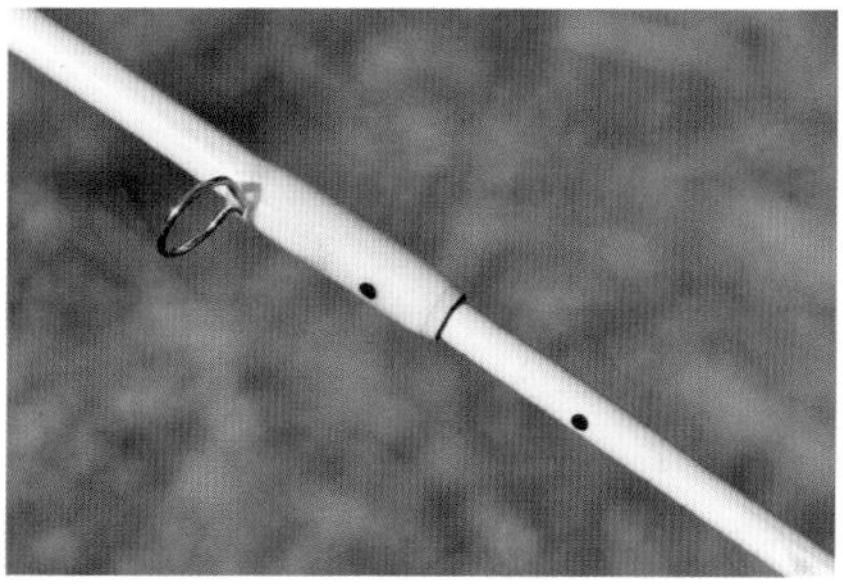
④次に、ねじり込むようにして●の位置を合わせる。以下、同じ要領で継いでいく

⑤すべてのピースを継ぎ終えてロッドのセッティング完了

3. ガイドにラインを通す

リールからフライラインを引き出してガイドを通してみよう。リールのロッドの先端方向からラインを引き出す。

ラインの先端近くを2つ折りにしてストリッピングガイドからトップガイドに向かってラインを通していく。ラインを2つ折りにするのは、手が滑ってラインを離してしまっても途中でラインが引っ掛かり、最初からやり直さなくてもよいからだ。リールとストリッピングガイドの間にある小さい輪は、フックキーパーといって折り返したフライを留めておく場所なので、ここにはラインを通さない。

すべてのガイドが通ったら、一度ラインの先端を持ってロッドを曲げてみよう。ガイドの通し忘れがあった時にすぐ分かる。

リールをロッドにセットし、ガイドにラインを通す

右巻きのリールの場合、ロッドにセットしたリールを真上から見た時に、ハンドルが右側にあるのが正しい

①リールシートにはさまざまなタイプがある。これはスクリュー式のリングを回転させてリールを固定するもの。まずリールの足の片側をグリップエンドに設けられたポケット状の穴に差し込む

②もう片方の足をスクリューリング側の凹みに差し込んだら、まずリールに近いほうのリングを回して固定する

③続いて、もう1つのリングを回して完全にリールを固定する。リングは2つをいっぺんに回して留めないこと

④リールからフライラインを引き出す。この時、ラインガードの、ロッドのガイドに近い側からラインを出すのが正解

よくある間違い例。ラインガードの後ろ側からラインが引き出されている。正解とよく見比べて間違えないようにしたい

⑤フライラインを手元側のガイドから1つずつ確実に通していく

⑥フライラインを2つ折りにして通していくと、誤って手を離した時もラインが滑り落ちにくい

⑦ロッドを斜め置きにしてすると通しやすく、誤って手を離してもラインが全部抜け落ちにくい

⑧ガイドへの通し忘れがないように気をつけよう

ノット（結び）を覚えながら結んでいく

結びのことを「ノット」という。

ここでは、初心者でも簡単に結べるノットを紹介している。実際の釣り場では本を見なくても結べるように、家にある荷紐などを使って何回も練習しよう。

1．フライラインとリーダーを結ぶ

最初にリーダーをパッケージから出してほどく。リーダーは根元の太い部分を何回も絡めて輪を作ってあるため、最初に絡んでいる根元部分をほどく。次に、リーダーには巻きグセがついているので、手で引っ張って伸ばしてからフライラインに接続する。

・フライラインの先端に何もついていない場合

フライラインに直接リーダーを結ぶ方法もあるが、結び方が難しいため、初心者の方にはリーダーリンクを使って接続することをお勧めする。

・フライラインの先端にループ（輪）がついている場合

クリンチノットでループにリーダーを結ぶ。このノットは簡単で強く、ぜひ覚えてもらいたい。

2．リーダーとティペットを結ぶ

ティペットをスプールから50～100㎝引き出し、ダブルサージャンズノットで結ぶ。ほかにもいろいろなノットがあるが、このノットが初心者には簡単で分かりやすい。

3．ティペットとフライを結ぶ

最後に、いよいよフライを結んでみよう。これもさまざまなノットがあるが、強くて簡単なインプルーブド・クリンチノットを紹介する。なお、先に述べた「ループのついたフライラインとリーダーを結ぶ」では、結びつけるリーダーの部分が太いのでクリンチノットでよいが、フライを結ぶティペットの先端ははるかに細いので、結んだ後で抜けにくいインプルーブド・クリンチノットを使う。

実際の釣り場ではこのノットを一番多く使うため、完全に覚えるまで何回も練習しよう。

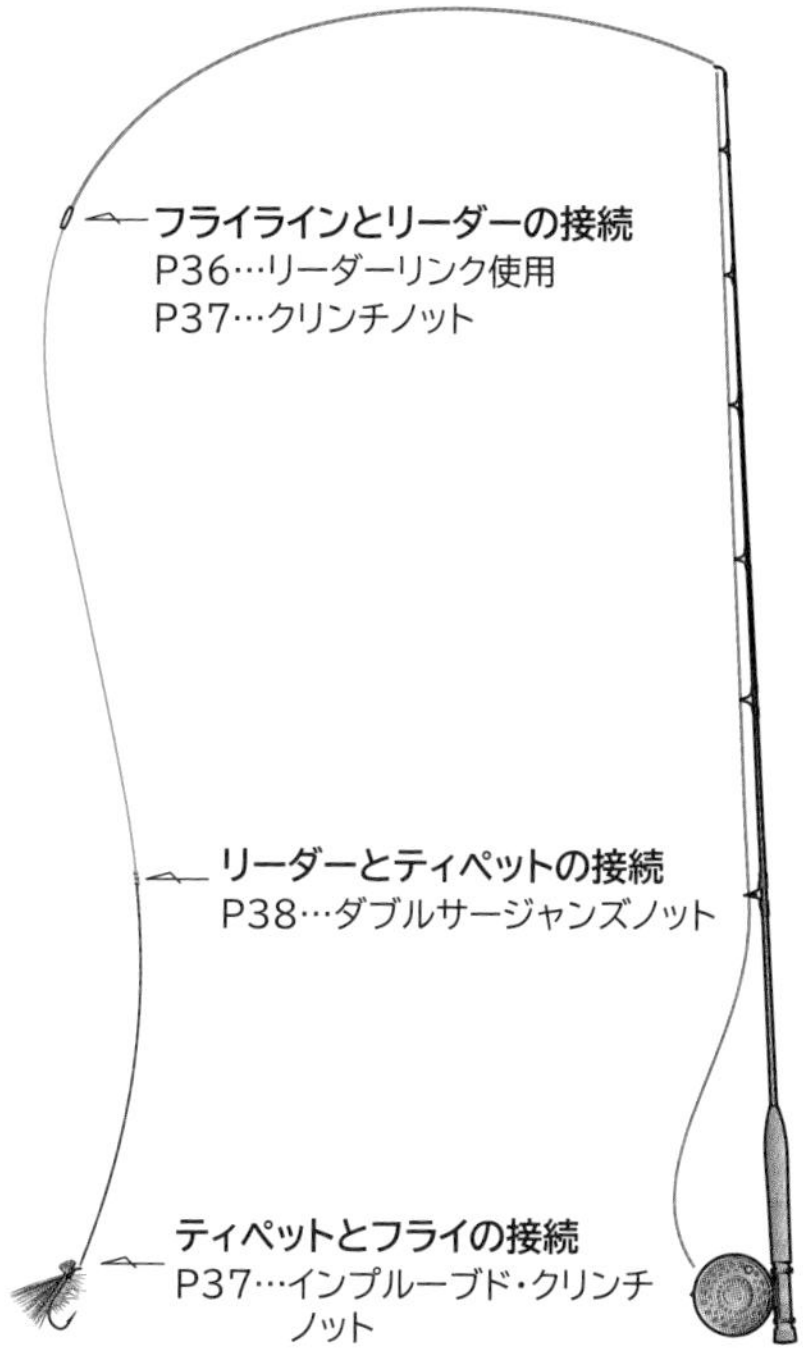

1 フライラインとリーダーを結ぶ（ラインの先端に何もついていない場合）

リーダーリンクによる接続

リーダーリンクはフライラインとリーダーを簡単に接続できる小さなアイテム。両端と中央部にそれぞれ穴が空いている。フライフィッシングに慣れてきたら、またあるいは現場でリーダーリンクを失くしてしまった時のために、参考としてリーダーリンクを使わないネイルレス・ネイルノットも39頁に紹介しておく

①最初にフライラインの先端を外側（左右どちらでもよい）から中に入れ、真ん中の穴から外に出す

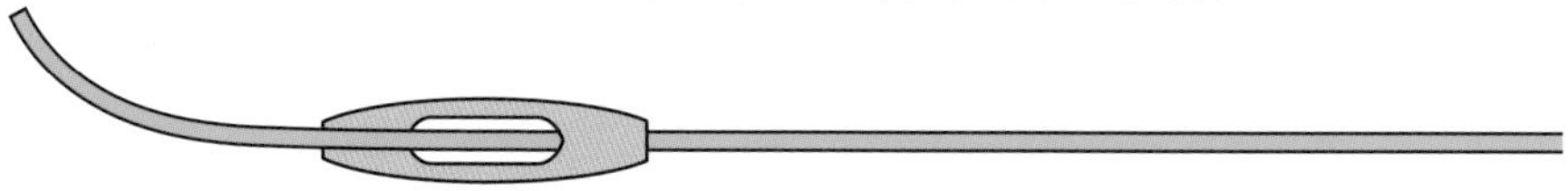

②ラインの先に片結びでコブを作る。フライラインは貴重なのでなるべく余りを出さないように、
先端ぎりぎりにコブを作ること

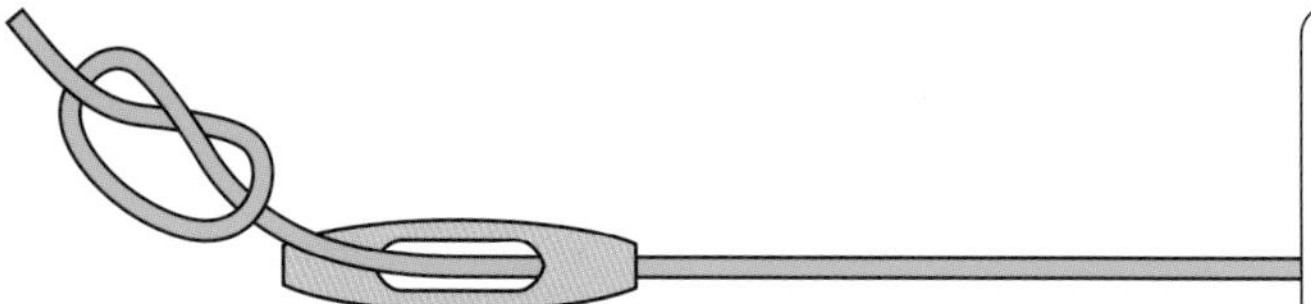

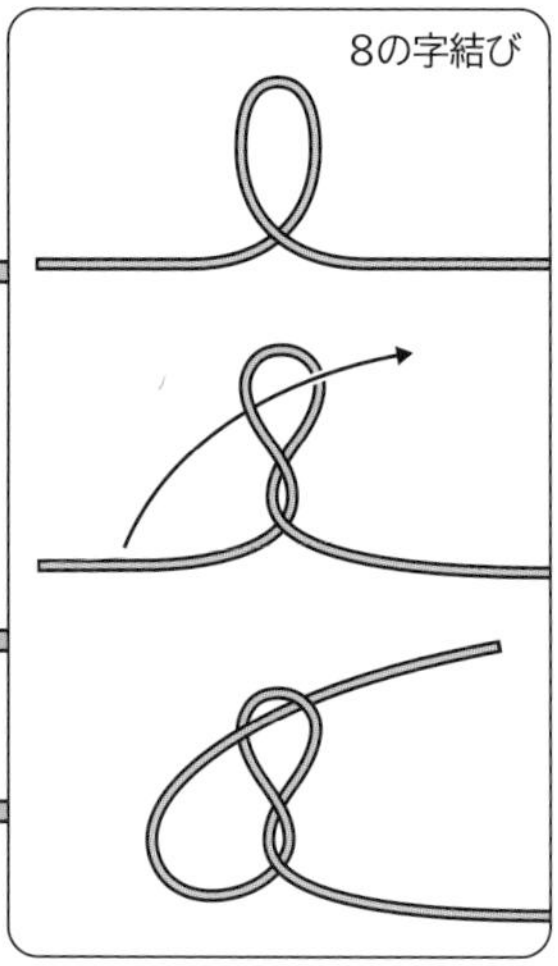

③余りを切ったらラインを引っ張って結び目をリーダーリンクの中にしまう

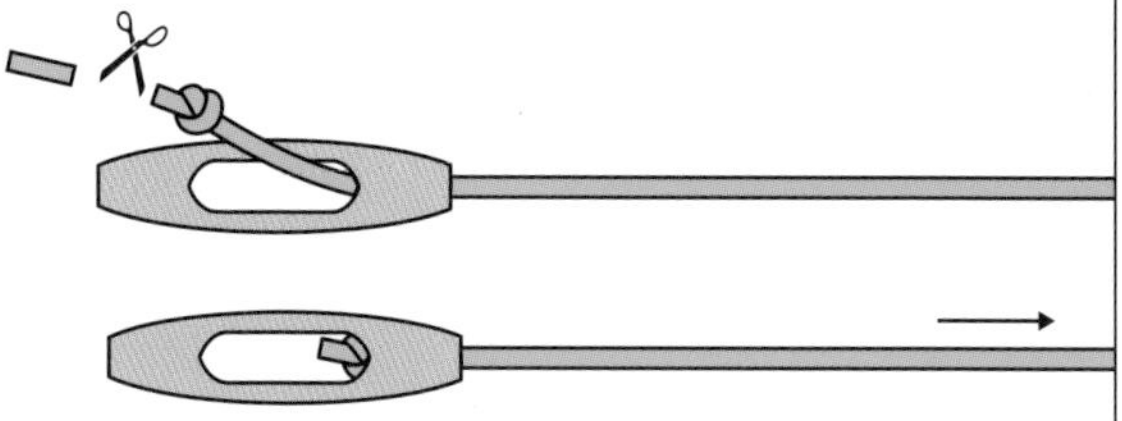

④今度はリーダーの根元側を反対の穴の外側から同様に差し込んで出す。径の細いリーダーは、抜け防止のために片結びよりも結び目の大きな8の字結びにするとよい

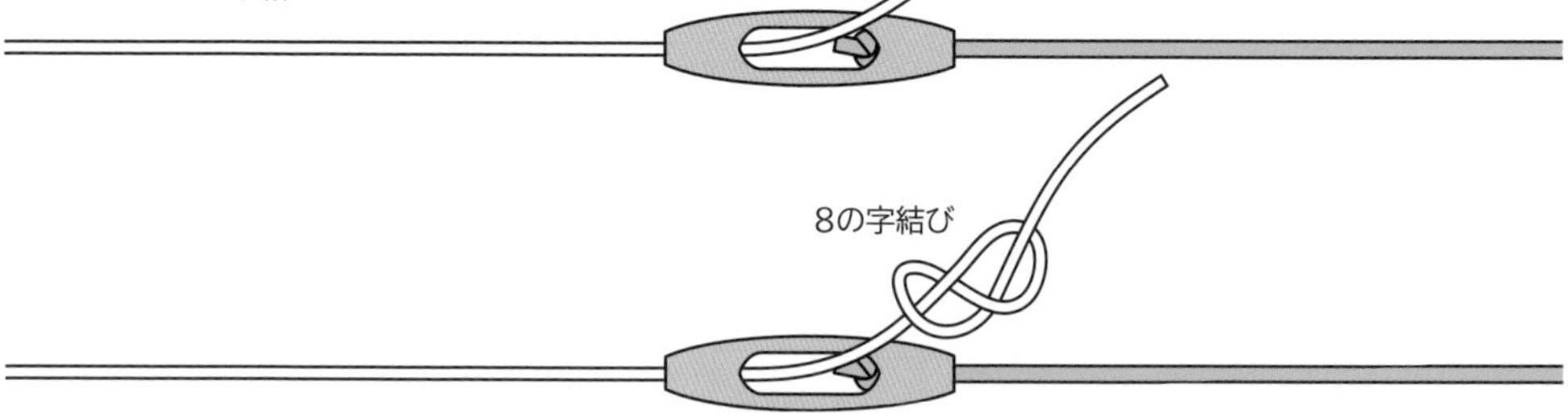

⑤余りをカットしたらリーダーを引っ張って③と同じく結び目をリーダーリンクの中にしまう。リーダーはフライラインほど端ぎりぎりにコブを作らなくても大丈夫

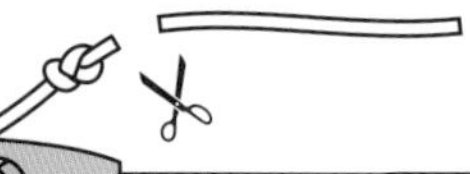

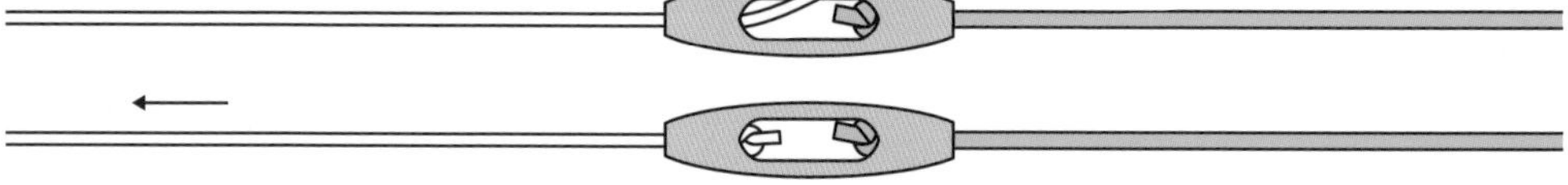

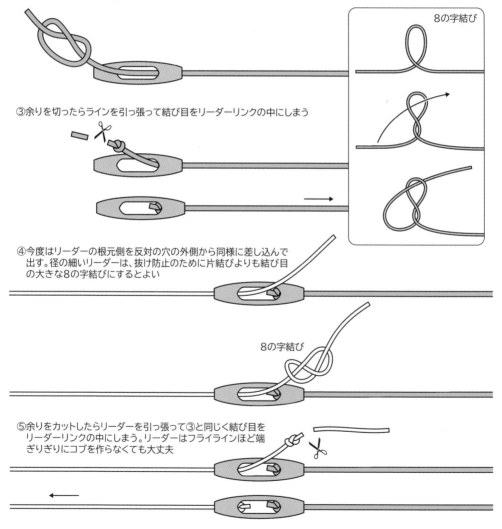

3 フライとティペットを結ぶ
インプルーブド・クリンチノット

1 フライラインとリーダーを結ぶ（ラインの先端にループがついている場合）
クリンチノット

①図のようにリーダーまたはティペットを1回通す

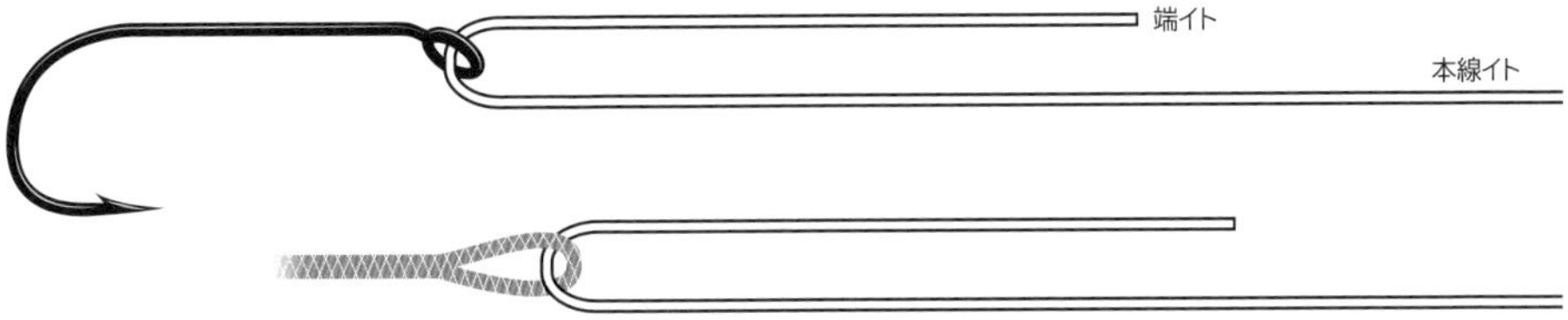

②端イトを本線イトに4～5回巻きつける

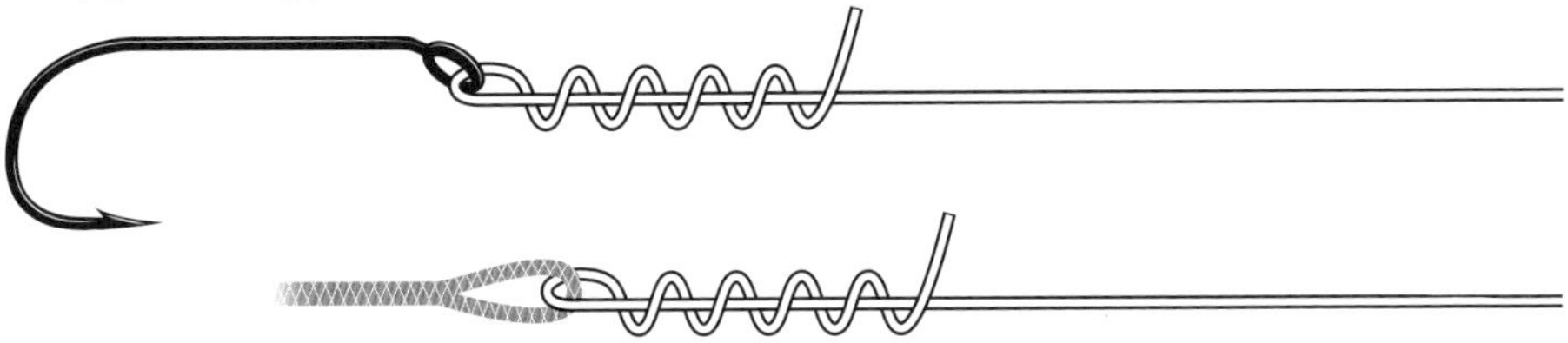

③フックのアイ側に一番近い輪に端イトを通す。ここまでは両方とも同じ工程

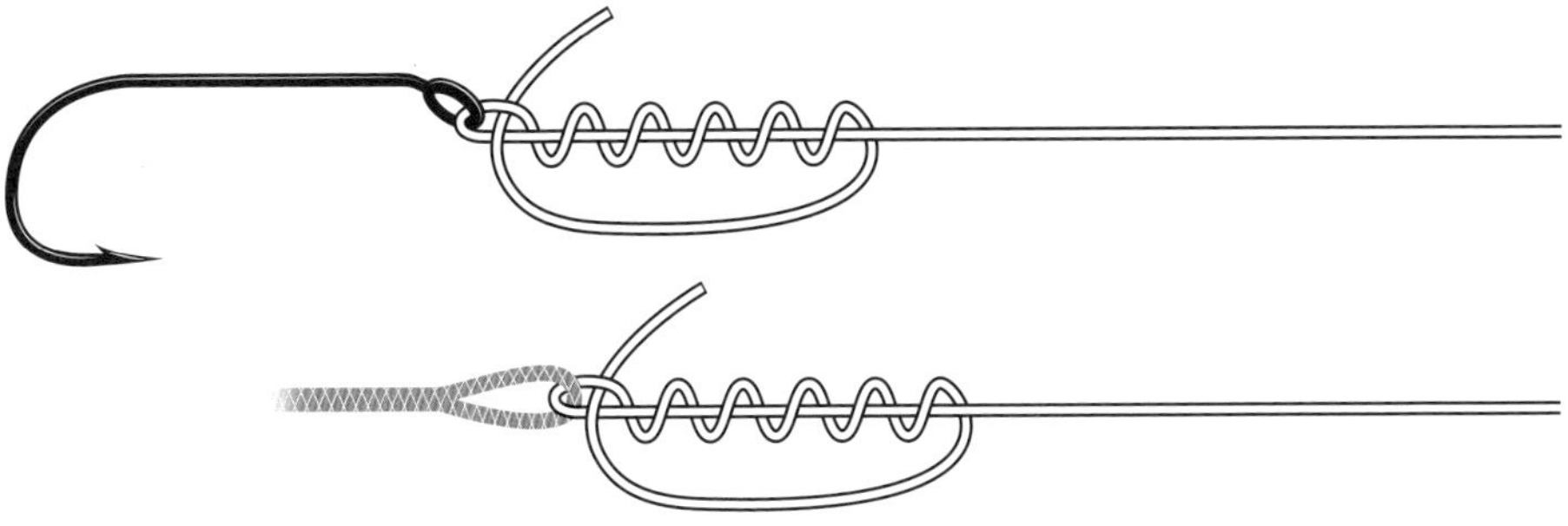

インプルーブド・クリンチノット
（ティペットとフライの接続）

④輪に通した端イトを折り返すようにして③で出来た輪に通す

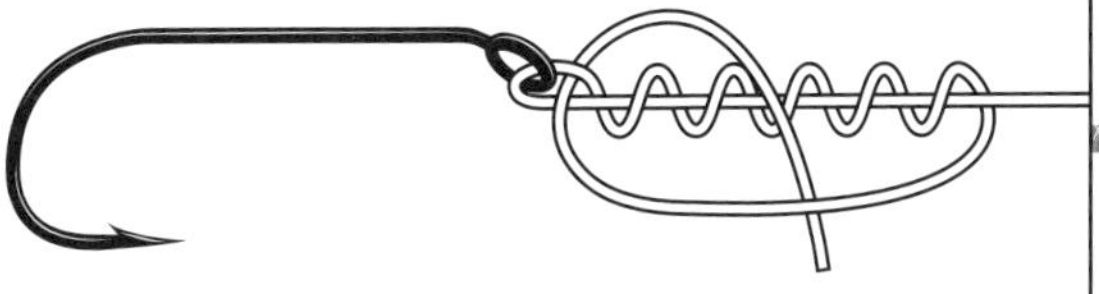

⑤端イトと本線イトを引き締め、端イトの余りをカットして完成

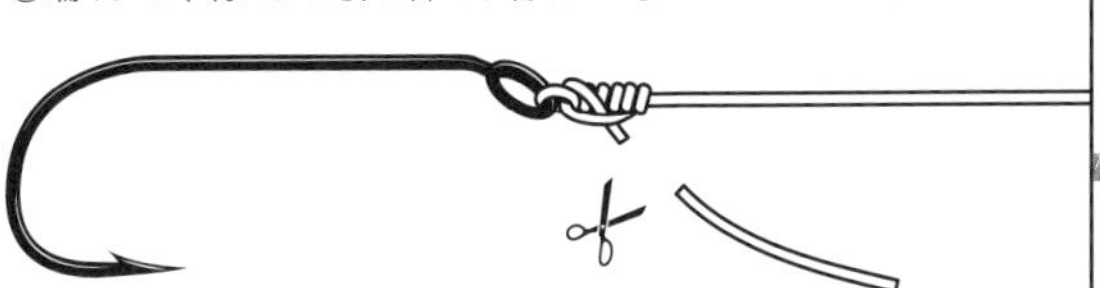

クリンチノット
（フライラインとリーダーの接続）

④そのまま、輪に通した端イトと本線イトを引き締め、端イトの余りをカットして完成

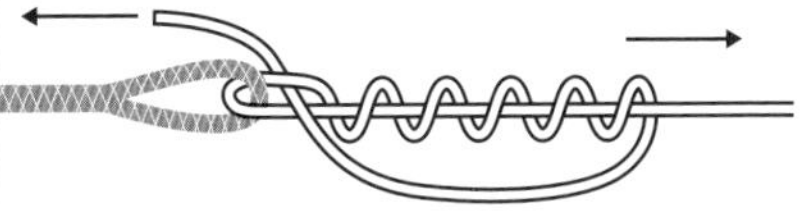

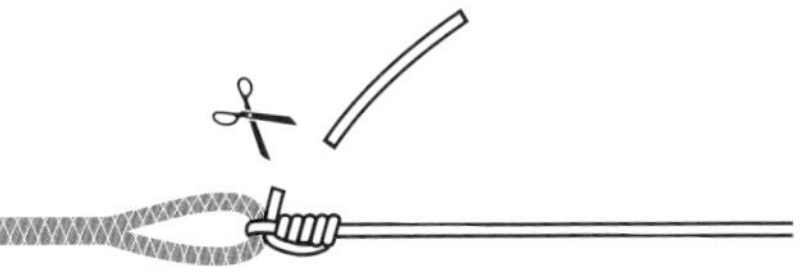

2 リーダーとティペットを結ぶ
ダブルサージャンズノット

①リーダーの先端部とティペットを重ね合わせる。結びに慣れていない初心者は、この重ねる部分を長めにとると結びやすい（慣れてきたらこの部分を短くしていく）

②2本のイトをそろえたまま、1回ひねって輪を作る。この輪もはじめのうちは大きめに作ろう

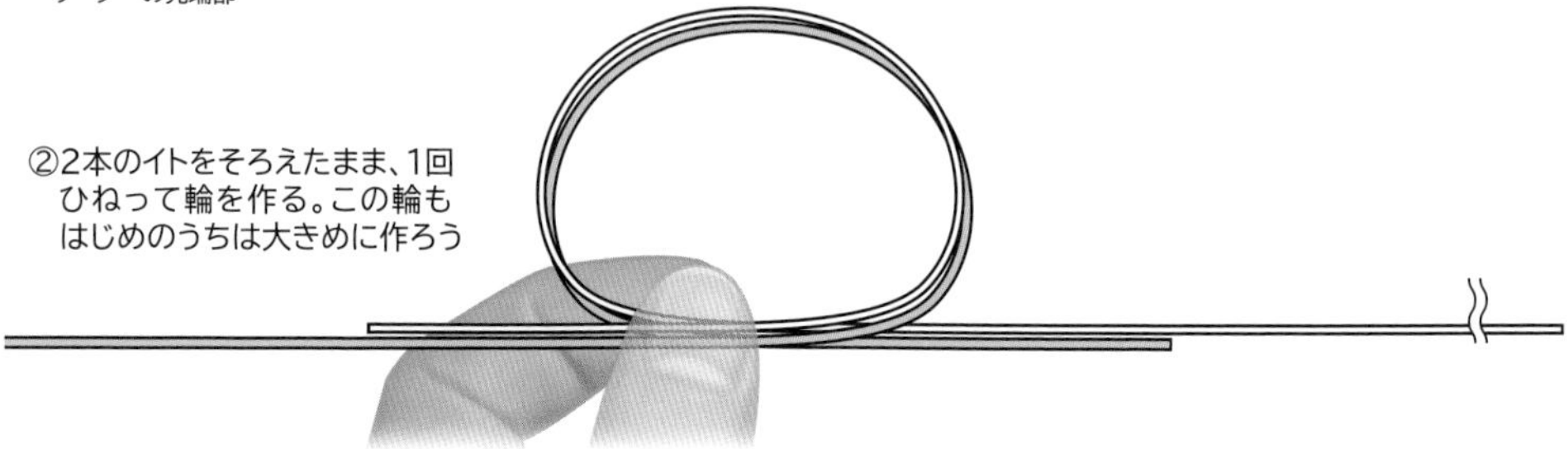

③輪の中にリーダー先端部とティペットの2本のイトをくぐらせていく

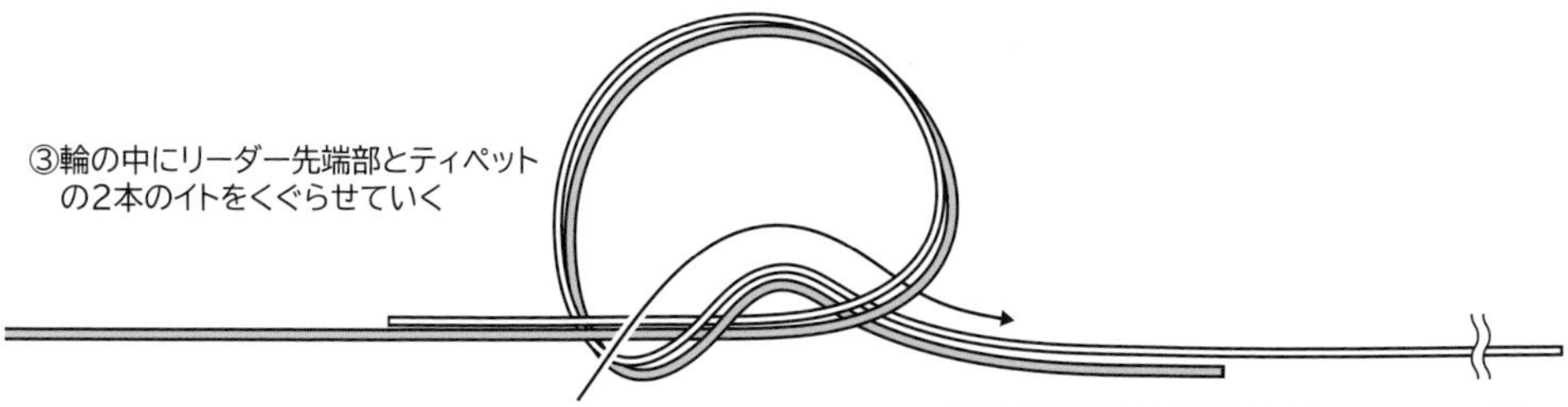

④もう一度同じように2本のイトをくぐらせる。これで「ダブル」サージャンズノットになる。ちなみに、もう1回くぐらせると「トリプル」サージャンズノットといって、より強度が増すノットになる

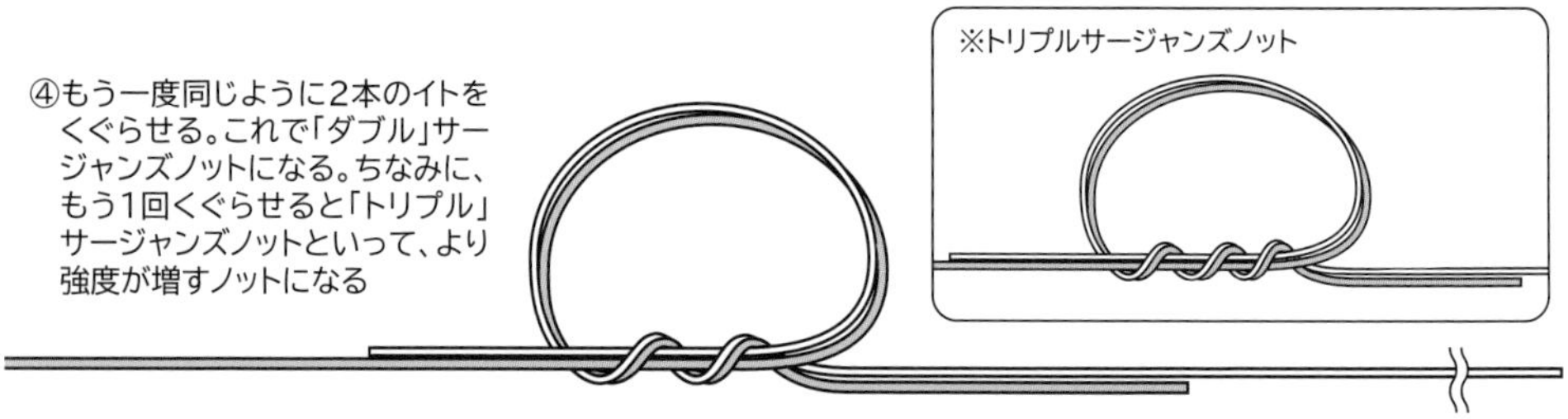

⑤リーダーとティペットの本線イトと端イトをそれぞれつかみ、ゆっくりと引き締めていく。2本で作る輪がズレてしまった場合は、リーダーとティペットのどちらかを引っ張って2本を揃えて輪を作り直す。ズレたまま締め込むと、ノットが弱くなって簡単に切れてしまうことがあるので注意する

⑥余りをカットすれば完成

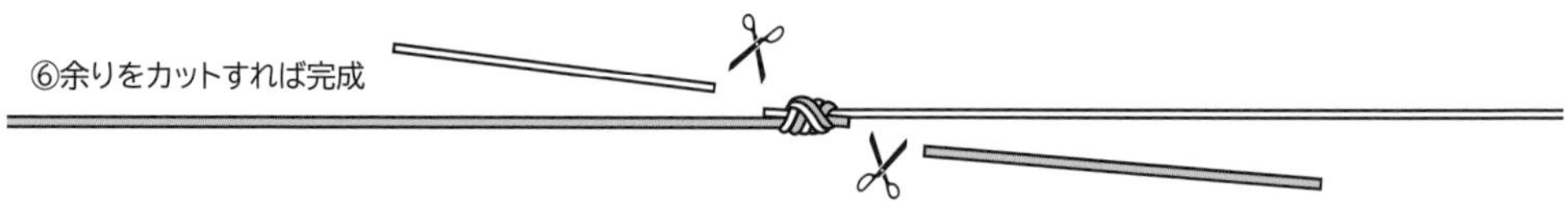

1 補足・フライラインとリーダーを結ぶ（ラインの先端に何もついていない場合）
ネイルレス・ネイルノット（慣れてきたらチャレンジしてみよう）

①フライラインの先端側とリーダーの後端の両方を重ねて指で押さえ、リーダーを折り返して小さな輪を作る。このまま、リーダーを使ってフライラインに結んでいく

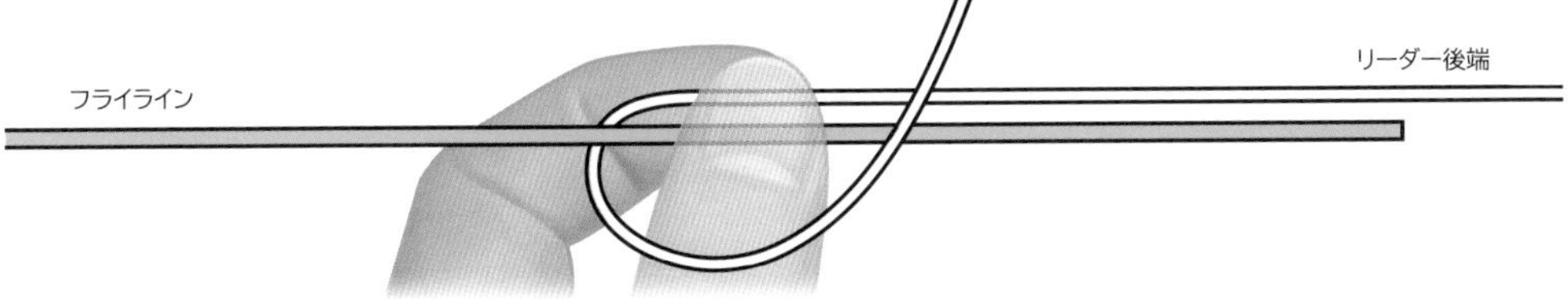

②リーダーをフライラインに巻きつけていく

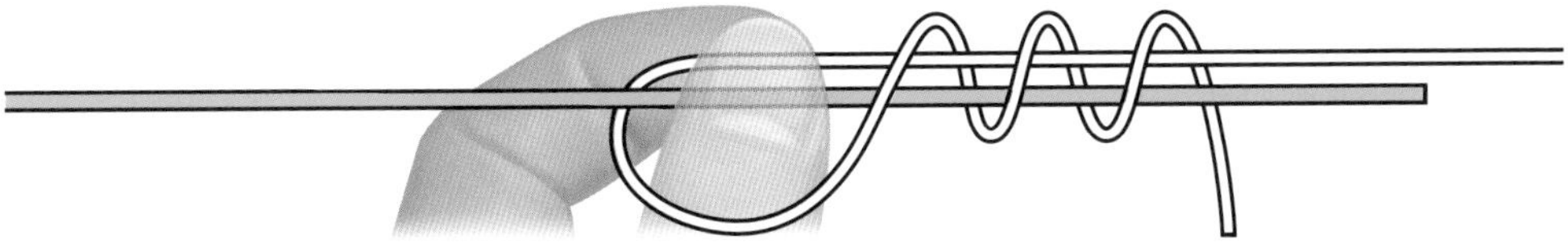

③リーダーを3回巻きつけたら、折り返して①の輪の中に通す

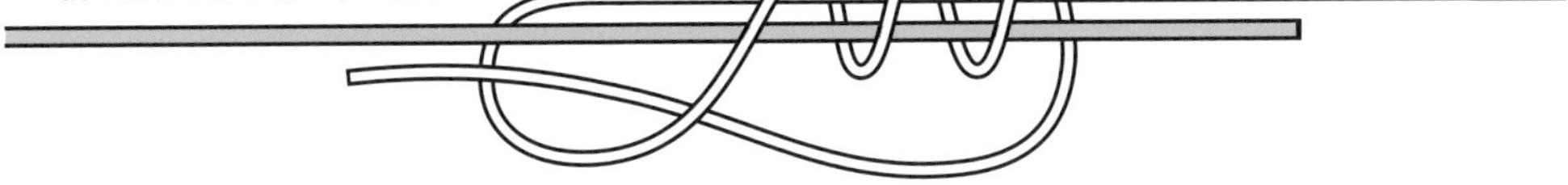

④リーダーを両側から軽く引き締めて結び目を作る

⑤指先で④の結び目を整えつつ、ラインの先端側へ移動させる

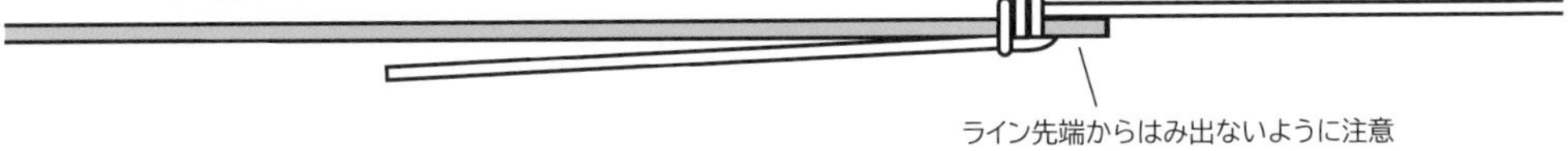

⑥今度はリーダーを両側からしっかりと引き締めてフライラインに食い込ませる

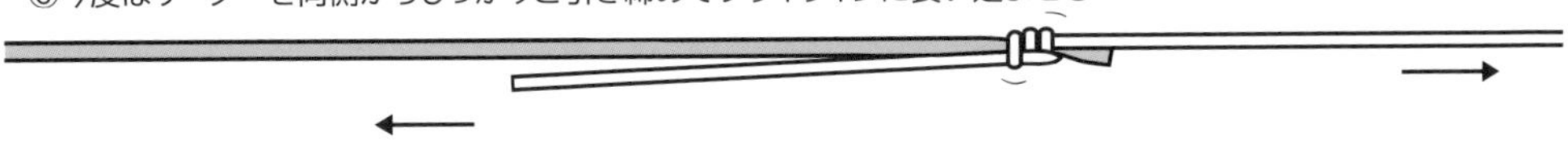

⑦リーダーの余りをカットして完成。フライラインは極力余りを出さない

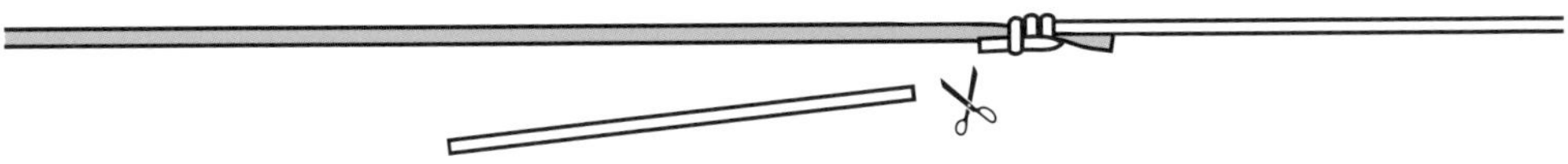

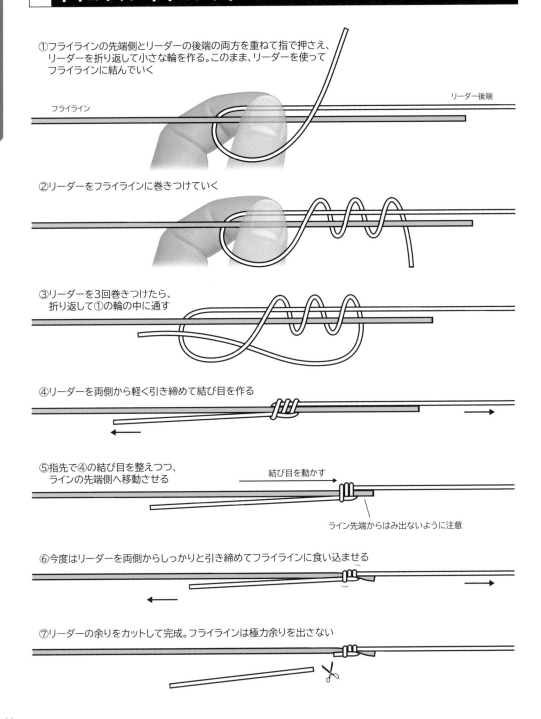

Day2
練習

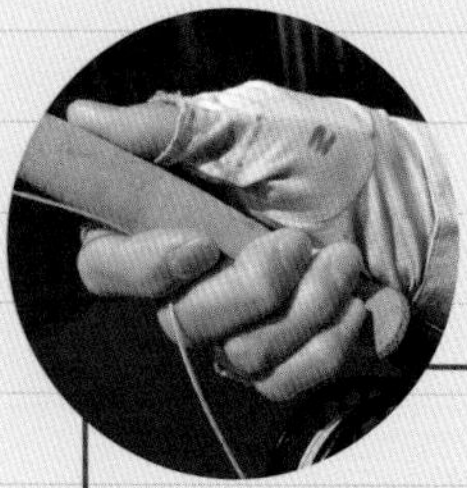

フィールドに出て、キャスティングや ラインのリトリーブが出来るようになる

２日目は、実際の釣りに直結する必須の動作を練習する。フライフィッシングでは、リールを使って一気に仕掛けを投げたり、掛けた魚とリールでやり取りすることが（大ものを除いて）ない。すべては手を使った独特な動きで行なうので、しっかりマスターしよう。

To Do List

- □ 用語の予習などの下準備
- □ ラインをまっすぐ後方＆前方に投げて落とす（第１段階）
- □ ラインを空中に保持したまま投げれるようになる（第２段階）
- □ 出したラインを回収する（第３段階）
- □ ロールキャストの習得

キャスティングの練習

準備と予習編

キャスティングの練習ではフライの代わりにヤーン（毛糸）を結ぶ。2つ折りにしてティペットを通し、37頁で紹介しているインプルーブド・クリンチノットで結ぶ

フライフィッシングの投げ方＝キャスティングは、他の釣りとは大きく異なる。最初は難しいかもしれないが、上達するほどに面白さが増し、やがてはキャスティングそのものにも魅力を感じるようになる。これも他の釣りにはあまりない要素だろう。練習は写真のように水面がある場所か、陸なら芝生の上や草地が適している

他の釣りに類のない独特な動作

毛バリのように軽いもの、イメージとしては小さい綿を、そのまま手で投げようとしても遠くに飛ばないことは想像できるだろう。フライフィッシングは、重さのあるフライラインを徐々に伸ばして先端につけた軽いフライを遠くへ飛ばすという、他の釣りにはない独特なキャスティング（投げること）で釣りが成立する。慣れないうちは少し難しいが、それがまたこの釣りの魅力でもある。

私が初心者のキャスティング・スクールを行なう時は、最初に「教わる前に、思い思いに前に向かって投げてみてください」と言って生徒にタックルを渡し、実際に投げてもらう。そうすると、ほとんどの人が新体操のリボンのようにはなるものの、前方にはラインが飛んでいかない。

これはラインを伸ばしながら投

基本のキャスティング図

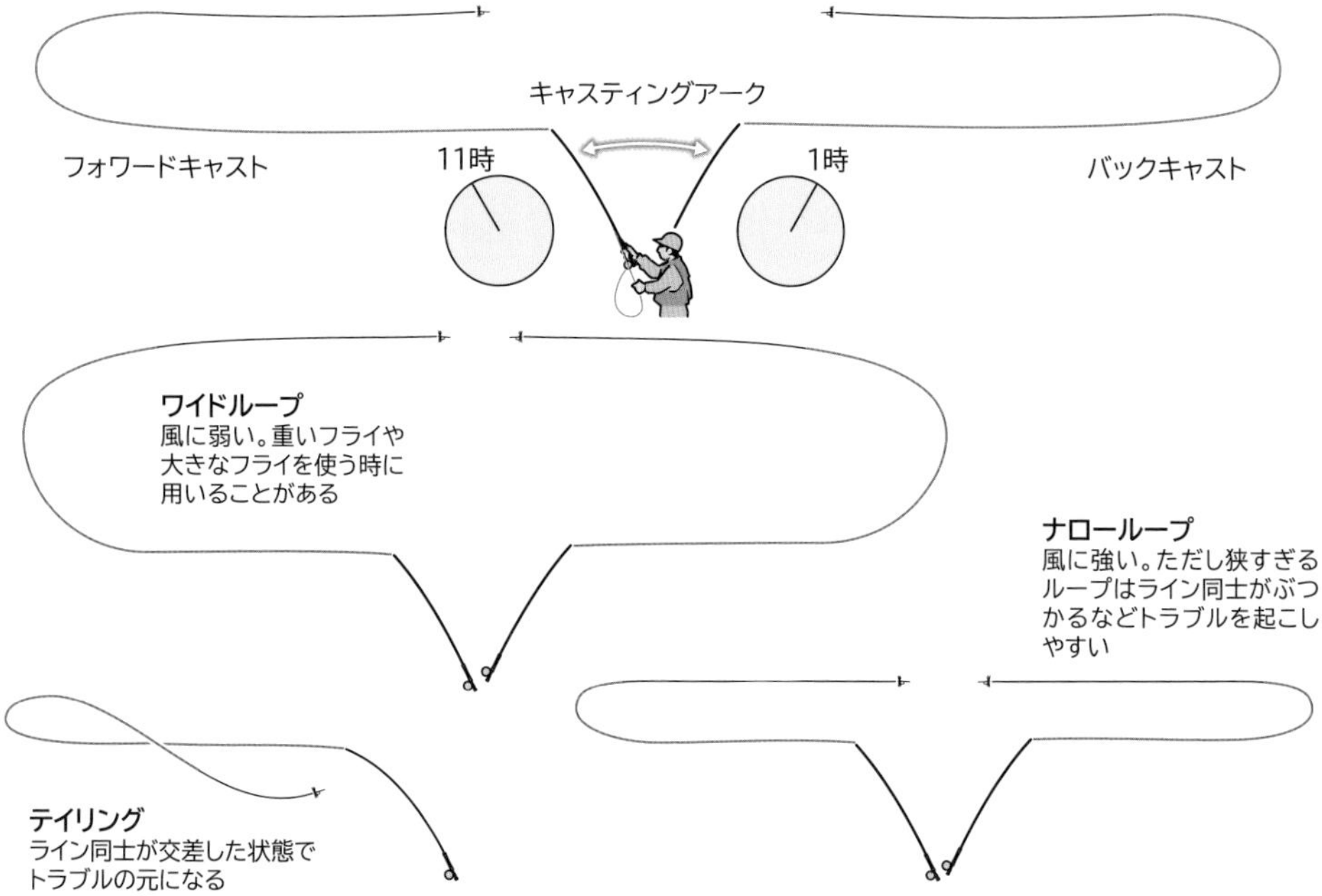
キャスティングアーク
フォワードキャスト
11時
1時
バックキャスト
ワイドループ
風に弱い。重いフライや
大きなフライを使う時に
用いることがある
ナロールーフ
風に強い。ただし狭すぎる
ループはライン同士がぶつ
かるなどトラブルを起こし
やすい
テイリング
ライン同士が交差した状態で
トラブルの元になる

げるという行為が、感覚だけで投げようとしてもできないことを知っていただき、これから教わる基本動作の大切さを理解していただくためでもある。

キャスティング練習の場所

まず、前後に飛ぶラインが他人の迷惑にならないように人通りのない場所を選ぶこと。

道路のようなアスファルトやコンクリート、あるいは土の地面の上で練習するとラインがすぐボロボロになるので避けたい。芝生などの草の上や、川・池等の水面に向かってキャスティングすることをお勧めする。特に、大きな川の河原で流れに向かってキャスティングすれば、バックスペースも作りやすいし、ラインも傷つきにくいので適している。

いずれにしろ、どこであっても後方に人がいないか充分に注意して練習しよう。

フライの代わりにヤーンを結ぶ

フライラインの先に何もつけずキャスティング練習をする方をときどき見かけるが、ラインが暴れて練習にならないので必ずリーダーをつけること。さらにその先端にはティペットと、本番ではフライが結ばれるのだが、練習時は危険防止のためフライの代わりにヤーン（毛糸）を使う。重さがあるとキャスティングしづらくなるので、フライのように軽いヤーンが適しているのだ。ヤーンは目立つ色を使い、２つ折りにしてフライと同じ方法でティペットに結ぶ（37頁参照）。

フライをつけていないとはいえ、ラインやリーダーが顔に当たると痛いので、帽子と眼鏡またはサングラスを身に着ける。河原など水際で練習する時は、靴が濡れてもいいようにニーブーツや雨靴を履くとよい。

キャスティングに関する用語

ここで、キャスティングの練習に登場する用語を覚えよう(以下、順不同)。

①オーバーヘッドキャストまたはオーバーヘッドキャスティング ロッドの先端が頭上を前後する基本のキャスティング。初心者はまずこれを身につけてもらいたい。

②バックキャスト 自分の後ろにラインが飛んでいくキャスト。

③フォワードキャスト 自分の前方にラインが飛んでいくキャスト。

④フォルスキャスト バックキャストとフォワードキャストを繰り返し、ラインを地面や水面に落とさずにキャストを続けること。フォルス(false)は英語で「間違い」「偽」の意味。

⑤シュート キャスティングの最後に目標物へ向かってラインを伸ばす時の動作。バスケットやサッカーのシュートと同じく、キャスティングでもこの言葉を使う。

⑥シングルハンド・キャスティング 片手でロッドを振ってキャスティングすること。

⑦ダブルハンド・キャスティング 両手でロッドを振ってキャスティングすること。ツーハンド・キャスティングとも。

⑧サイドキャスト ロッドの先端を自分の横を前後するようにキャスティングすること。頭上に障害物などがあり、オーバーヘッドキャストができない時などに使う。

⑨ロールキャスト 前方の水面にラインを垂らし、自分の後方空中にキャストすることなく、水面をラインの輪が転がっていくようにキャストする方法。後ろにスペースがない時に使う。

⑩オフショルダーキャスティング 通常のオーバーヘッドキャスティングは、ラインがロッドの真上または利き手側の横を通過していくが、これに対してラインがロッドの利き手と反対側を通過していくキャスティング方法。障害物や風の影響がある時などに使う。

⑪ピックアップ・レイダウン 水面または地面の上に伸びたラインをバックキャストしたのち、落とさずフォワードキャストして水面または地面にふたたびラインを伸ばして置くこと。初心者へのレッスンでよく使うキャスティング。

⑫ポーズ ロッドをストップして待つこと。

⑬ループ フライラインが飛んでいく時、横から見たラインの形。前後ともUの字を倒したようになっている。幅の広いループをワイドループ、狭いループをナローループという。

⑭ターン 飛んでいくラインの先端のリーダーが、ループがほどけるように伸びきってフライまで一直線になること。

⑮テイリング 前後方に飛んで行くループが乱れてライン同士が重なったり、絡んだりすること。テイリングはミスキャストの一つで、ベテランでも起きることがある。

⑯ホール シングルハンド・キャスティングで、利き手と反対の手でラインをキャスト中に引く(英語でhaul＝引っ張る)こと。ホールでラインスピードが上がる。シングルホールはフォルスキャストの前後どちらかで1回引き、ダブルホールは前と後ろの両方でラインを引く。上級テクニックである。

⑰リトリーブ ロッドを片手に持ち、その人差し指にラインを掛け、もう一方の手でラインを手繰ること。ストリッピングともいう。

⑱テクニカルキャスト カーブキャスト、リーチキャスト、パラシュートキャストなど、さまざまなテクニックのキャスト方法があり、状況によって使うと効果的なキャスティング。初心者は最初は知識としてそのようなテクニカルキャストがあるということを覚えておき、上達してきたら少しずつマスターしていこう。

キャスティングとリトリーブの練習方法

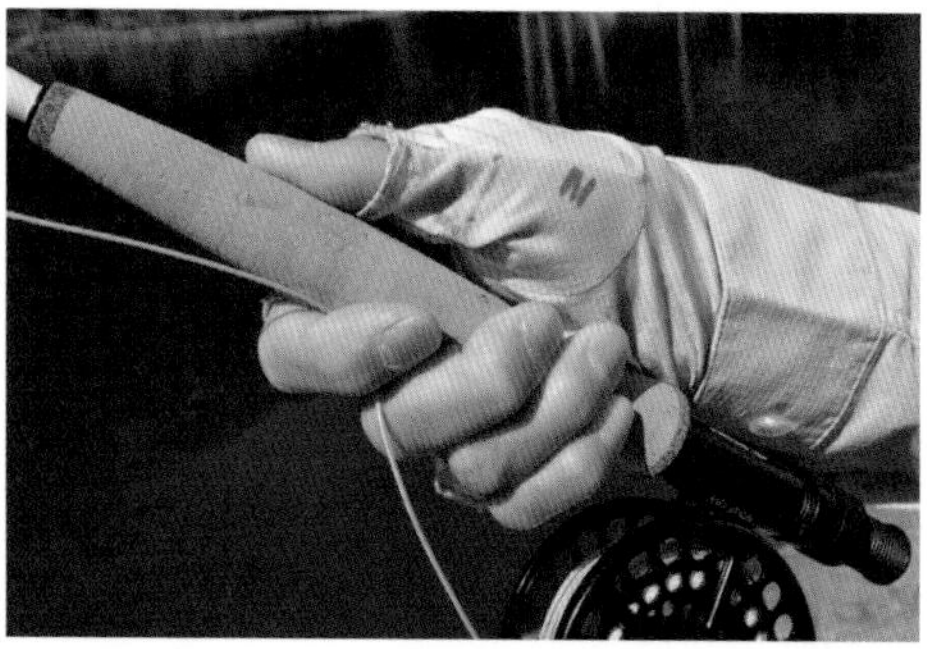

利き手でグリップを握ったら人差し指でラインを挟み込み固定する

最初のキャスティング練習はフライライン3mからスタート。本書ではデモンストレーション用に番手の少し高い見やすいロッド＆ラインを使っている。このロッドは9ftあるので1本分で約2.7m

グリップの握り方

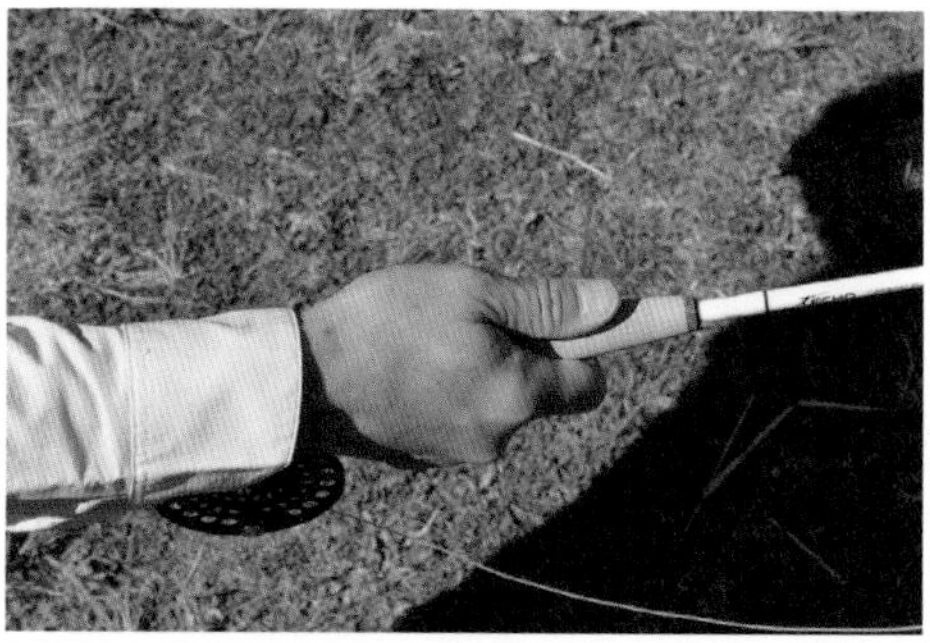

握手をするように握り、親指をグリップの真上にそえる。最初はこのスタイルで練習しよう

人差し指をグリップの真上に置くスタイルもある

出来たことが出来なくなったら一歩前に戻る

私が行なっていたキャスティングスクールでは、階段を一段一段上るように、少しずつ次のステップへと進んでいく教え方をしてきた。本書でも、同じようにステップを踏みながら進んでいくので、1つずつ出来るようになってから先に進んでもらいたい。

フライキャスティングは繊細な作業である。というのは、ちょっとしたことで、さっきまで出来たことが出来なくなってしまうからだ。昨日出来たことが翌日は上手く出来ないというのは、ベテランでもよくある。だから、初心者は何も心配する必要はない。

「あれ？出来なくなってる？」と思った時は、一度前のステップに戻ること。

そして、ふたたび出来るようになってから、次のステップに再度チャレンジすればよい。

3mのピックアップ・レイダウン

①②フライライン3m＋リーダー・ティペットで約6m先に方形の白い的を置いた

なお文中の各カッコ内のマル数字は、前項で解説した用語の数字に呼応している。読んでいて分からなくなったら、用語の頁に戻って意味を確かめてほしい。

グリップの握り方とスタンス

グリップは、握手をするように握り、親指をグリップの真上に置く。感覚としては、小指、薬指、中指の3本で持ち、親指と人差し指は軽く添える程度だ。人差し指を上にするスタイルもあるが、基本のキャスティングを覚える今回は、親指を上にする。

次にスタンスだが、利き手と同じ側の足を軽く前に出す。逆足を前に出したり、両足を揃えるスタンスもあるが、今回は身体が開かないように、利き手側の足を前に出す（別項で後述するが、身体が開くと腕を回し振りするようなキャストになりやすく、上手くいかない）。

3mのピックアップ・レイダウン（用語⑪）

写真①から⑩の動作に従って何度も練習することで、3mのピックアップレイダウンをマスターして次に進んでもらいたい。

1（写真①②）まず目標を決め、その目標にティペットの先端に結んだヤーンが届くことを目差す（川で練習する場合は流れがあるので、下流側の水際にある石などを目標にするとよい）。ラインをリールから引き出し、ロッドの先端から3m出るようにする。メジャー代わりにロッドを利用するとよい。8ftのロッドなら、トップガイドからロッドの一番下まで出ているラインは約2・5mになる。さらに、3m出したラインの先にはリーダー＋ティペットがついているため、目標は自分から約6m先にあることになる。ラインが伸びた状態で、先端のヤーンが目標に届いている状態からス

3mのピックアップ・レイダウン

③バックキャスト開始

④１時でストップ

⑤ポーズ

タートすると分かりやすい。ラインはグリップと一緒に握る。

2（写真③④）ロッドを振り上げ、1時の角度でストップする。これをバックキャスト（用語②）という。ここでポーズ（用語⑫）をとり、ラインが後方に伸びていく時間を待つ。

3（写真⑤〜⑧）ラインが後方に伸びきったタイミングで前方にロッドを地面と水平になるまで振り下ろし（フォワードキャスト・用語③）、腕と手はスタートの位置に戻るようにする。この時、肘が伸びて前に手が伸びないようにする。

1〜3のピックアップ・レイダウンの動作は3拍子で行う。1でロッドを振り上げ、2はポーズ、3で振り下ろす。ロッドを振り下ろした時に、ヤーンが目標に届いていれば成功。次のステップ「5mのピックアップ・レイダウン」に進める。目標に届かない場合は、届くまで何回も練習する。

コツは、ロッドは軽く振り、ラインの重さを感じるようにする。強く振ってはいけない。振り上げたあとのストップはしっかり1時の位置で止めて、ポーズをとる。

ラインが思うように伸びていかない場合、その原因は、ロッドが後方に倒れすぎているか、またはポーズが取れていないため。ロッドが1時で止まっているか目で確認し（手首が開いて倒れていることが多い）、しっかり3拍子を守ってポーズの時間を作るようにする。

悪い例

フォワードキャストで無理にラインを飛ばそうとして腕が伸びきっている

ロッドを止める位置

バックキャストは 11 時でストップする

⑥フォワードキャスト開始

⑦地面または水面と平行の位置までロッドを振り下ろす

⑧ロッドティップを下げる。ヤーンがターンして的に届いていれば目標クリア

5mのピックアップ・レイダウン

①バックキャスト。1時の位置までロッドを振り上げる

②ポーズ

③フォワードキャスト開始

5mのピックアップレイダウンのために新たに2mラインを出す。大人が弓矢を引くような格好でリールからラインを引き出すと、これを「矢引き」といって約90cmの長さになる。2回引いてもう20cm足せば約2mだ

5mのピックアップ・レイダウン

3mのピックアップ・レイダウンが出来るようになったら、今度は少し距離を延ばして5mのピックアップレイダウンを練習する。

まず、目標にヤーンが届いている状態で、リールからさらに2mぶんのラインを引き出す（上写真参照）。次に、引き出した2mのラインがまっすぐになるまで自分が下がる。これで目標まで5mになる（リーダー・ティペットを含んだ実際の距離は8m）。ここからスタート。

1（写真①）ラインと一緒にグリップを握り、3mの時と同じようにロッドを1時の位置まで振り上げる。

2（写真②～⑥）あとは3mの

時と同じように、ポーズを取り、ロッドを振り下ろしてスタート地点に戻る。

　ラインを2m伸ばしただけでずいぶん長くなったように感じるが、3mの時と同じように3拍子で、強く振らないようにする。

　ロッドを振り上げた時の角度は3mと同じ1時で止め、倒れないように注意する。ラインが長くなったぶん、ポーズしている時にラインが伸びていくのがよく分かると思う。

　目標にヤーンが届くようになったら、次のステップ「フォルスキャスト」に進む。

④ロッドを前方に振り下ろす

⑤地面または水面と平行の位置までロッドを振り下ろす

⑥ロッドティップを下げる。ヤーンがターンして的に届いていれば目標クリア

①バックキャスト開始

②１時の位置までロッドを持ち上げていく

③バックキャストをストップする

④ポーズ。ラインは後方へループを描く

⑤ループがほどけるタイミングでフォワードキャスト開始

⑥前方にロッドを振り始める

フォルスキャスト（用語④）

ラインを空中で保持して落とさないようにする。このへんから難しくなってくるので、出来なかったら1つ前の「5ｍのピックアップ・レイダウン」に戻って練習してから再チャレンジしよう。

1（写真①〜③）スタートの位置からロッドを振り上げ（バックキャスト）、1時の位置で止める。

2 ポーズを取り（写真④⑤）、ロッドを振り下ろし（フォワードキャスト）11時の位置で止める（写真⑥⑦⑧）。

3 ポーズを取り（写真⑨）、ラインが伸びていき一直線になったタイミング（写真⑩）でバックキャストに移り（写真①に戻る）、ふたたび1時の位置で止める。これを繰り返して、ラインを落とさないようにする。

ピックアップ・レイダウンは3拍子だったが、フォルスキャスト

⑦ロッドが真上を向きながら移動

⑧ 11時でストップ。ロッドを止めるとループができる

⑨ポーズを取っている間にループが前方に伸びていく

⑩ループがターンしたタイミングでバックキャストに移る（①に戻る）

ロッドの停止位置

バックキャスト＝1時、フォワードキャスト＝ 11 時が停止位置。実際には使用するタックルの番手やロッドアクション、キャストする距離等で多少変化するが、基本は1時と 11 時。初心者はこれをしっかりと意識して練習しよう

は4拍子で行なう。スタートからバックキャストを始める時点が「1」、1時の位置でロッドを止めポーズを取る時間を「2」、フォワードキャストを始める時が「3」（ここまではピックアップレイダウンと同じ）、目の前の11時でロッドを止め、ポーズを取って前方にラインが伸びていくまでを「4」とする。そして再度バックキャストを始める時から、また4拍子で振る。ラインは空中に保持して落とさない。

フォワードキャストでロッドを11時で止める時には、肘が伸びないようにする。これはピックアップレイダウンの時と同じである（47頁写真参照）。

フォルスキャストを5、6回繰り返し、最後のフォワードキャストの「3」もフォルスキャスト中と同じようにロッドを11時で止める。ラインが伸び切り、ヤーンがターンしていくのと同時にロッドをゆっくり下げてスタート位置に

戻る。ピックアップ・レイダウンでは、フォワードキャストは地面と水平になるまで振り下ろしたが、ここでは11時でロッドを止めてループがのびていくのを待ってからロッドを下ろすことに注意する。

フォルスキャスト中に前後に伸びていくラインは、ループ（用語⑬）を描いて水平に伸びるのが正しいフォルスキャスト。（42頁図参照）ワイドループになりすぎたり、テイリング（用語⑮）を起こしたりしないように注意する。

ラインを落とさずに空中で5、6回キープでき、最後のフォワード・キャストでもまっすぐ伸びてヤーンが目標に届くようになったら、次のステップ「リトリーブ後、ラインを伸ばすことを練習する」に進む。

上手く出来ない場合は、「5mのピックアップレイダウン」に戻り動作を確認したのちに、ふたたびフォルスキャストを練習する。

リトリーブ（用語⑰）後、ラインを伸ばすことを練習する

リトリーブとラインを伸ばしていく動作は、実際の釣りで常に使う動作なので、しっかり練習して無意識で出来るようにしよう。

1（52頁上写真）フォルスキャスト後、ヤーンが目標に届いている状態から開始。まずロッドを持つ右手（利き手）の人差し指にラインを掛け、左手でラインを持つ。

2（52頁下写真）右手の人差し指でラインを押さえ、緩めて左手でラインを30㎝くらいずつ手繰り、足元にラインを落としていく。これをリトリーブという。

3（以下、53頁。写真①）ロッドのトップガイドから5m出ていたラインを約2mリトリーブしたら、右手の人差し指からラインを離す。左手はラインを持ったままにする。

4（写真②）ピックアップレイダウンと同じ要領でバックキャストしフォルスキャストを始める。

5（写真③④）フォルスキャストで練習したフォワードキャストのタイミング（4拍子の「3」で、ラインを持つ左手を緩め、ラインを滑らせて少し出す。

6 緩めた左手でラインを4拍子の「4」のタイミングでまた押さえ、バックキャストに入り（写真⑤）フォルスキャストを繰り返す。

7 5と6を何度か繰り返してラインを伸ばす（出す）。もしもループが乱れたり、ラインがうまく伸びない時は、ラインを出さずにフォルスキャストをしてループを調整してから伸ばすようにする。

足元のラインをすべて出したら、4拍子の「3」のフォワードキャストのタイミングで左手を離す。ヤーンが落ちると同時にロッ

リトリーブとラインを伸ばすハンドワーク

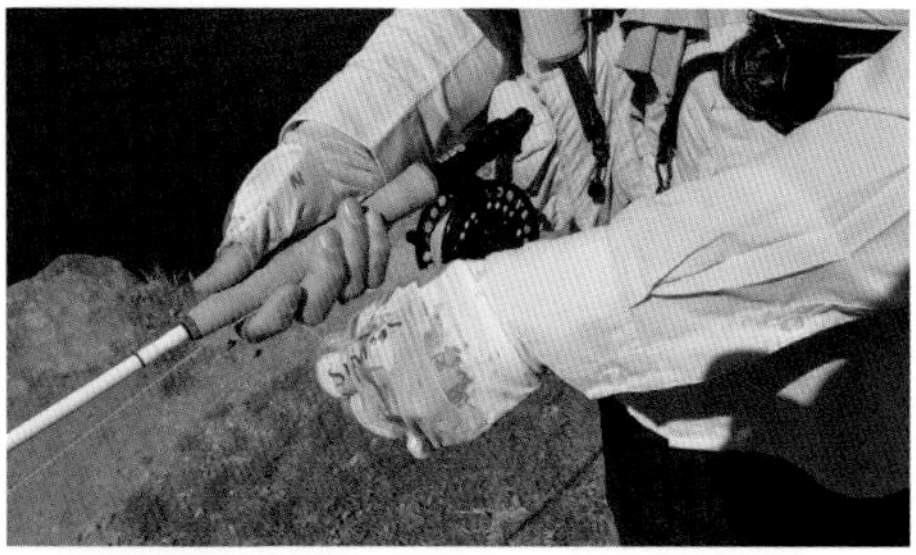

ロッドを持つ利き手の人差し指にラインを掛け、左手でラインを持つ

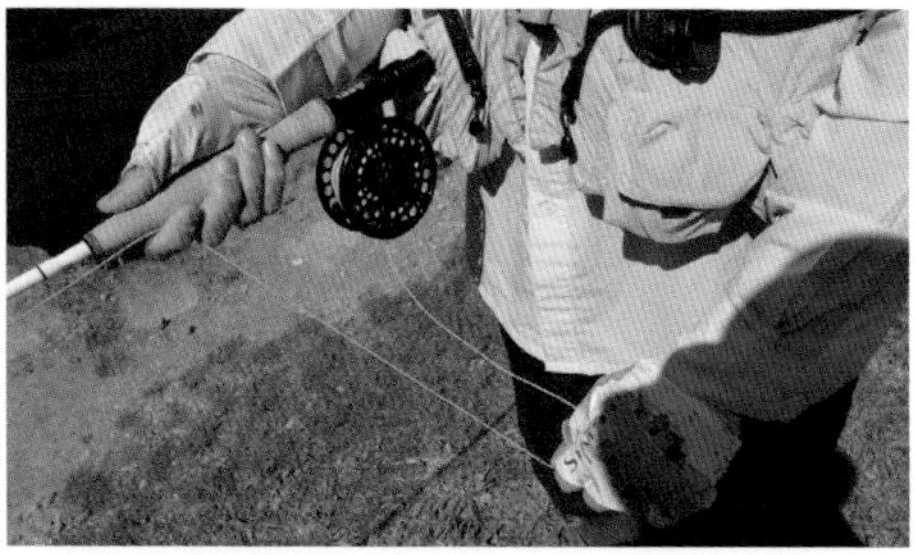

右手の人差し指でラインを押さえたり緩めたりしながら、左手でラインを 30㎝くらいずつ手繰る

フォルスキャスト中にラインを伸ばし最後はシュート

①利き手の人差し指からラインを離す。左手はラインを保持したまま

②フォルスキャスト開始、バックキャスト（4拍子の「1、2」）

③フォワードキャストのタイミング（4拍子の「3」）でラインを持つ手を緩めてラインを伸ばす

④ロッドをストップしてポーズのタイミング（4拍子の「4」）でラインをしっかりつかむ

⑤ふたたびバックキャスト

⑥フォワードキャスト。シュートする場合は写真のようにラインを完全に放す

ドティップをゆっくり下げる。左手に持っていたラインが出て、先端のヤーンがきれいに飛んでいくことをシュート（写真⑥、用語⑤）という。

ラインがまっすぐに伸びて、先端のヤーンが目標に届いていたら成功。なかなか上手くできないという方は、フォルスキャストに戻って動作を確認したのちに再度挑戦してもらいたい。

ラインが5m、リーダーとティペットで3m。合計で8m先のポイントをねらえることになる。この距離がキャストできるようになれば、3日目の実釣では充分釣りになる。確実に目標のポイントにヤーンが届くように練習しよう。

ここまでできたら、さらにラインを3m出してみよう。そして最後にラインを1m余らせ、シュートで出すようにするとシュートの感覚が分かりやすい。

ロールキャストの練習

「キャスティングとリトリーブ」の各項目がすべて出来るようになったら、ロールキャスト（用語⑨）を練習しよう。バックスペースが取れない場所で有効であり、ほかにもいろいろな場面で使えるユーティリティなキャストである。私が行なっていたキャスティングスクールでは、オーバヘッドキャストの復習にもなるため、初心者にも必ず教えていた。

水面上で行なうキャスティングなので水辺で練習したい。しかし、多少難しいが草の上でも練習可能だ。アスファルトやコンクリート、土の地面の上は、ラインの先端がすぐに削れてボロボロになってしまうのでお勧めできない。

ここでもティペットにヤーンを結び、ヤーンがきちんとターンするように行なう。

ロールキャストの基本を覚える

1（写真①）　ロッドティップ（先端）からラインを6m引き出し、右手（利き手が右手の場合）でグリップと一緒にラインを握る。「キャスティングとリトリーブ」で練習したとおり、ピックアップ・レイダウンでラインを前方に伸ばし、ティップを下げて停止する。

2（写真②③）　水平に下げたロッドをゆっくりと立ててラインを引きずり、ロッドを1時の位置で停止し、動作を一度止める。この時、右手を目の高さまで上げ、脇を閉めるのがポイントである。

3（写真④⑤）　ロッドを振り、フォルスキャストの時より少し下の10～11時の位置でロッドを止める。この時、肘が伸びないように注意するのも同様。ラインが伸びていき、ヤーンがターンすると同時にゆっくりとロッドティップを下げ、スタート位置にもどる。ヤーンがきちんとターンするまで練習する。右手は前に出すのではなく、下に下げるイメージで振り下ろし、ロッドを10～11時の位置でしっかり止めるのがポイント。

ここまで出来たら、今度は反対の手でロッドを持って練習してみよう。動きが簡単なので意外にできるものだ。同時に身体の反対側で利き手で振るオフショルダーキャストにもチャレンジしよう。

実は、ロールキャストにはそれが出来ない条件があり、その時にはロッドを反対の手に持ち替えるか、オフショルダーキャストをすることで対処できる。

※ロールキャストが出来ない条件

・右手（利き手を右手とする場合）側から強い風が吹いている時。

・ロールキャストを始める時に、フライが自分の左側（利き手と反対側）にある場合。流れのある場所で、流れが左手側に流れていく場合に起こる。

上記の条件で、無理に右手（利き手）でキャストしようとすると、ラインがクロスして絡んだり、自分にフライが引っ掛かったりして危険である。

ロールキャスト

①ラインを前方に伸ばし、ロッドティップを水面と水平にした状態からスタート

②ロッドをゆっくりと持ち上げていく。ラインは水面を引きずられて寄ってくる

③1時の位置で停止。ラインは身体の後ろ側まで来ている

④フォルスキャストと同じようにロッドを前方に振って止めるとラインにループが生まれ、前方に伸びていく

⑤ヤーンがターンしたらロッドティップを下げて1の位置に戻る

悪い例

ラインを飛ばそうとする意識が強いとこのように腕が伸びてしまいがち。この場合はループが広がりすぎてうまくいかない

ロールキャスト（後ろから見た場合）

①ロッドを持ち上げていく

②ラインが水面を引きずられながら手前に移動

③身体の右側にラインを通す。ロッドは真上近くに立て、寝かせない

④１時でロッド停止

⑤フォルスキャストと同じように前方にロッドを振り出していく

オフショルダーキャスト（身体を中心に、利き手の逆側にラインを通す）

ロッドを止めることでループが出来る

①身体を中心に、利き手の反対側にロッドを傾けた状態で立てていく

ラインとリーダーが完全に水面から離れ、ループが伸びていく

②ラインが水面を引きずられながら手前に移動

①′ ①を後ろから見たところ。ロッドが左斜めを向き、ラインが身体の左側にあることに注目

③ラインが身体の後方まで移動し、ロッドを前方に振り下ろしていく

ロールピックアップ

①ラインが前方に6m出ている状態で、さらに1mぶんをリールから引き出し、左手でラインを持ってキャスト開始。ロッドを立ててラインを手前に引きずり……

②1時でロッドを止めて……

③ロッドを前方に振り下ろして停止

④前方に伸びていくループがターンして……

⑤完全にターンしたタイミングでフォルスキャストのバックキャストに入る

⑥ふたたびロッドを立てていく

⑦1時でロッドを停止

⑧バックキャストでラインが伸びたらフォワードキャストに移る

ロールピックアップ

ロールキャストが出来るようになったら、ロールピックアップを練習してみよう。これは、ロールキャストしたのちにフォルスキャストに移行する方法で、使用頻度の高いキャストだ。簡単なので、練習して習得しよう。

1 ロールキャストではラインを6m出している。さらに1mのラインをリールから引き出し、ラインを1m余らせた状態で、左手でラインを持つ。

2 (写真①~⑧) ロールキャストと同じようにキャストし、ロッドを10~11時の位置で止めておき、ヤーンが水面に落ちる前にバックキャストをして、フォルスキャストに移る。

3 2、3回フォルスキャストしたらシュートしてキャストを終了する。

2日目はキャスティングの用語を覚え、オーバーヘッドキャスティングとリトリーブ、さらにロールキャスト、ロールピックアップを練習した。3日目はいよいよ実釣だ。今まで覚えたことを実践で使い、フライフィッシングで待望の1尾に出会おう。

Day3
本番

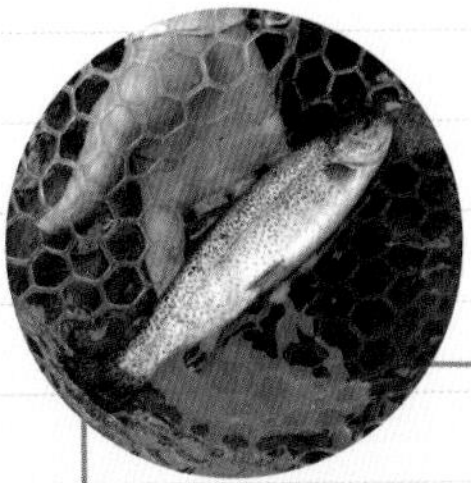

管理釣り場で実際にトラウトを釣ってみる

3日目は、いよいよ本書のレッスンハイライト。2日目で身につけたキャスティングを駆使してトラウトと出会う。その前にまずは管理釣り場の基本知識をおさえてから実践に入ろう。トラウトがヒットしたあとの取り込み方も覚えながら、ドライとニンフの釣りを楽しもう。

To Do List

- □ 管理釣り場の情報収集
- □ 釣り場でよく使う用語の理解
- □ ドライフライとニンフを使ってストリーム、ポンドを攻略する

管理釣り場で釣りをするための第一歩

事前の情報収集

管理釣り場の一例

管理釣り場はポンドとストリームいう形態以外に、施設によってもそれぞれ特徴がある。フライフィッシング向きの管理釣り場を探して行こう

ファミリーがレンタルの竹ザオで気軽にマスのエサ釣りを楽しめる釣り場。自然を生かした作りながら足場もよい

一定間隔で石や岩を入れて段差を作り、流れを升状にしたタイプ。後方が整地され足場もよいのでスニーカーでも楽しめる。ルアー・フライフィッシングを意識したストリームの釣り場の典型例

周囲がきれいに整備されたポンドタイプの釣り場。ポンドタイプは、小規模なもの以外はルアーやフライ向けの場合が多い

自然渓流と全く見分けがつかないストリームタイプもある。管理釣り場といってもこのような場合はウエーダーが必須だ

釣りをする前にルールを再確認

フックに関するアナウンス。ルアーの場合はシングルフックを使用し、ハリ先はバーブレスにすることとある

魚をリリースする時の注意点をまとめた看板

本文で管理釣り場によっては営業期間があることを書いたが、同じく「営業時間」もあるので注意

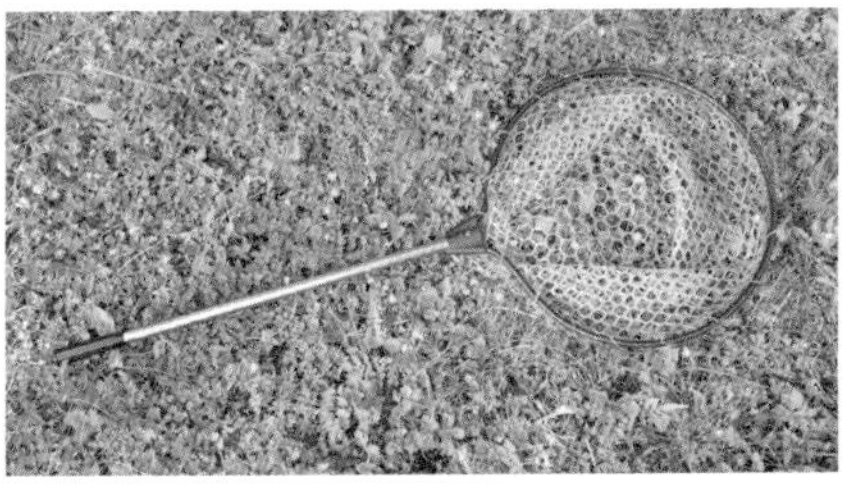

キャッチ＆リリースオンリーの釣り場や、魚を持ち帰るつもりがなければ、写真のような魚体にやさしいラバーネットを使用するとよい。あるいは魚体に手を触れずにリリースする

管理釣り場に着いたら…

まずは管理棟の受付で料金を払う。釣り場によって宿泊もできる立派なロッジだったり、食事や喫茶を楽しめるオシャレな建物だったりとタイプはさまざま。フライ等の消耗品を販売している場合もある

管理釣り場には「営業期間」があることも

まず、行こうと思う管理釣り場が現在営業中かどうかをHP等で事前に調べておこう。年中無休の施設もたくさんあるが、夏季は水温が高くなるので休業したり、冬季は凍ってしまうため休業しているところもあるからだ。

同時に、その管理釣り場がどういったタイプか、フライフィッシングのレギュレーション（規則）はどうなっているかを確認しておくとよい。まず管理釣り場とひと口にいっても、ファミリーがエサ釣りを楽しむ釣り場、ルアー・フライフィッシングの釣り場、毛バリオンリーの釣り場といったように、それぞれ特徴がある。さらに釣り場はポンドタイプ（池）なのかストリーム（川）か、規模はどのくらいか、ストリームの場合はウエーダーが必要か等、このあたりは押さえておきたい基本事

項だ。

使用できるフックに制限があり、バーブレスフックオンリーの場合、あらかじめバーブレスのフライを持参するか、バーブを潰しておく必要がある。そうしないと、釣り場でいちいち使用するフライのバーブを潰さなければならない。

また、釣った魚を記念に少しだけ持ち帰って食べたいと思っている方は、キャッチアンドリリースの施設ではそれができない。さらに、ネットの貸し出しはあるか、完成品フライを販売しているかなども調べておくと安心だ。

現地に着いたらまず受付へGO

管理釣り場に着いたら、最初に受付で利用料金を払う。その際に基本的なルールの再確認と、初心者で初めて来たことを話し、どんな釣り方をしたらよく釣れるか、効果的なフライパターンはどれかなどを聞いてみるのもよいだろう。インストラクターが常駐していれば、具体的なアドバイスをもらえるはずだ。

管理釣り場にはストリーム(川)とポンド(池)の2タイプがある。いずれも先に釣っている人がいたら、ある程度間隔を取って入ろう。フライフィッシングは、フライラインが風に流されブレて飛んでいくこともあるので、最低でも4～5mは間隔を開けるようにしたい(8ftロッドで2本分以上)。

また、キャストを始める前には、安全のため、人がいないか毎回後ろを確認してからキャストを始めるように心がけよう。通行する人の中には、フライラインが後ろへ伸びてくることに気が付かない人もいる。事故を未然に防ぐために毎回後ろを確認することは、管理釣り場では必須である。そして自分が後ろを通る時は先にひと声かけてからにしよう。

覚えておきたい用語と意味

実際に釣りを始める前に、釣り場でよく使う言葉と意味を覚えよう。これらを知っておくと、釣り場で経験者から話を聞く時などにも理解が早い。以下、順不同。

・ナチュラルドリフト　フライが自然に流れること。特にドライフライの釣りの基本。

・ドラッグ　ラインやリーダーに引っ張られてフライが不自然な動きをするようす。「ドラッグが掛かる」などという。ドラッグの掛かったフライは魚が警戒して食べないだけではなく、逃げてしまうこともある。

・フッキング　ロッドを立ててフライを動かし、魚の口にフックを掛けること。日本語の釣り用語の「アワセ」と同じ。

・ライズ　魚が表層まで浮いてきて水面を流下するエサを捕食すること。その時に出来る波紋をライズリングという。

・メンディング　フライにドラッグが掛からないように、ロッドを操作してラインを上流（流れの反対側）に打ち返し、ドラッグが掛かる時間を遅らせる技術。

・ルースニング　インジケーターを使ったニンフの釣りのスタイル。これは和製英語なので外国では通じない。

・サイトフィッシング　水中の魚の反応を直接目で見ながらフッキングする釣り方。

・タナ　これは日本の釣り用語で、水中の魚がいる層、または魚がエサを捕食する層をいう。水中での釣りでは、ズバリこの層にフライを沈めることが重要になってくる。フライがタナよりも上すぎても下すぎてもヒットに至らない。

・左岸と右岸　ストリーム(川)で、上流側から下流に向かって左側の岸を「左岸《さがん》」、右側の岸を「右岸《うがん》」と呼ぶ。従って、上流を向いている時は左側の岸が「右岸」、右側の岸が「左岸」となる。

ライズ1

水面のエサを魚が捕食する行動をライズという。エサが大きかったり、動くものを食べようとする場合は派手なライズになりやすい

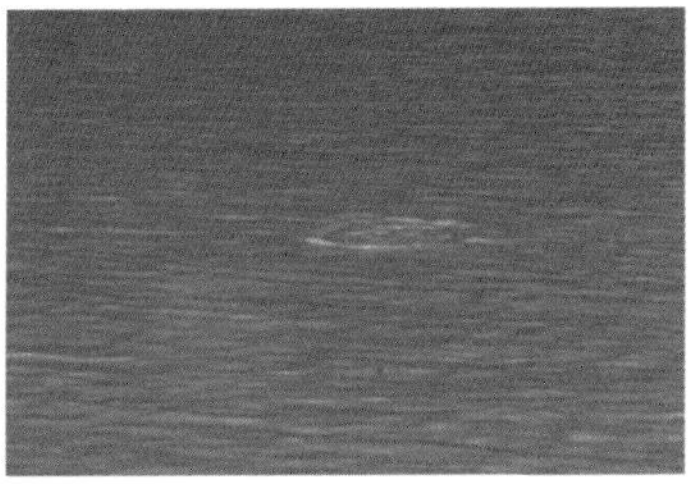

ライズ2

小さな動かないエサに対しては、魚は静かにライズする。最初の頃は派手なライズに興奮するが、フライが上達してくると小さなライズにも胸がときめくようになる

ドラッグ

手前と奥の流れは緩く、真ん中の流れだけが速いため、フライラインが同じように流れず「く」の字状になってしまっている。こうなるとティペットに結んだフライが引っ張られて「ドラッグが掛かる」

フッキング

エサ釣りでいう「アワセ」。ポンドで水面に浮かべたフライを魚が吸い込み、見事にフッキングが決まった瞬間。フライフィッシングの醍醐味のひとつだ

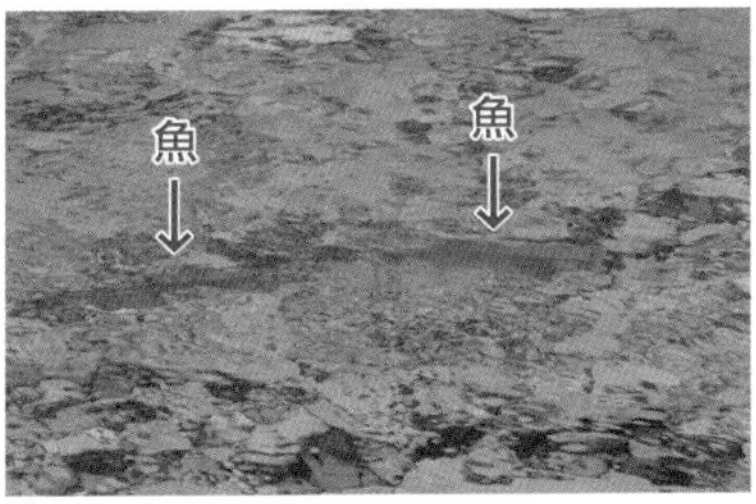

サイトフィッシング

水中の魚を直接目で見ながら釣りをするサイトフィッシングもまた、フライフィッシングの醍醐味のひとつだ。フライを投じた時、フライに反応してくれる魚のほうが釣りしやすい。魚の目の前にフライを運んでも全く反応しない場合は、あきらめてほかの魚をねらおう

左岸と右岸

渓流釣りでは釣法（エサ、ルアー、テンカラ、フライ）を問わず、上流から見て左側を「左岸（さがん）」、右側を「右岸（うがん）」と呼ぶ。間違えると位置があべこべになるので注意しよう

実釣解説1

現場での準備

ストリームの釣り場ではウエーダーを履こう

ウエアの準備完了！

自然色豊かなストリームタイプの管理釣り場では、川に立ち込んで対岸に渡ることが必要な場合もあり、ウエーダーが必須になる（そうしないと片方の岸からしか釣ることができない）。また流れを横切る時は、なるべく水深が浅くて流れの緩やかな場所を選ぶこと。写真でいうと、右側の白泡の流れが切れるあたりがよい

ソックスタイプのウエーダーは、ビニールシートを地面に敷いてウエーディングシューズを履くと砂利が靴の中に入るのを防ぐことができる

ここから先は、ドライフライの釣り方と、ニンフの釣り方をそれぞれ解説していく。ストリームとポンドでは状況が異なるので釣り場も分けて説明しよう。

最初に、釣り場で行なう準備について説明しよう。

ドライフライで釣る準備

タックルをセットしたら、ティペットの先端にドライフライを結ぶ（タックルのセットの仕方や結び方は、1日目の項を参照）。

ドライフライを結び終えたら、釣りを始める前に必ずドライフライにフロータントを付ける。ジェル（糊）状のフロータントの場合は、指先にフロータントを少量（米粒より少し少ないくらい）取り、よく伸ばしてからフライ全体にすり込むようにして塗る。指に残ったフロータントは、拭き取らずにリーダーとラインの先端にこすりつけると浮力の助けになる。これ

ドライフライは釣りの前に必ずフロータントを施す

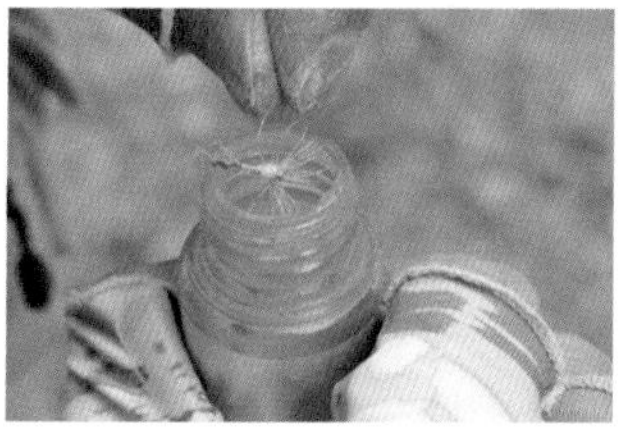

リキッドタイプはフライをボトルに沈ませるだけ。使用中にこぼしたり、ふたの閉め方が不充分で漏れたりしないように注意

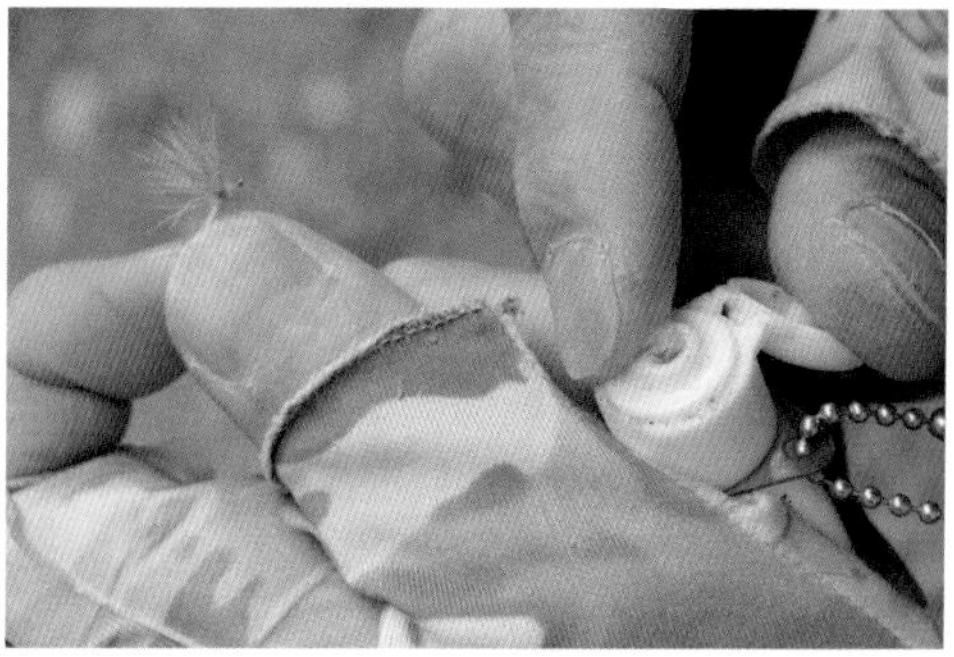

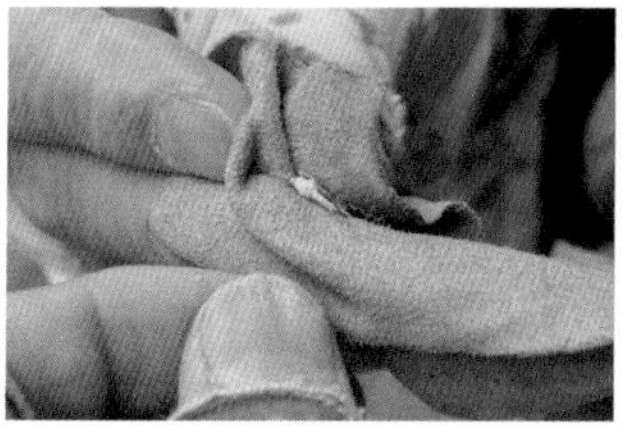

濡れて浮かなくなったフライは、ティッシュなどで水分を取って乾かす。専用の小布やグッズがあるのでそれを利用してもよい

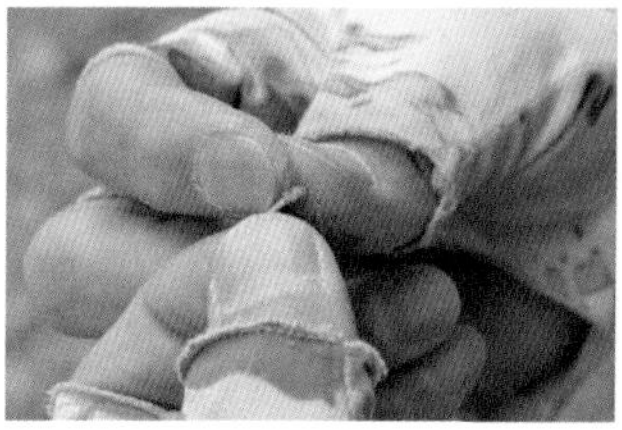

ジェルタイプは指に少量をつけ、よく伸ばしてからフライにもみ込むようにしてまんべんなく塗る。薄いジェルで全体をコーティングしてあげるイメージだ

水分をふき取った後は再度フロータントを施す。このほか写真のようにパウダータイプのフロータントを指で直接フライにもみ込んだほうが、浮力が復活しやすい

スプレータイプはフライから離すと液が拡散するため、近づけて軽くシュッと吹く。そのあとに息を吹きかけてフライを乾かしてから使う

で準備完了だ。

釣りを始めてしばらくすると、フロータントの効果が落ちてきてドライフライが水を吸うようになる。ドライフライが水面に浮かなくなったら、ティッシュのようなものでフライの水気をよく取り、再度フロータントを付ける。パウダー状のフロータントを使うと、より水気を取りやすくなる。

ドライフライは水面に浮くことで効果を発揮するフライなので、面倒に思えてもこまめにしよう。結局それがトラウトに出会える近道でもある。

これを繰り返し行なってもドライフライが浮かなくなってきたら、野球でいえば投手交代。フライを交換して、使っていたフライはフライパッチで乾かしておく。フライは壊れやすいものだが、壊れない限りは何度でも使えるので大切に使おう。

ニンフの釣りはインジケーターとショットをセット

ショットの取り付け

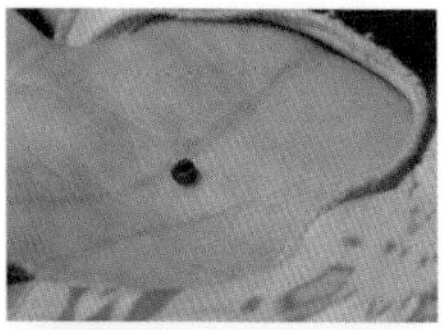

ショットは小さいので落として失くさないように注意

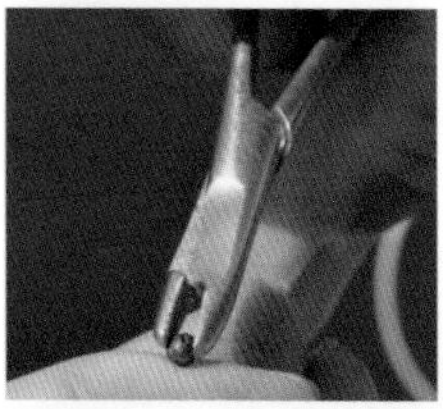

割れ目にティペットを挟んだらフォーセップで潰して固定する

ショットはフライから約20～30cm上にセットする

インジケーターの取り付け

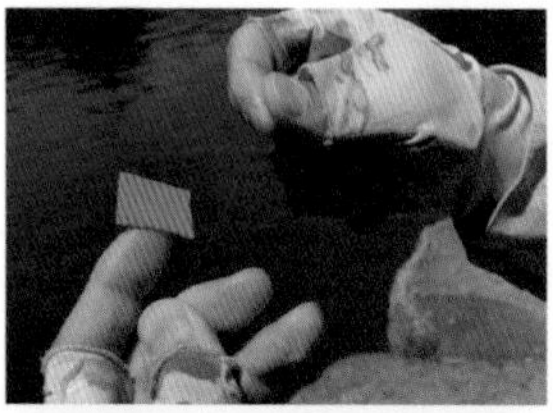

テープタイプのインジケーターの場合、まず任意の大きさにカットして……

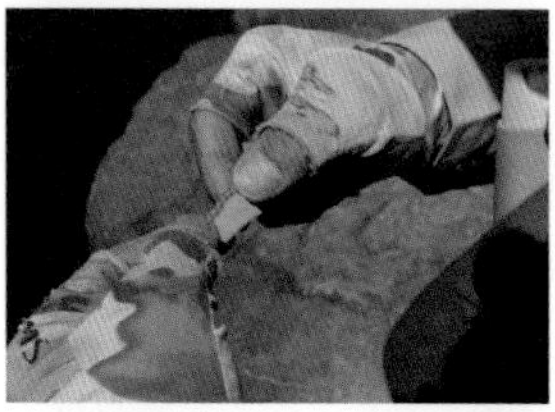

リーダーのセットする位置に貼り付け、くるくると回いていく

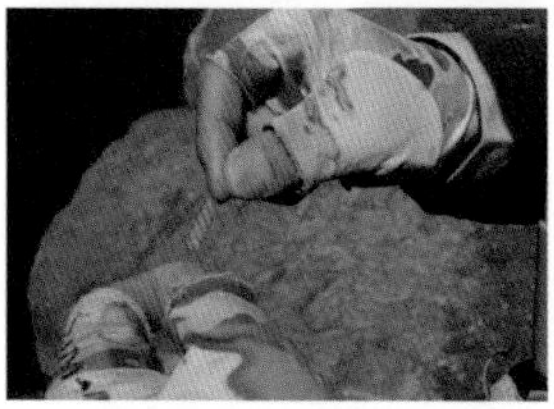

細長い筒状のインジケーターの出来上がり

ニンフで釣る準備

タックルをセットしたら、ティペットの先端にニンフを結ぶ。そしてリーダーにインジケーター（マーカー）を取り付ける。取り付ける位置は、ポイントのタナ（魚がいる層）によって違ってくる。タナが分からない場合は、最初はフライから1mくらい上にインジケーターを付けること。

ニンフフライには、当然だがフロータントは塗らない。代わりに、金属のビーズが付いていないニンフや、ボディー内部にオモリが下巻きされていないニンフ、要するにフライが軽い場合は、沈みをよくするためにショット（ガン玉）をティペットに付ける。その位置は、ニンフの20～30㎝上あたり。ショットは使用中に落ちてこないように、フォーセップでしっかりと挟んで取り付ける。

ドライフライが水面にあって効果を発揮するのと同じく、水生昆虫の幼虫をイメージして巻かれたニンフは、水中にあってこそ威力を発揮する。そして、実際に釣りをしてみると分かるのだが、軽いニンフは意外なほど沈みが遅いものだ。ポンドの釣り場などでは、キャストしてもしばらく水面に浮いていたりすることさえある。したがって、キャストしたらフライが確実に沈んでいっているかを注視するとよい。

また、ニンフの釣りではリーダーにインジケーターやショットを付けるため（ショットを付けない場合はフライ自体が重い）、それらが抵抗となり、ドライフライの釣りよりもキャスティングが難しくなる。ティペットやリーダーが絡まるなどのトラブルも増える。

したがって、まずはドライフライの釣りから始めることをお勧めする。そしてキャスティングや釣りに慣れてきたら、ニンフに替えて釣るようにしよう。

実釣解説２

ストリームタイプ

ストリームの釣り場で、ニンフでヒットした瞬間！

ストリームタイプとポンドタイプでは釣り方が若干違うため、それぞれ説明してこう。

ストリームタイプの管理釣り場は、よく見ると流れの途中に一定間隔で石や岩を積んで仕切ってあることが多い。この石積みが低い段差となり、その落ち込みからは複数の流れの筋が生まれる。魚はその筋や両脇、また流れが緩やかになる下流側の深みなどについている。

流れの多くは透明で、泳いでいる魚が直接見える。魚は流れに頭を向けて泳ぐ習性があり、その状態で流下するエサを捜している。よく観察すると、なかには上流側を向いていない魚もいる。その場合、そこでは渦のように反転流が出来ている。フライは魚の習性に沿って流すのが基本だから、まずは魚の向きを観察して水の流れを読むことが大切だ。そして、最初はドライフライを準備する（「ドライで釣る準備」参照）。

①いきなり川岸に立たず、最初は少し遠くからポイント全体を観察するようにしよう

ドライフライで釣る手順
（写真①～③参照）

1　準備が出来たら、自分の後方のラインが伸びるスペースと安全を確認する。前述したように、管理釣り場では1投ごとに「後方（できれば左右も）確認」を行なうのが必須だ。これは安全のためもあるが、フライを木の枝に引っ掛けたり地面に当てて壊したり失くし

②上の写真から、後方が開けていることや流れのようすを見て、真正面のポイントに降りた。ただしここからだと「左岸の釣り」になり、右利きの初心者には少しハードルが高い。そこで対岸に渡ることにした

流れてくるラインに合わせてリトリーブする

③「右岸」から斜め上流のポイントをねらう。ストリームの釣りではラインは水面に落ちた瞬間から下流側へ流されていく。そのため、流れてくるラインに合わせて左手でラインをリトリーブする（写真でもリトリーブしたラインが増えていっているのが分かる）。なおかつ、視線はフライを注視したまま。手元は見ない

てしまうトラブルの回避にもなる。

フライフィッシングでは、前方にキャストしたぶんと同じ長さのラインが後方にも伸びていくことを意識する。上達すると、後ろにも目があるのではないかと思うほどトラブルが減ってくる。

2 次に、少し遠くから広く流れの中を見て、なるべくたくさん魚がいるポイントを選ぶ。そして、その真上にフライをキャストするのではなく、上流1mくらいのところにフライを着水させる。

3 キャストしたらすぐにラインを右手（利き手）人差し指に掛ける。魚の活性が高かったり、タイミングが合うとフライ着水直後に食うこともあるので集中しよう。

4 ドライフライが流れて来るのを見ながら、2日目に練習した要領でたるんだラインをリトリーブする（手繰る）。不要なラインが水面にたくさんあるとそのぶん流れに押され、フライにドラッグが掛かる。これを防ぐためと、魚が

移動はラインを一度回収してから

①出したラインを引きずりながら移動するのはトラブルの元。慣れてくるとフォルスキャストをしながらポイント移動できるようになるが、最初のうちはラインを収納して移動しよう。まず、トップガイドからいくつか手元側のガイドにフライを引っ掛ける

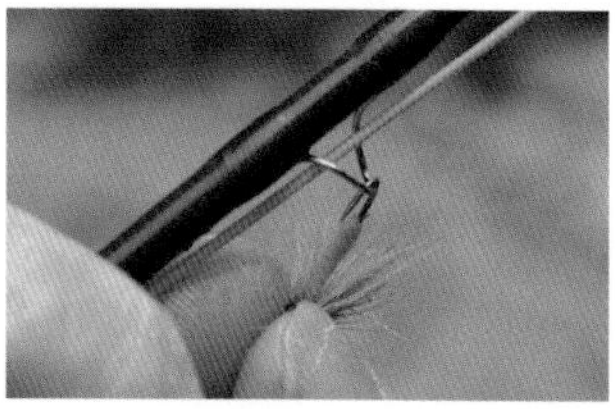

①′こんなふうにフライを引っ掛ける

②リーダーを軽く張ってフライリールのフットのある外側に掛けるようにする

③フライリールを巻いて余計なラインを巻き取る

④これで完了！　次のポイントに移動しよう

フライに出た時、ラインのたるみが多すぎると合わせてもラインが張らず、ヒットしないからだ。

ただしこの時、フライまで引っ張って動かしてしまわないように注意すること。

5　フライが流れに乗ってナチュラルドリフトするように流し、魚から反応がなく流れ切ったらフライを手繰って1に戻る。

フライが流れている途中で魚がフライをくわえたら、右手（利き手）の指に掛けたラインとロッドを一緒につかみ、ロッドを立ててフッキングする（72～73頁参照）。

1から**5**まで、何回か繰り返しても魚がフライに出ない場合は、その場所に固執せず、違うところにフライを落としてみよう。そうすることで、キャストしやすくなったり、フライを自然に流しやすくなったりする。また、ねらう魚が変わることで反応が違ってくることもよくある。

ストリームの釣り場での注意

ストリームの釣りでは、フライ着水後はすべての動作をスムーズに行なう。手前に流れてくるフライラインを手繰りつつフライが自然に流れるように注意し、ヒットに備えてフライを注視する。

ヒット後は足元のラインを踏まないように気をつけ、魚が下流に走ってもあわてず対処する。

最初はいろんなことが上手くできないかもしれないが、1つ1つクリアすることに面白さを見出してチャレンジしていただきたい。

リトリーブが追いつかなかったり、魚と夢中でやり取りしている際に手繰ったフライラインのことを忘れ、ラインが流されて下流の岩の間に挟まることがある。この場合、無理に引っ張らずその場所まで行き、傷をつけずに外すこと。流れが怖くて行けない場合は、スタッフの人に相談しよう。

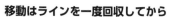

ニンフの釣りでは仕切られた流れの下流側のゆるやかなポイントを中心にねらっていく。流れが遅く水面が波立っていないぶん、魚を警戒させないように可能な範囲で遠くからフライをキャストするとよい

ニンフで釣る手順
（次頁写真①〜⑩参照）

1　結んであるドライフライを切り離し、ニンフで釣る準備をする。インジケーターと、軽いニンフはショットをそれぞれ付けるのを忘れずに（66頁「ニンフで釣る準備」参照）。

2　ドライで釣った時の1、2と同じように、ねらったポイントにキャストしてニンフをナチュラルドリフトで流す。この時ニンフは水中にあるので見えない。そこで、インジケーターをドライフライに見立てて、自然に流れるようにするとよい。

3　キャスト後すぐにラインを右手に掛け、たるんだラインをリトリーブするのはドライフライの時と同じ。

4　水面を流れるインジケーターが水中に引き込まれたら、魚がフライをくわえた可能性が高いのでロッドを立ててフッキングする。インジケーターが引き込まれなくても、フライが流れていると思われる付近にいる魚が口を開けたように見えたり、スーッと何かに近づくような動きを見せるなどの反応があれば有望である。

水中の石にフライが触れてインジケーターが動いたり、流れの抵抗で沈むこともよくある。そこで合わせてもヒットしなかった場合は**1**から再度繰り返す。

インジケーターにも水中の魚にも反応がなければ、ポイントを変えてみる。あるいは、ニンフフライは水中のねらったタナ（層）まで沈むのに時間がかかるため、同じポイントをねらうのでも、今までよりも少し上流にキャストすることで反応が変わる場合がある。

5　ねらう場所を変えても反応がなければ、次はタナを変えて様子をみる。タナが浅すぎて魚がフライに反応してこないケースがあるので、インジケーターの位置をもう50㎝上に動かして再度キャスト

①フライライン先端のすぐ上流に大きな岩が頭を出しているのが見える。その奥の流れが深みになっており、そこをねらっている

②インジケーターが引き込まれ、ロッドを立ててフッキングが決まる

③ラインをリトリーブしながら魚を引き寄せる

④魚が強く引いた時はリトリーブを止め、ロッドの弾力で魚をいなす

⑤なかなか引きが強く手強い。これ以上ロッドを倒すと曲がりの弾力が活かせなくなって最悪の場合はイト切れを起こすため、この角度をキープ

してみよう。

（注）テープ型のインジケーターは、2、3回は位置の変更が利くが、何度も行なうと粘着性がなくなり、インジケーターが動いてしまう。その場合は新しいインジケーターに取り替えよう。

6 魚がフライを突っついたり、フライの周りを回ったりしたら、タナは合っているので何回も同じ場所を流してみる。次第に反応がなくなってしまったら、違うニンフに替えてみよう。フライを替えることで反応が変わる場合がよくある。

ストリームタイプのポイント

ドライフライの釣りとニンフの釣りに慣れたら、場所を変えて釣ってみよう。それぞれ、どんな場所がよいポイントになるのか説明しよう。

・ドライフライ向きのポイント

はっきりとした流れがある場所

⑥魚の引きが少し弱まり、ロッドも立ってきた

⑦水面で最後の抵抗。バシャッと音がして魚が見えてもあわてない

⑧確実に取り込むため、腰を落としてネットをかまえる

⑨ロッドを立てて魚を寄せ、ネットは魚を追いかけるのではなく、ネットに魚を誘導するようにして取り込む

⑩無事にランディング。魚に手を触れる際は水で手をよく冷やしてから。リリースの方法はポンドの頁で解説

は、フライを流しやすくドラッグが掛かりにくい。たとえば、上の仕切りの段差から流れが落ちて入ってくる流れ込みや、複数の流れが1つにまとまる流れ出し、白泡や葉っぱが流れてくるなど流れの筋がはっきりしているところだ。そのような流れの中に底石があったり深みになっていたりすると、そこに魚が潜みやすい。

・ニンフに向いているポイント

仕切りの段差から流れ込んできた速い流れが、ゆっくりとした流れに変わるところ。ゆっくりと渦を巻いている下の流れと合わさるところで、魚が集まりやすいポイントだ。入口部分は水深があり、下流側は次の段差に向かって水深が浅くなっていく。この両側ともポイントになる。

まとめると、魚がエサを獲りやすく、外敵から身を守れる場所がよいポイントになりやすい。ひとことでいうと「変化のある場所」ということになる。

ストリームのポイント例

右下写真上流の落ち込みクローズアップ。手前と奥の水中に石が沈んでいるのが見える。水中の石周りは魚がつくポイントだ

直線状の流れが等間隔で仕切られ、底が砂利状で変化がなく水深差もあまりない流れ。このような場合、仕切りの段差のすぐ下にある流れの筋など、少しでも深くなっている場所に魚が集まりやすい。また魚がよく見えるので、とにかく魚の多い場所を選んで入るようにしよう

落ち込みすぐ上流の緩やかで開けた流れはニンフ向きのポイント。魚が見えたら１ｍくらい上流にニンフをキャストして反応を見よう

より自然色の強いストリームの釣り場では、このような流れが連続することが多い。右奥の大きな落ち込みから流れ込んだ水が勢いのある瀬を形成し、そのあとは徐々に緩やかな流れとなり川幅も広がっていく。下流側の緩い流れがニンフ、上流側の速い流れがドライ向きのポイント。下流側の表層近くに魚が浮いていたり、ライズがあれば場所を問わずドライフライのよいポイントになる

水深がありそうな速い流れは、どちらかといえばニンフ向きのポイント。中層に魚が見えたり、ライズしている時はドライフライを先に試そう

低い段差の落ち込みから水深のある瀬が下流側に続いている。自然渓流ではこのようなかたちのポイントが連続する。流心に対して、斜め下流から上流をドライフライで、反応がなければニンフに替えてねらってみる。着水と同時にラインが下流側に流されるので、速やかにリトリーブで対応する。また流心の奥側をねらう場合は、ドラッグ回避のため後述するメンディングの技術も必要になる

ストリームの一定区間をドライフライで釣り上がる

手前と奥にそれぞれ見える、白泡の落ち込みの間の流れを釣り上がる（＝上流へ移動しながら釣っていくこと）。ポイントをねらう順番、ねらい方、また移動の仕方を参考にしてほしい。ここは自然渓流と変わらない流れなので、自然渓流での釣りにもほぼそのまま通用する。

①川沿いの林道から川岸に降りる。左岸（上流から見て左側）からだと少し釣りづらいため、正面に見える白泡の落ち込み上の浅い流れを渡ることにする

前頁の釣り場全景

②右岸に渡って釣り開始。ストリームの釣りでは、魚に警戒されないように下流側に立ち、自分に近い流れから奥または遠い流れを順番にねらっていくのが基本。ここでは上流に見える２つの白泡の筋が合わさる流れをねらっている

③近く→奥または遠くの基本どおり、次は１つ隣の流れにフライを落とす。ポイントが離れたぶん、釣り人も岸から流れに立ち込んでいる

④数m上流へ移動した。②画面右の段差を１つ越えると少し流れが絞られ、流速のある瀬になっている。手前と奥で流速が違うので、ポイントを上と下に分けてそれぞれフライをキャストしてみよう。手前の流れに魚がいた場合、近づきすぎると上流へ走って逃げられるので注意

ストリームの一定区間をドライフライで釣り上がる

⑤岸から真横にスライドするようにして流れに立ち込み、右隣の瀬をねらう。先ほどよりも底が傾斜して流れが速いのでフライを見失わないように気をつける。同時に、ドラッグを防ぐためロッドは少し立て気味にして余計なラインを水面に置かないようにしている点にも注目

⑥ふたたび岸側に戻って少し上流へ歩き、落ち込み上の肩を釣る。ここでもロッドを立ててラインを水面に乗せていない。なおかつ、ほぼ真下からキャストしてリーダーを岩の上に乗せている

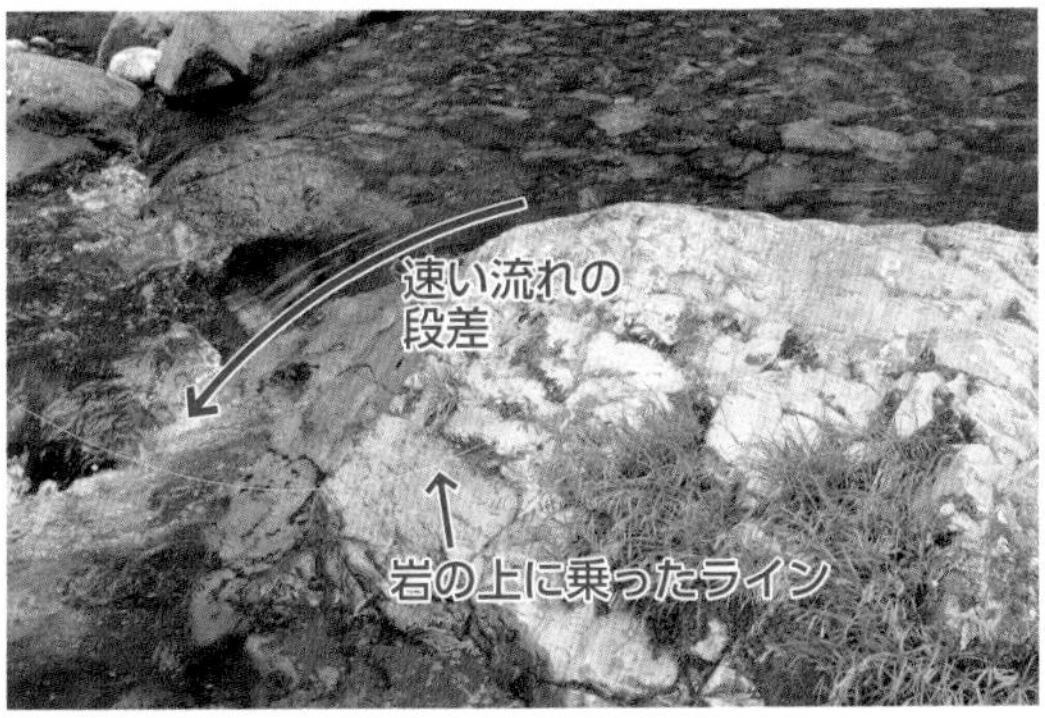

淵のヒラキを釣る時は、すぐ下が速い流れの段差になっていてドラッグが掛かりやすい。そこで、ポイントの手前に岩などがあった場合はキャストしたラインを岩に乗せ、ラインが下流側へ押し流されてしまわないようにするとよい

⑦いよいよこの区間のハイライトとなる最上流のポイント。段差のある落ち込みが深い淵（プール）を形成している。すぐに落ち込みをねらいたくなるが、ヒラキと呼ばれる手前の浅い流れにも魚がいることがあるので、ここでも手前→奥の基本に従って近くから釣っていく。もしも手前の魚が驚いて奥の淵へ逃げ込んでしまった場合、ほかの魚まで警戒してポイント全体が台無しになることもあるので、くれぐれも慎重に

ストリームの一定区間をドライフライで釣り上がる

⑧真横岸側に移動し、右岸の浅場を釣る。魚が身の危険を冒して浅場に出てきている場合、エサを食べる気満々なのでドライフライに出る可能性も高い

⑨さらに奥、その次は流れの真ん中から左岸側を探って終了

まとめ

①右岸か左岸か、釣りやすいほうから始める（途中で反対側へ移動もあり。その際は浅い流れを注意深く渡ること）。

②手前→奥・近く→遠くの順にポイントを釣っていく。

③下流から上流にポイントを移動しながら釣っていく（これを釣り上がりという）。

④ポイントやその近くが速い流れだった場合、ロッドを立て気味にしたり、なるべくラインを出さないようにしたり、岩にフライラインを乗せるなどしてラインが下流へ押し流されるのを軽減する。今回のように釣りをする区間全体が見えている場合は、最初に大まかなコースをイメージして、実際に釣り上がりながら調整していくとよい。やみくもに釣っていくと、ポイントに近づきすぎたり見過ごしたり、対岸に移動したくても流れが強かったり深くて往生することがある。上流への移動を繰り返すストリームの釣りでは（混雑した管理釣り場では自由に移動できないことも多いので注意）、常に先を読みながら行動することが大切だ。

実釣解説3

ポンドタイプ

②ライズや泳ぐ魚のシルエットが見えていればその近くに、ほかには見当をつけたポイントにフライをキャストする

①ドライフライを選ぶ。ティペットに結んだのはエルクヘア・カディス。管理釣り場でも自然の釣り場でも効果があり広く使えるフライだ

ドライフライで釣る手順

（次頁写真①〜⑩参照）

1　バックスペースが取れる場所を探し、まずはドライフライの準備をする。

2　後方を安全確認したあと、フライをキャストする。キャスト後すぐに右手（利き手）の人差し指にラインを掛けるのはストリームタイプの時と同じ。

3　しばらくフライをそのまま水面に置いておく。フライが流されて寄ってくる時は、フライを動かさないように、たるんだラインのぶんだけ手繰る。

4　魚が出ないままフライがすぐ手前まで寄ってきたら、再度2から繰り返してキャストする。

5　魚がフライをくわえたら、ストリームタイプの同じようにロッドを立ててフッキングする。フライフックは細いので強くロッドをあおらず、軽く立てるだけで充分フッキングする。魚の引きが強い

③フライをキャストしたらすぐにロッドを握る手の人差し指でラインを挟み、もう一方の手でラインをつかむ。ストリームのような流れのないポンドでは、ロッドは立てる必要がないので寝かせ気味にして待つ

④フライラインが風で大きく押し流されたり、手前に寄ってきたらもう一度キャストし直す

⑤ドライフライに魚が出た！ 釣り人はあわてずにロッドを持ち上げてラインを張る

⑥フッキングが見事に決まる。ラインが張っていれば、このように軽くロッドを立てるだけでよい

場合は無理せず、つかんでいるラインを緩めて少し出す。魚が弱り寄ってきたらネットに入れる。

魚をリリース（放す）する時は、なるべく魚を水中から出さないように気をつける。フォーセップやリリーサーなどの専用器具を使いこなせば、ネットなしで魚に触れずフックを外すことも可能だ。いずれにしてもフライを口から素早く外し、リリースする。もし、フライが飲まれて魚をつかむ必要がある場合は、手を水で充分に濡らし、手のひらの温度を下げてから魚に触るように気をつける。

魚がフライに出ない場合

まず、左右の人に迷惑にならない範囲でキャストする方向を変えてみる。次に、ときどきフライを少し動かして誘う。ストリームのドライフライの釣りではフライが不自然に動くのはNGだが、ストリームよりも水深があるポンドで

⑦魚が激しく水面でジャンプ！　大興奮のファイトだが冷静に対応しよう

⑧ジャンプでたるんだラインを、ここではリールを巻いて再度張っている

⑨魚が寄ってきたらロッドを立て、リリースの準備に入る

⑩ここではリリーサーという専用器具を使用。魚に手を触れずリリースすることができる。リリーサーやフォーセップは、落として失くしてしまわないように伸び縮みするコードを介してピンオンリールで留めておくとよい

は、魚が水面のフライの動きに反応してヒットすることがある。

ライズがあれば、もちろんねらう。ライズが続く時は、やみくもにキャストせず、どのくらいの間隔でライズするのか、またライズが移動していくのか同じ場所で繰り返しているかをよく観察して、タイミングを合わせてフライをキャストすることができればヒットの可能性が高まる。

また水面に虫が浮いていたり、空中に虫が飛んでいれば、魚はそれを捕食している可能性がある。その場合は、なるべく色や大きさが近いフライにしてみるとよい。

しばらくヒットがなければフライを替える。それまで何も反応がなければ見た目や色、大きさがなるべく違うフライに、何度か反応したがヒットしなかった場合は少し要素が違うフライに替える。

それでも反応がなく、周囲の人もドライフライで釣れていない場合はニンフに替える。

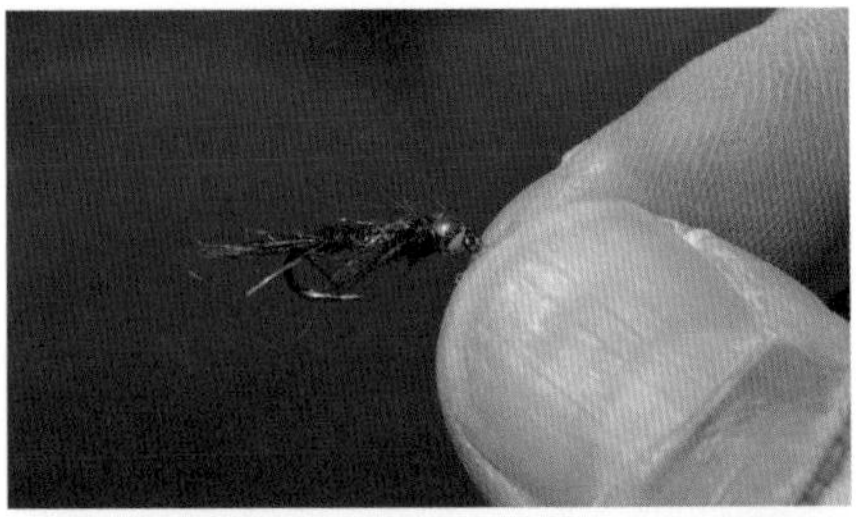

①ニンフを選ぶ。ティペットに結んだのはこのビーズヘッドニンフ。頭部の金属ビーズの重さで速やかに沈んでくれる

③キャストの前に必ず後方を確認

②インジケーターとニンフまでの距離はこのくらいから始めてみる

④フライライン→リーダー→インジケーターが一直線になるのが理想。アタリが出やすく、フッキングも決まりやすい

ニンフで釣る手順
(写真①～⑥参照)

1 ドライフライを外してニンフを取り付け、ニンフの釣りの準備をする。

2 フライをキャストし、インジケーターが手前に寄ってきたら、インジケーターを動かさないようにたるんだラインを手繰る。インジケーターがドライフライのつもりでするとよい。

3 魚がフライをくわえて移動するとインジケーターが水中に引き込まれるか、大きく動くので、ロッドを立ててフッキング。ヒットしなかった場合は、すぐにラインを回収してもよいが、少しそのままにして待っているとまたインジケーターにアタリが出ることがある。

4 しばらく釣ってみてインジケーターに反応がない場合は、タナを変えてみる。ポンドタイプでは、水中の魚が見えないことが多く、魚の反応を直接確かめながらタナを判断することが難しい。周りでインジケーターを使ってよく釣っている人がいたら、掛かっている魚とインジケーターの距離を見て、タナの参考にしよう。

5 タナを変えても反応がなければ、フライを替えたり、移動して違うポイントをねらってみる。同じ場所で同じ釣り方を延々していても結果が伴わないことが多い。

ポンドタイプのポイント

ポンドタイプでは、ドライフライとニンフのポイントは同じになる場合が多い。

それではどんなところがよいポイントになるかというと、ストリームと同じくまずは変化のある場所。ポンドではそれは風と流れが関係してくる。

・水車や流入・放水口などがあり、流れが生じているところ。

・水深の浅い手前から沖へ向かっ

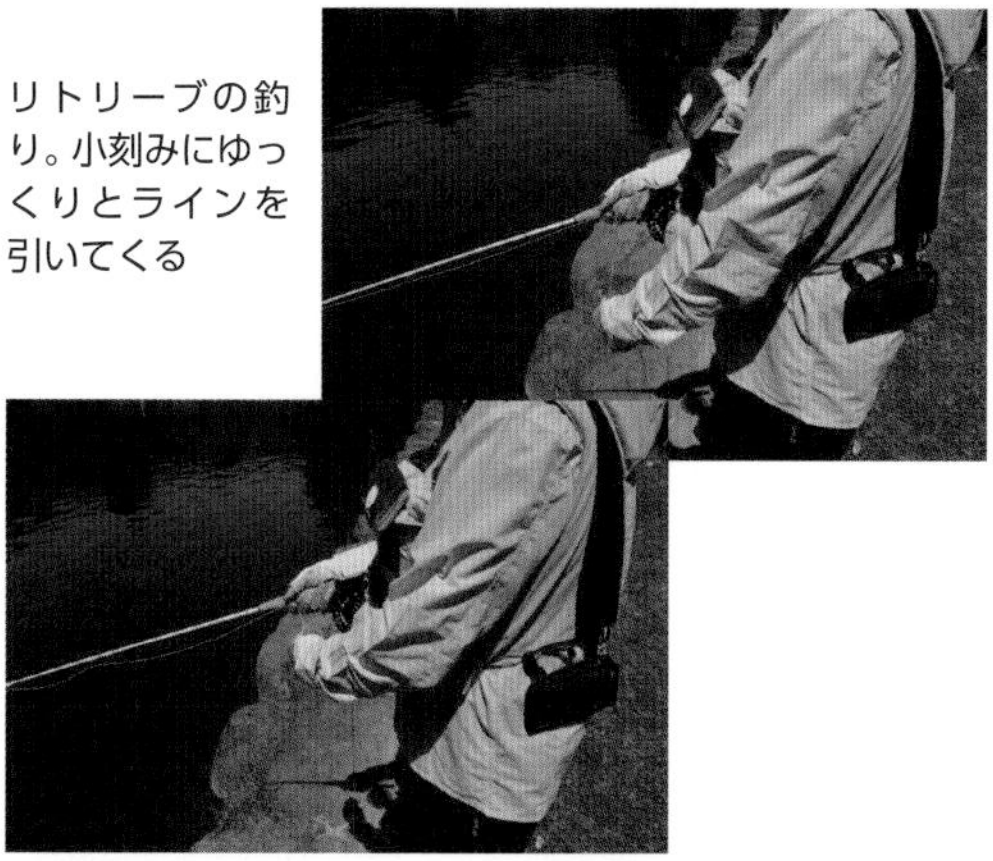

リトリーブの釣り。小刻みにゆっくりとラインを引いてくる

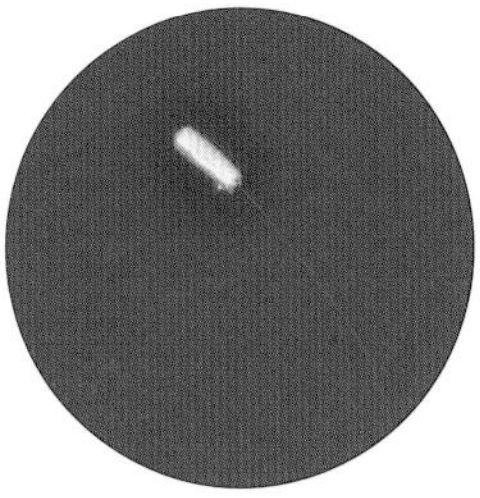

⑤魚がニンフをくわえると水面のインジケーターに変化が出る。震えるような小さなアタリは、合わせてもヒットしないことも多い。インジケーターがスーッと大きく動いたり、完全に水中に引き込まれた場合は見逃さずしっかり合わせよう

魚がヒットしたら、ドライフライの釣りと同様に対処する

⑥インジケーターに変化が出ない時は、この状態からフライラインを少しずつゆっくりとリトリーブして誘ってくるのもよい

て深くなり、水の色が暗くなって底が見えなくなる辺り。この傾斜のポイントをカケアガリという。

・ポンドの風下側。一定の方向から風が吹いている時、風下側にはエサが集まりやすく、また波立ちで酸素も供給されるのでよいポイントとなる。風があるとキャストが難しくなるが、そのぶん魚が岸に寄ってきやすい。

リトリーブの釣り方手順

ドライフライとニンフの釣りをしたら、リトリーブの釣りにも挑戦してみよう。これはフライを動かして魚のヒットを誘う積極的な釣りだ。

1 ティペットの先に、ニンフのテイル（尻尾）が柔らかく動くフライ（代表的なものがマラブーフライで、このフライをウエットフライと呼ぶこともある）を結ぶ。釣りを始める前にフライを水につけて軽く揉み、水に馴染ませておく。インジケーターとショットは付けない。

2 キャスト後、ラインは右手（利き手）の人差し指に掛けて、フライが沈んでいく時間を待つ。

3 フライがある程度沈んだら、水生昆虫が泳ぐくらいのゆっくりとしたスピードをイメージしてラインをリトリーブしてくる。

4 アタリ（魚がフライをくわえたり、突っついたりすること）を感じても、すぐにロッドを立てずに、そのままフライのリトリーブを続ける。

5 魚がフライをくわえて反転する重さを感じたら、ここでゆっくりとロッドを立てる。この時、ラインとリーダーは伸びきった状態になっているため、強くロッドを立てるとティペットが切れてしまうので注意すること。

6 魚が掛からなかったり、アタリがなかったりした場合は再度キャストをする。

ポンドのポイント例

風が吹いて水面が波立つのもよい条件となる

ストリームのように流れのないポンドでは、流れを起こす要素は基本的に魚を活性化させポイントとなる。水車や放水などによって起きる流れの筋は典型的な例

ポンドの釣り場はストリームよりも個々に特徴がある場合が多い。初めて訪れた時は、スタッフにポイントを聞いて参考にしよう

これはポイントというよりもタイミングだが、放流直後の魚はフライに反応しやすい。またそれに影響されて元からいた魚も活性が上がることがある。毎日日中に放流があればチャンスなので、あらかじめ放流時間や場所を聞いておくのも手だ

流れ込みや吐き出し口にも魚が集まりやすい

補習編

管理釣り場でなかなか釣れない時の工夫

ヒットが続く間はその流れに乗って、何かを変えないことが大事

釣れない時間が長くなったら何かを変えるべき。問題は、何を変えるか、どう変えるかだ

自然の釣り場よりも魚がたくさん放流されているはずの管理釣り場でも、なかなか釣れないことはよくある。私がフライショップで接客していた時に質問されたことを例に、その解決方法を解説していこう。

Q　周りは釣れているのに自分だけが釣れない時は、どうしたらよいでしょうか。

A　まず、釣れている人の釣り方をよく観察することです。ドライフライで釣っているのか、マーカーをつけて釣っているのか、引っ張って釣っているのか。それが分かったら、自分も同じような釣り方をしてみると、釣れるようになることはよくあります。

同じ釣り方をしても釣れない時は、フライが合っていないか、ポイントが違うかです。まずは、フライをいろいろ替えてみて（思い切ってどんなフライを使っているのか聞いてみるのも手です）、それでも釣れない場合は、釣るポイントを変えてみましょう。

Q　ドライフライにバシャッと魚が出るのに掛かりません。どうしたらよいのですか。

A　止水（ポンド）から解説します。ドライフライに出たのに掛からない時は、魚がかなり警戒して、口先だけでフライを吸い込もうとしていて、それで掛かりづらいのだと思います。また、よくよく観察すると本当はフライを吸い込んでいないこともあります。この場合、フライは替えなくてよいので、魚が出た場所に、すぐにまたフライをキャストしてみてください。再度フライに出るようならかなり活性が高いので、魚が掛かるまで同じ場所にキャストします。魚が1回しか出なかった場合は、他の場所にキャストして反応を見てください。そこでも1回しか出ない時はフライが合っていないので、いろいろと替えてみましょう。

次にストリームでフライに出ても掛からない場合について解説します。流れの中で魚がライズしていて、自分がキャストしたフライに何回も魚が出たのに掛からない時は、フライは合っているので、原因はドラッグ（ティペットやリーダー、ラインにフライが引っ張られて自然に流れていない）だと思います。立っている場所を変えたり、ティペットを長くしたりして、ドラッグが掛からないようにしてください。

フライに1、2回しか出ない時はフライを替えてみてください。替えた後の1投目に出ることがよくあるので、1投目は特に慎重にキャストしましょう。またフライのサイズを変えるのも有効です。ライズがない状況でドライフライに出ても掛からない時は、まずはフライを交換します。それでも反応がなかったり、また1回しか出なかった場合はあきらめて違う場所をねらうか、ドライフライからニンフやウエットに替えてねらってみてください。

Q　ニンフで釣っていて、インジケーターが動く（アタリがある）のに掛からない時はどうしたらよいでしょうか。

A　止水（ポンド）では魚がスレている時によく見られるケースで、そのアタリも小さなことが多いと思います。これは魚がフライを警戒して瞬時に吐き出すなど、しっかり食っていないことが考えられます。ではどうするかですが、ポンドでは1尾がフライに反応すると、たいていはほかの魚も寄ってきてフライに反応します。そこで掛からない小さなアタリは合わせずにいると、そのうち我慢できなくなった魚がしっかりとフライをくわえて逃げて行くので、その時に合わせる（ロッドを立てる）とフッキングします。ポンドでは、インジケーターが大きく沈むまで待つのがコツです。

ストリームでは、魚が見える管理釣り場がほとんどだと思います。その場合は、インジケーターを見て合わせるのではなく、魚を見てフライをくわえたら合わせるようにします。

ストリームでは止水と違ってフライにドラッグが掛かりやすく、フライをくわえた魚はその違和感でフライを吐き出します。したがって、インジケーターにアタリが出た時はすでにフライを吐き出した後ということがよくあります。そこで、インジケーターを見て合わせると遅れてしまうため、魚の動きを見てフライをくわえたと思ったら合わせます。たとえば、フライの周りで魚が急に動いて反転したような時とか、口を大きく開けたように見えた時に合わせるのです。

川が濁っていて魚が見えない時は、インジケーターが少しでも動いたら瞬時に合わせます。そのままポイントが続くような長い流れ

釣り人の右は緩やかな流れのプール、左は落ち込み。この場合、向きを変えるだけでポイントが全く違ってくる

魚が水面近くに定位して、ライズしている状況は明らかなチャンス。ヒットしない場合は、フライが合っていない証拠だ

の場合は、アタリがあったらインジケーターが少し動く程度に合わせてみて、掛からなかったらそのまま流します。

透明な流れで魚が見えない場合も即座に合わせるのがコツとなります。

Q　ポンドタイプの管理釣り場で、自分も周りも釣れない時はどうしたらいいですか？

A　まず「周りが釣れていない」というのは、ルアーとフライの人のどちらでしょうか？それとも両方でしょうか？　最近の管理釣り場は、ルアーの人たちに人気で、どこも混み合っています。私が管理釣り場に行くと、フライの人は少数で、ほとんどがルアーの人たちということがよくあります。

ルアーの人たちはほとんど釣れず、フライの人はたまに釣れるということであれば、釣れる可能性は大きいです。ルアーは動かさないと泳がないので、ゆっくりでも常に動いています。そのため、魚は動くものに極端にスレていると考えられ、フライが動かないインジケーターのニンフフィッシングが効果的になるでしょう。ビーズヘッドニンフやマラブーストリーマーを結んでみましょう。

ルアーの人たちも、フライの人たちも、みんな釣れていないとすると、けっこう難しい状況だといえます。一番考えられるのは、時間帯だと思います。暖かくなってくると、特に晴れた日の日中は水温が上がり、そのため魚の活性が下がって釣れなくなってしまいます。そのような状況の時には、もしもその管理釣り場に複数のポンドがあれば、少しでも水温が低くて活性が高そうなほうへ移動します。ストリームエリアがあればそちらを試すのもよいでしょう。

ほかのポンドもストリームエリアもなく、場所を変えることができないとすれば、活性の上がる時間までこちらも休憩したり昼食をとるなどして、時間が経ってから釣りを再開するのも1つの手段だと思います。

Q　ストリームの管理釣り場で、魚が見えているのにフライに反応しない時はどうしたらよいでしょうか。

A　フライはドライフライでしょうか、ニンフでしょうか。まず、ドライフライを使っていてフライに反応しない時の原因と対策です。見えている魚がときどきライズしているのに自分のフライに出ない時は、フライが合っていないと思います。飛んでいる虫や、周りに止まっている虫をみて、その時にハッチ（羽化）している虫が何かを調べます。これだ、という虫を見つけたら、その虫の大きさや色に合わせたフライを使ってみます。

　そういった虫が見当たらない時は、季節によって違いますが、管理釣り場でハッチしている虫はユスリカやガガンボといった小さな虫であることが多いので、20番前後の小さいフライを結んで試してみます。フライを替えて、掛からなくても魚が反応したフライがあれば、そのフライで釣れる可能性があります。掛からないのはドラッグが一番の原因だと思います。立ち位置を替えるなどして、アプローチを変えてねらうことでドラッグを回避して釣れることがあります。ただ、同じ魚をずっとねらっていると魚もそのフライにスレて反応しなくなるので、そんな時にはいったんほかの魚をねらって少し場を休ませることも重要です。

　次に、ニンフやウエットなど沈むフライを使って釣っている時についてです。見えている魚がたくさんいるのに、自分のニンフやウエットフライに反応しないということは管理釣り場ではよくあります。この一番の原因は、フライが魚の目の前を流れていない、ということです。管理釣り場のストリームは、流れの途中を石などで仕切って、また川底を掘り、深くてゆっくりとした流れになっています。しかし一見単調そうなその流れは、見た目以上に複雑で渦を巻いたりして、魚が下流を向いて泳いでいることもよく見かけます。そのため思うようにフライが沈まず、ねらった魚の前にフライが流れていかないのです。フライが魚の目の前を流れれば、見に来たり、よけたり、何かしら反応があります。もちろん皆さんは、魚の向いている方向の、魚から数m上流にフライをキャストしていると思いますが、実際はフライは充分に沈まず、たいていは魚の上の浅い層を流れてしまっているのです。

　そういう時はどうしたらよいのでしょうか。まず、インジケーターからフライまでの距離を長くして、フライがもっと沈むようにします。そしてそのぶん、今までフライが着水しているところよりも上流に着水するようにキャストし、フライが沈む距離を稼ぎます。その時にねらっている以外の魚の様子も観察します。ねらいどおりその魚が反応してくれればよいのですが、隣のレーンの魚が反応したり、下流にいる魚が反応したり、浅いところを泳いでいる別の魚が反応したりするのは、そこへフライが流れてしまったということです。周りの魚の反応を見ながら、ねらった魚が反応するまで、キャストする位置を変えていきます。なかなか思うようにフライが沈んでくれない時はショットをつけてみます。

　ねらった魚がやっと反応してもフライをくわえるまでに至らなかった場合、ここで初めてフライを交換します。フライをいろいろと交換しているうちに釣れると思います。釣れたフライはその日のヒットフライなので、そのフライでほかの魚も同じようにしてねらってみましょう。

管理釣り場のルールとマナーについて

管理釣り場は、さまざまな人が訪れる。ルアーやエサの人と一緒に釣ったり、釣り場の規模やシーズンによっては混雑することもあるが、いずれにしてもルールとマナーを守って気持ちよく楽しみたい

ゴルフ場やスキー場にルールやマナーがあるように、管理釣り場でもルールとマナーがある。初めて管理釣り場へ行く方も、あらかじめ知っておくことで安心して楽しめる。

ルール

管理釣り場では施設ごとに、たとえば次のようなルールを設定している場合がある。事前にホームページなどで調べておくと安心だ。

・釣った魚は必ずその場で逃がす（キャッチアンドリリース）。
・フライはバーブレスフックのみ。
・エッグフライ（魚の卵に似たフライ）の使用禁止。
・インジケーターとショットの使用禁止。
・テープ状または粘土状インジケーター（マーカー）の使用禁止。
・ネットの使用はラバーネットに限る。

同じ管理釣り場の施設内でも、

釣る場所によってルールが異なる場合もある。たとえばAエリアではインジケーターの使用はOKだが、Bエリアでは使用禁止など。また、複数のポンドを釣法（ルアー・フライ・両方OK、エサ専用）別に分けたり、ストリームをいくつかに区切って同様に釣法を指定していることもある。

マナー

●ポンドタイプ

・先に人が入っている場合は、最低でも4～5m間隔を空ける。かなり混み合っている場合にはもっと近い間隔で釣ることもあるが、その時は隣の方に「ここに入ってもいいですか」とひと声掛けよう。

・釣りの最中は隣で釣っている方とラインが重ならないように、キャストする方向に気をつけること。混雑している時は、自分の正面以外に投げようとするのは迷惑なうえに危険でもあるのでやめること。

●ストリームタイプ

・流れを人工的に仕切ってある場合、その仕切りで区切られた釣り場を1マスとすると、釣り人の入っていないマスに入るようにしよう。釣り人が多く、人が入っていないマスがなければ、なるべく隣の人と離れて釣り場に入ろう。

・ストリームタイプの場合、隣の人と近づきすぎるとポンドタイプ以上にお互い釣りづらいので、やはり4～5mは間隔を空けて入るようにする。また、先に釣っている人と同じ魚をねらって釣るのはタブーなので気をつけよう。

●ポンドタイプとストリームタイプに共通するマナー

・管理釣り場では、急に後ろを人が通ることも頻繁にあるので、必ず毎回後ろを確認してキャストを始めよう。また小さなお子さんは予想外の動きをするのでこれも注意。さらに、バーブレスフックが義務付けられていない管理釣り場でも、思わぬトラブルを起こさないように、フックはバーブレスにしておくことをお勧めする。

・ロッドは地面に寝かせた状態で置かないこと。これは魚を取り込みフックを外す時でも同様で、ほかの人から、また自分でも置いたロッドを踏まないようにするためである。ロッドは荷物の上など、ちょっとした高さのあるものに立てかけて地面から離しておくだけで、踏まれるトラブルから守ることができる。

・釣った魚をリリースする際は、できるだけ魚に触らないように行なう。温かい人の手で触れられるのは、魚にとっては「やけど」のようなもので、雑菌が繁殖してしまう元にもなりかねない。特に乾いた手で触れるのは厳禁だ。フォーセップや専用のフックリリーサー（ハリ外し）を利用すれば、魚に触れずにリリースできる。やむを得ず触れなければならない場合は、先に水に手をつけて冷やし、濡れた状態で短い時間ですませる。また、釣った魚は乾いた地面に引きずり上げないように気を付けよう。ネットを使用する場合は、ラバーネットや網部分がラバーコートされたものを使うと魚へのダメージが少ない。

分からない時、判断がつかず困った時は……

釣り場施設のスタッフに聞くのが一番だが、近くのベテランに教えを乞うのもお勧め。静かに釣りに集中しているので一見気難しそうだが、皆さん総じて優しく紳士的だ。思い切って声を掛けて聞いてみると、多くの方は親切に教えてくれると思う。フライフィッシングは日本の釣りではマイノリティーなので、フライフィッシャーは仲間意識がある。釣り場で知り合いになる釣り仲間も多い。

釣り場で見かけたフライフィッシャーはけん制し合うのではなく、同じ仲間だという意識をもってほしいと私自身願っている。

Day4 以降

自然のフィールドへ出たくなった時のために

フライフィッシングで初めてのトラウトに出会い、

管理釣り場に慣れ、余裕を持って楽しめるようになったら、

多くの釣り人の視線は自然の渓流や湖へも向くようになる。

そこには野生のトラウトがいて、新しい出会いがあると同時に、

釣り人の観察力や技術が試されるフィールドでもある。

ここから先は、フライフィッシングをもっと広く、

もっと深く楽しみたくなった時に、

必ず役に立つ情報と解説を掲載した。

ロッドのアクション等&選び方

ロッドについては「3日でマスター術」の1日目で簡単に説明した。ここでは、改めて初心者、中級者の方がロッドを選ぶ際のアドバイスをもう少し詳しく解説していく。

フライロッドにはカーボン、グラス、バンブー（竹）製があると前述した。これらはそれぞれ、性能や価格はどう違うのだろうか。その辺りから説明しよう。

素材と価格の違い

1800年代初頭、それまで木製だったフライロッドに、竹片を貼り合わせて作ったバンブーロッドが登場した。それから1世紀以上の時を経て、1950年代にガラス繊維のグラスファイバーが開発され、釣りザオの素材として使われ始めると、フライフィッシングでもグラスロッドが大量生産されるようになった。

グラスロッドはバンブーロッドに比べて軽く、安価なことから市場に広く受け入れられた。

さらに、1970年代には世界初のカーボン（グラファイト）製の釣りザオが日本で誕生する。カーボンロッドはグラスロッドよりもさらに軽く、反発力はグラスロッドの何倍もあった。当初は非常に高価だったが、素材の開発とともにコストダウンが著しく進むと、あらゆる釣りジャンルでカーボンロッドが普及していった。

フライフィッシングでも現在の主流はカーボンロッドだ。しかし、一方でバンブーロッドやグラスロッドも製造・製作され続け、愛好者がいる。

各素材のロッドとも安価なものから高額なものまで値段はさまざま。平均金額で比べると、高い順にバンブー、カーボン、グラスロッドの順番になる。

バンブーロッド

いわゆる手作りのロッドで、1本作るのに通常何ヵ月もかかる。優秀なバンブーロッドはまさしく工芸品の域に達しており、気品のある美しさを備える。また、古くても人気のあるバンブーロッドは、オークションなどで国際的に高く取り引きされている。重量や性能面ではカーボンロッドに分があるが、バンブーロッドはこだわりの価値観があるフライフィッシングならではのロッドといえるだろう。現代でもバンブーロッドを製作するビルダーは国内外に多数いるし、オリジナルロッドを自作するアマチュアもいる。

バンブーロッドは化学工業製品ではないので、万が一破損した時は、修理に長い時間とかなりの費用がかかることも覚悟しなければならない。取り扱いにも注意が必要で、初心者には向かない。もしどうしてもほしい方は、バンブーロッドの扱いに慣れた方から充分にレクチャーを受けること。その場合でも、練習用に

現代のフライロッドの主流素材はカーボン。軽くて反発力に優れ、実際の釣りはもちろん、特に練習には最適といってよいだろう。ただし、同じカーボン製でもさまざまなアクションがあるので購入の際は気をつけたい

用いることはお勧めできない。

グラスロッド

バンブーロッドに比べて安価なグラスロッドは、大量生産が可能な工業製品ということもあり、1950〜1960年代にはバンブーロッドの代わりとして多数生産された。

しかし、1970年代前半にカーボンロッドが登場すると、反発力の強いカーボンロッドが主流になっていく。一方でグラスロッドは、一時は特殊なスペックのモデル以外、ほとんど製造されなくなった。しかし2010年代中頃、グラスのフライロッドの人気がアメリカを中心に再燃してきた。また、軽量で張りのあるSグラスの出現により、さまざまなアクションのグラスロッドが作られるようになった。

現在のグラスロッドには10万円を超えるものもあり、以前のような安価なロッドというイメージは完全に払拭されている。ただし、ロッドによってアクションが大きく異なるため、初心者が選ぶのは難しい素材ともいえる。またカーボンロッドに比べると重いので、長いロッドはお勧めできない。

カーボンロッド

お店で長年接客をしていて、お客さんの質問で一番多かったのは、カーボンロッドの値段の差だ。確かに、安いものは1万円前後からあり、高いとシングルハンドロッドでも10万円を超える。この差は何であろうか。

第一はカーボン素材自体の価格の違いだ。カーボンは年々進化し「軽い鉄」とも呼ばれ、航空機の素材として広く使われているのはご存じのとおり。高価なカーボンは、軽量で強く、反発力も強い。そこで、高価格のロッドを手に取ってみると信じられないほど軽い。素材自体が軽いうえに、薄く作っても素材が強いため折れにくい（その反面、衝撃的な力にはもろく破損しやすい）。このように素材の違いが価格の違いに大きく関係しているといえる。

次はブランク（ロッド本体）以外のパー

基本のロッドアクション

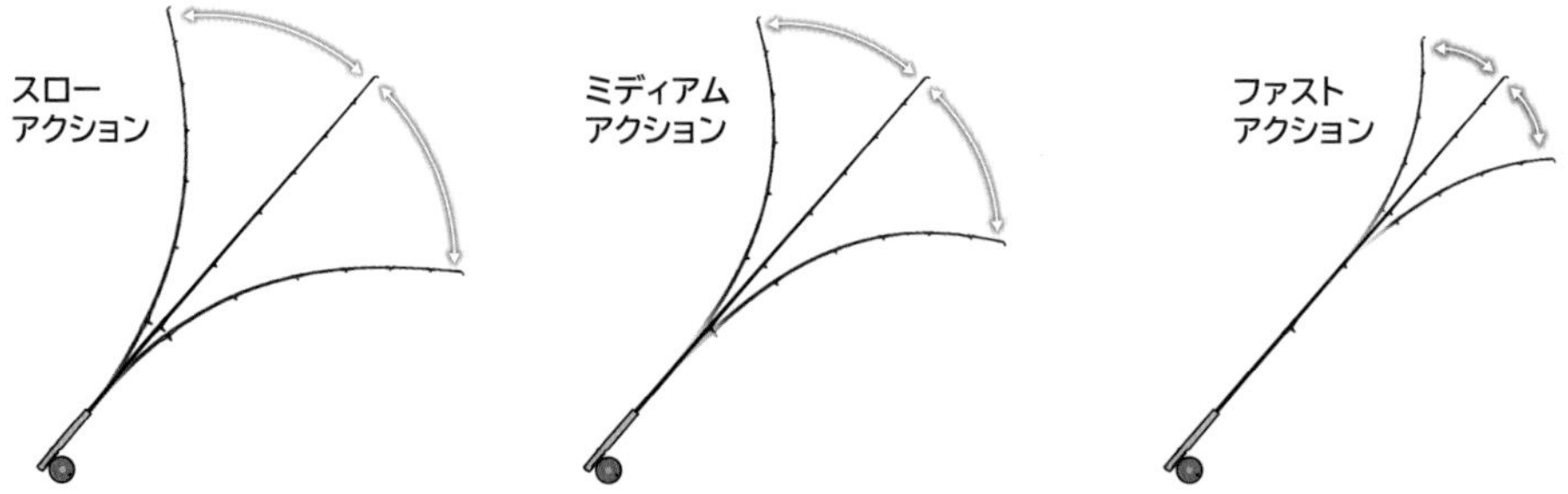

小さな負荷でも手元側まで曲がりやすく、戻り方もゆっくりとしている

一定の負荷を掛けた時にロッドの真ん中付近に曲がりのピークがくるロッド。初心者にも扱いやすい

ロッドの先端を中心に曲がりやすく、軽くてシャープな印象

ツによい物を使っているかどうか。たとえばリールを留めるリールシートに高価な木材を使っていると、価格が高くなる。高価なリールシートはそれだけで1万円以上する。また、グリップのコルクも空気の穴（「す」という）が入っているものは安く、「す」がないきれいなコルクは高い。このように高価なパーツを使ったものは、そのぶん価格に反映されている。

フライフィッシングは欧米から伝わってきた釣りで、今も欧米、特にアメリカのメーカーが作るロッドが日本では人気だ。フライフィッシング以外となると総じて日本のメーカーのロッドが人気で、特にソルトルアーロッドに関しては、海外でも日本製のロッドに人気がある。

話を戻すが、アメリカのメーカーの高価なフライロッドは、輸入すると当然関税と輸送費がかかる。またアメリカはインフレで毎年10％近く価格が上がり、最近の円安でさらに日本での価格が高くなっている。一方、日本のメーカーのロッドはそれほど値上げしておらず、価格の格差が広がっている。アメリカのロッドメーカーでも素材のカーボンは日本製が多いそうで、皮肉なことである。これが３つめの理由である。

ロッドのアクションについて

ロッドには、スロー、ミディアム、ファストといったアクションがある。（上図参照）以前、ロッドの曲がり具合をＦＬＥＸ値として数字で表わし表示するメーカーがあったが、現在は見当たらないようだ。カタログ等のスペック表に、ＦＡＳＴ、ＭＥＤＩＵＭ、ＳＬＯＷと表示しているメーカーはある。それぞれのアクションにどのような特徴があるかを説明しよう。

・スローアクション

ロッドの反発がゆっくりで、負荷が掛かると手元の近くまで曲がり込み、柔らかく感じるアクション。低番手のロッドやグラスロッド、バンブーロッドによく見られる。ラインスピードがゆっくりになるため、コントロールをつけやすい。また、長いリーダーシステムが扱いやすく、メンディングやロールキャストがしやすい。遠投には向かないロッドが多い。ウエットフライ用の5、6番ロッドや、スペイキャスティング用のツーハンドロッドもある。

・ミディアムアクション

ロッドの反発が遅くもなく速くもない中間のスピードのアクション。オールマイティーに使える。初心者は、最初はこのミディアムアクションのロッドを使うことをお勧めする。

・ファストアクション

ロッドの反発が速く、先端側を中心に曲がり、硬く感じるアクション。渓流で使う場合は、ある程度の長さのラインがトップガイドから出ないと、ラインの重さを感じづらいデメリットもあるが、ポイントにフライをテンポよく打ち込んだり、枝の下にフライを入れたりするのは容易だ。遠投向きのアクションで、湖沼や海で使う場合にも適している。シューティングテーパーと呼ばれるラインシステムを使う場合は、このファストアクションのロッドを使うと投げやすい。

このほか、中間的なミディアムスローアクション、ミディアムファストアクションもある。

ロッドの番手と長さについて

現在フライロッドは、大きく分けてシングルハンドロッド、スイッチロッド、ツーハンド（ダブルハンド）ロッドの3種類に分けられる。それぞれの番手と長さについて解説しよう。

・シングルハンドロッド

極端に短いものを除き、6ft前後から10ftくらいまでのシングルハンドロッドが発売されている。渓流では7〜8ft#3〜4が標準的（な長さ）で、7ft以下のロッドは、沢のように狭い川や、木が生い茂る（ボサ川）川で使われる。また渓流でも、ニンフやウエットを中心に使う場合は長いロッドのほうが有利なため、8ft6in〜10ftのロッドが使われる。

川の中流域や湖沼では、8ft6in〜10ft#4〜8のロッドが使われる。開けた川（キャスティングに障害物がない川）ではロッドは長いほうが有利だが、長くなるとそれなりに重くなるため、#6以上の高番手は9ftまでが使いやすい。また、ボートからの釣りの場合は、長くなると取り回しが不便なのでこちらも9ftくらいまでが使いやすい。

・スイッチロッド

シングルハンドとツーハンドをスイッチして使えるという意味で、片手でも両手でもキャストできるロッドをスイッチロッドと呼ぶ。メインのグリップの下にも下手で握れるグリップがついている。これは、日本では以前セミダブルと呼んでいたロッドである。なかには、この下手用のグリップがねじ込み式で取れるようになっているものもある。

#3〜8が市販され、長さは9ft5inから11ft6inである。注意したいのは、#3から#8までといっても、この番手はシングルハンドのそれとは基準が異なり、かなり重いラインを使うことが推奨されている。いい換えれば、スイッチロッドといっても、シングルハンドで使っているラインがそのままの番手で使えないので注意が必要だ。たとえば、あるスイッチロッドの#6に合うラインは、シングルハンド用の#11のラインだったりする。どの重さのラインが適合しているかは、カタログやそれぞれのWEB上で

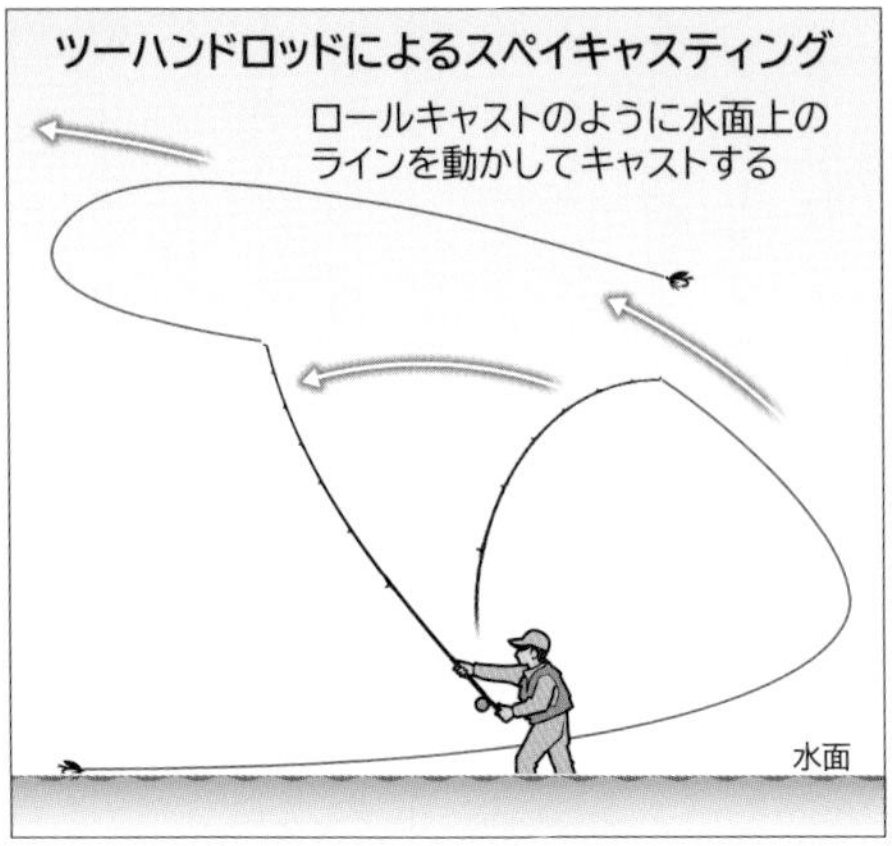
ツーハンドロッドによるスペイキャスティング
ロールキャストのように水面上の
ラインを動かしてキャストする
水面

スペイキャスティングで釣る

案内されている。

・ツーハンド（ダブルハンド）ロッド

現在は#2〜12、長さが9ft9inから18ftまで市販され、アクションもさまざまである。ツーハンドロッドに合うラインも、スイッチロッドと同様に、シングルハンドの番手よりもかなり重いラインを推奨している。こちらもカタログやWEBのHP上に適合ラインの案内がある。なかには適合ラインの重さをロッド自体に表示しているロッドもある。

ツーハンドロッドは、オーバーヘッドキャスティング（シングルハンドロッドのキャスティングと同様に、ラインがロッドの上を通るキャスティングのこと）もできるが、スペイキャスティングと呼ばれる水面を使ったキャスティングができるロッドである。（上図参照）シングルハンドロッドでもスペイキャスティングはできるが、ツーハンドロッドのほうがやりやすい。

ツーハンドロッドにもそれぞれロッドアクションがあり、オーバーヘッドキャスティングに向いているロッドと、スペイキャスティングに向いているロッドがある。しかし、勘違いしてはいけないのは、どのツーハンドロッドもオーバーヘッドキャスティングもできるし、スペイキャスティングもできる。ただどちらがやりやすいか、ということである。

基本的に、ファストアクションのほうがオーバーヘッドキャスティングがやりやすく、スローアクションのほうがスペイキャスティングに向く。というのも、スペイキャスティングは水面にラインがついた状態で行なうため、ロッドがゆっくり曲がるほうがタイミングが取りやすいからである。

しかしながら、最近ではスペイキャスティングの中にもいろいろなスタイルができて、また、それに合わせてさまざまな形状と長さのフライラインが開発されている。そのためスローアクションのほうがスペイキャスティングに向いていると単純にいえなくなってきているのも事実である。

各ロッドメーカーから、たくさんのツーハンドロッドが販売され、またそれぞれに合わせたツーハンド用のラインが数えきれないほど発売されている。前述したキャスティングスタイルの多様化とともに、それらがツーハンドロッドの選び方をますます複雑にしている。これからツーハンドロッドを使ってみたいという方には何をお勧めしたらよいか、少し具体的にご説明しよう。

日本でスペイキャスティングが流行りだしたのは2000年頃からで、世界的にもスペイキャスティングがブームとなった。ただ、日本では川のサーモン（サケ）釣りは基本的に禁止されていることと、ツーハンドロッドを振ってトラウトをねらって楽しめるような大きな川が本州には少ない。私の経験からすると、関東でツーハンドを使う方の8割は湖ではないかと思う。そして、ツーハンドのキャスティングは、バックスペースが少なくてすむスペイキャスティングがほとんどだと思う。

ツーハンドロッドでオーバーヘッドキャスティングをするのは、大河川か、サーフから海に向かってキャストして釣りをする場合で、自分の後ろに人が行き来しない場所での釣りとなる。また、最近のロッドとラインの進化で簡単にスペイキャスティングができるようになったため、これも私の経験では、8割を超える方がスペイキャスティングでツーハンドを使っているのではないかと思う（※ここでいうスペイキャスティングとは、水面を使ってDループを作り、ラインを前方に飛ばすキャスティングを、そのスタイルにかかわらずすべてスペイキャスティングという名前で表現している）。

というわけで、これからツーハンドロッドを始めようと思っている方は、使うシチュエーションに具体的な希望がなければ、湖でトラウトをねらうのに適するロッドを選んだほうがよいと思う。私がお店でお勧めしていたのは、13～14ftで#7～8、ラインの重さでいえば450～600グレインのラインを投げるミディアムアクションのロッドである。価格帯は幅広く、予算に応じたロッドでよいと思う。

ただし、ロッドのほかにリールもラインもツーハンド用が必要なので、そのぶんの予算がかかることも念頭に置いておこう。

ロッドの保証について

これからロッドを購入しようと考えている方に、フライロッドの保証についてお話しよう。

アメリカのメーカーのロッドは、メーカーごとに保証内容は違うが、生涯保証をしているメーカーがあり、その内容が他の商品に例を見ない保証になっているのだ。

（※いずれも最初の購入者に限る保証のため、譲ってもらったロッドや中古で購入したロッドなどには適用しない）

たとえば、セージというロッドメーカーがアメリカにあるが、その保証は、保証書を本人が保管している限り、ロッドが破損した場合は、シングルハンド、ツーハンドに限らず、またその理由を問わず、修理またはパーツの交換をしてくれる。費用はロッドの生産時期によって違うが、最近の製品であればおおむね7500円（税抜き、2023年現在）で修理してくれる。しかも、回数を問わず何回でも適用してくれる。

同じく、アメリカのオービスというメーカーのロッドは25年間保証で修理代は一律9900円（税込、2023年現在）、スコットというメーカーは生涯保証で修理代は一律7700円（税込、2023年現在）である（※以上のメーカーのロッドの保証については、それぞれWEBのHP上に案内しているので、詳しくはそちらを参照してほしい）。

これらはいずれも破損した理由を問わずということなので、誤って自分で踏んで折ってもその金額で何回も修理してくれる。ただし、ロッドの一部をアメリカに送って直すため、期間は早くても2ヵ月、遅いと半年かかることもある。

カーボンロッドの項で、アメリカのロッドは価格が高いと説明した。確かに前記したメーカーのハイエンドのロッドは、現在シングルハンドロッドでも10万円を超え、ツーハンドロッドは20万円近くになっている。これらのロッドを購入しても、もし誤って折ってしまい保証がなかったら、修理代に購入金額の半額以上もかかったり、古くなった場合は修理不能になることもあるだろう。

ところが、このような生涯保証があると一生安心して使える。これは他の釣り具には見ない保証であるし、私は他の製品、たとえば電気製品などでは見たことがない。しかし、これはすべてのアメリカのロッドに適用されている保証ではなく、限られたメーカーだけなので注意が必要である。

日本のメーカーのロッドは、長くて3年、通常は1年間の保証となっている。その期間内だと安く修理できるが、適用は1回限りとなっている場合が多い。これらのロッドの保証についても、購入時の参考にしてほしい。

ロッドの継ぎ数について

ロッドを選ぶ時、お客さんから「継ぎ数は少ないほうがいいですよね？」と聞かれることが結構あった。今でもバスロッドは、ワンピースロッドやグリップの所だけが外れるグリップジョイントに人気がある。

フライロッドはルアーロッドに比べて長いため、以前から2ピースロッドとして作られてきた。ここでいうピース（piece）とは継ぎのことである。

私がフライを始めた40年前は、ほとんどが2ピースで、4ピース以上の継ぎ数が多いロッドは、マルチロッド（マルチピース）といって珍しかった。ジョイント部は折れやすいため、どうしても素材を厚くする必要があった。そのためジョイント部は重くなり、曲がりづらくなってしまう。当時の4ピースロッドは、ジョイントが見るからに膨らんでいたり、厚くなっていたりして、振ってみると重くて曲がりづらい感じがした。

そのうち3ピースロッドが作られるようになると、ロッドの真ん中が曲がりやすいためミディアムアクションで使いやすく、携行性も上がったと人気が出た。2000年に入りカーボン素材が進化してくると、ジョイント部も軽く強くなったため、盛んに4ピースロッドが作られるようになった。確かにその頃からジョイント部も薄くなり、振っても違和感が少なくなった。また、アメリカでは飛行機を使って移動しフライフィッシングを楽しむ人が多く、以前は2ピースロッド

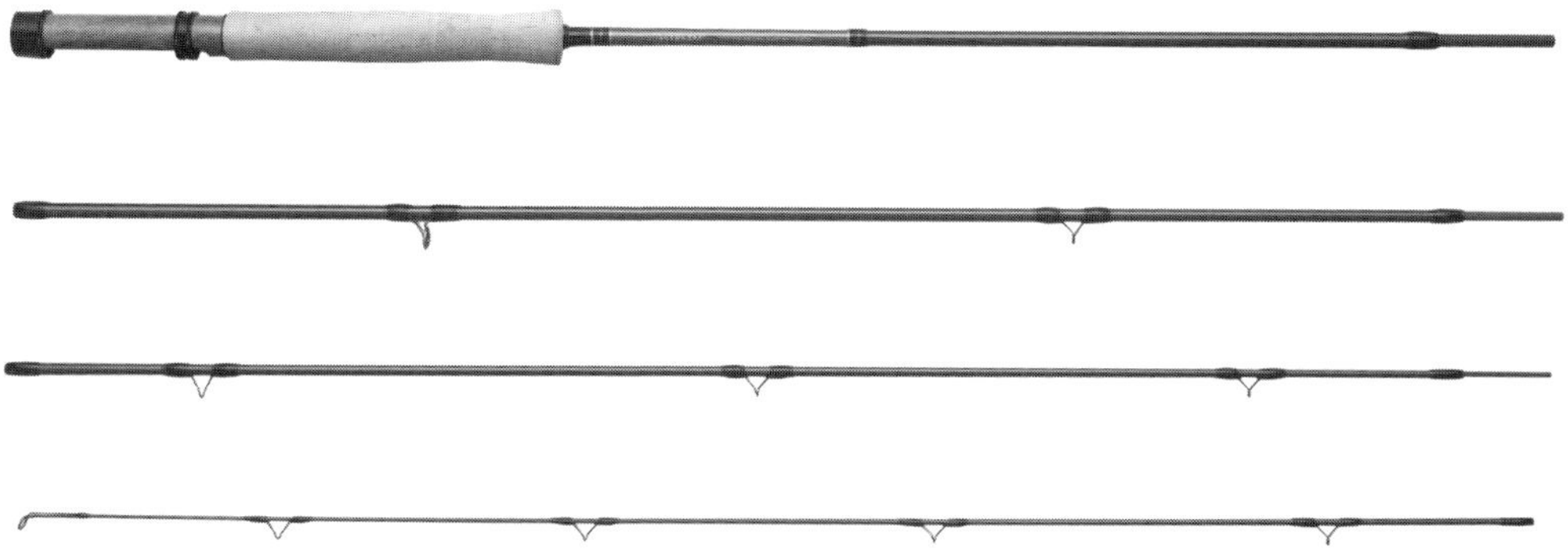

近年の４ピースロッドは、機能・性能ともに、かつて主流だった２ピースモデルと比べても全く遜色ない。仕舞寸法が短いため携行性にも優れる

を機内に持ち込むことができたが、２００１年アメリカ同時多発テロ事件以降、長いロッドは機内に持ち込めなくなったのも一因だという人もいる。

お店でも４ピースロッドが出始めた頃は、２ピースロッドと並行して販売していた。同じメーカーで継ぎ数以外は全く同スペックの2ピースロッドと4ピースロッドを販売していて、お客さんに店内で振り比べてもらっていた。ジョイント部が多い4ピースのほうが若干重く、値段も少し高くなっていたが、アクションはほとんど変わらなくなっていたので、携行性に優れた4ピースロッドのほうが売れた記憶がある。

そうしているうちに2ピースロッドは作られなくなり、現在はほぼなくなっている。一方で、ジョイント部が金属のニッケルフェルールでできているバンブーロッドは、ニッケルが重く硬いため、今でも2ピースロッドが主流である。近年はジョイント部がバンブーやグラス製のバンブーロッドも見られ、それらはは４ピースロッドも作られている。

最近のカーボンロッドは、６ピースも珍しくない。バックパックを担いで源流へ行ったり、大きなバッグを担いで電車釣行する方には、この6ピースの小ささがかなり役に立つ。ただしここまで継ぎ数が多いと、継いだり抜いて仕舞ったりする動作が面倒に感じたり、１ピースを落としてなくしたりするケースがでてきた。また、アクションも4ピースと比べると、かなりもったりとした感じが出てくる。そういったデメリットを理解したうえで、選択枝の中に入れてもらうのはよいと思う。

フライキャスティング基本の補足

キャスティングは「3日でマスター術」の2日目に練習した。これは、実際に釣りができるようになる必要最低限の内容に絞った。ここでは、その後のステップアップへの足掛かりとして、より詳しくキャスティングの基本を補足していこう。

同一平面で振る

フライキャスティングの基本の一番目は、「ロッドを平面で振る」ことである。フォワードキャスト、バックキャストともに同じ平面をラインが飛んでいくイメージだ（次頁図◯側）。簡単だ、と思うかもしれないが、実際は難しい。

ロッドを平面で振るには、ロッドを持つ手を平面で前後に動かすことになる。そこで試しに今、身の周りにある壁かドアに軽く手の甲を当ててシャドーキャスティングをしてみてほしい。フォワードキャストはいいが、バックキャストで手が壁を離れてしまうだろう。手を真っすぐ引こうとすると、どうしても手前（内側）に引っ張ってしまうのは自然の動きで当然なのだが、フライキャスティングではこれが致命傷となる。

フォワードキャストとバックキャストが常に同じ面で振れるように「壁すり」で練習してほしい。私は以前、肩・肘・手の甲の3箇所をそれぞれ壁につけてキャスティングのシャドーをすることで、平面で振れる練習をしたものだ（次頁写真・図参照）。

アークとは

英語でARCは「円弧」という意味。フライキャスティングでは、ロッドをフォワードキャストとバックキャストで止めるそれぞれの位置の角度のことで、時計の文字盤で表わされることが多い（102頁図参照）。

「ロッドはフォワードが11時、バックキャストは1時で止める」が基本だが、アークは状況によって変化する。たとえば実際の釣りではバックキャストを高く、フォワードキャストを低くするため、アークはバックキャストが12時30分、フォワードキャストが10時30分となる。

ストレート・ライン・パス

ロッドティップが一直線に移動するとラインは真っすぐに飛んでいく。このライン軌道をストレート・ライン・パス（SLP）という（103頁図3上参照）ロッドティップが一直線に移動しないとストレート・ライン・パスにはならず、ラインはテイリングを起こす（同図中参照）この場合はアークが狭すぎ、ロッドの曲がり込みでティップの軌道が凹んでしまった。私がキャスティングスクールを行なっていた時、生徒がテイリングを起こす原因のほとんどがこれだった。バッ

「壁すり」の練習

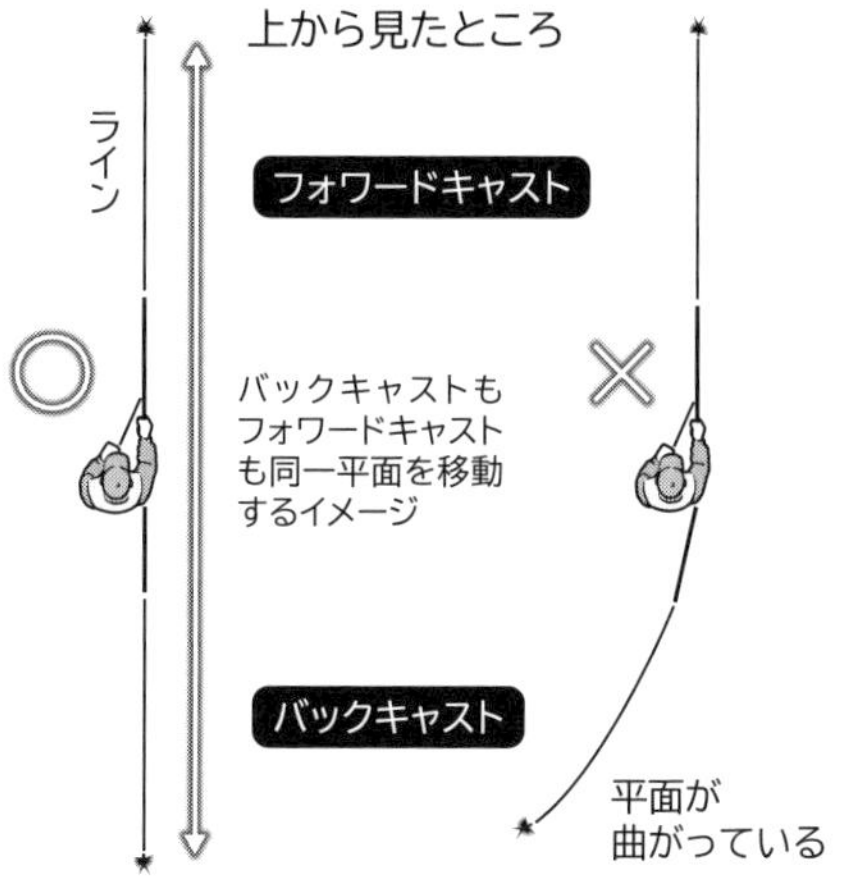

×悪い例

手首が壁から離れ、ロッドが身体側に傾いてしまっている。バックキャスト時に特にこうなりやすい。同一平面上の移動が崩れるとラインに影響し、ループが乱れて飛びにくくなる

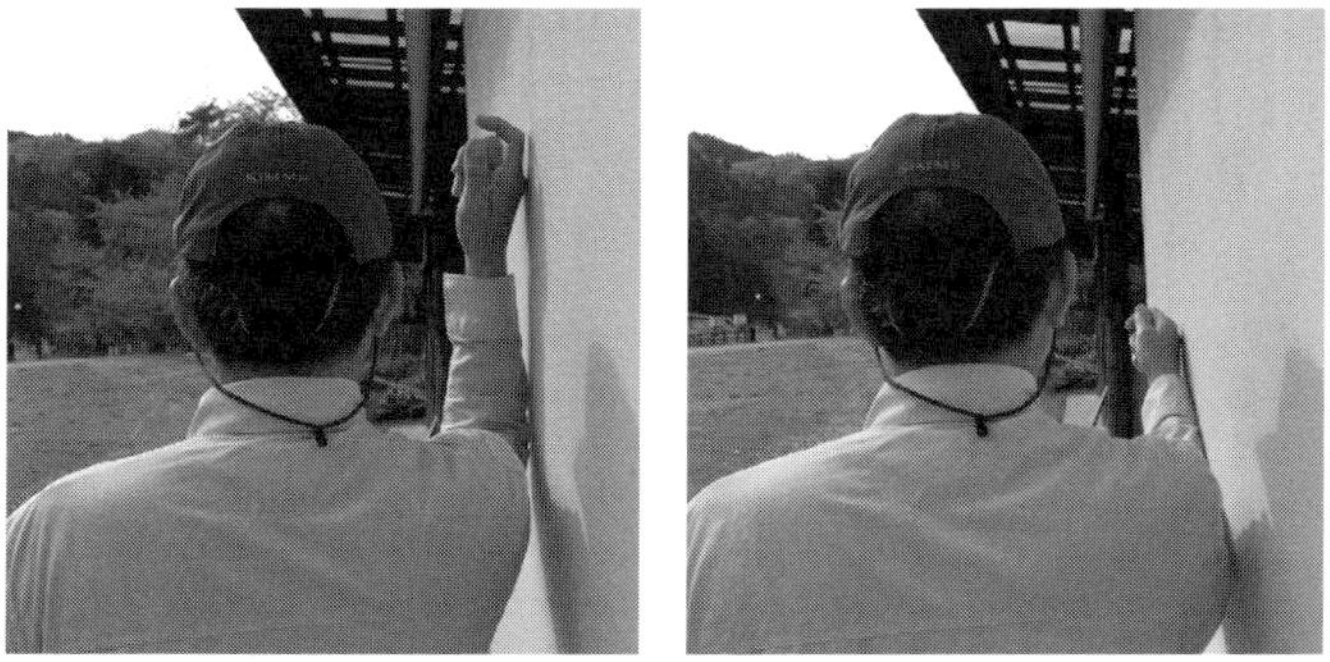

壁に利き手の手首、肘、肩を壁にこすりつけながらシャドーキャスティングを行なう

○正しい例

ロッドを手にした状態。肩は離しているが、肘と手首が壁につき、手に持ったロッドも壁と平行になっている

クキャスト後にロッドがしっかり止まらず、そのあと無意識にロッドが少し前に戻り、ロッドが立った状態からフォワードキャストが開始されるとロッドティップの軌道に凹みが生じやすい。

逆に、同図下では、ロッドが倒れすぎてアークが広くなり、ティップ軌道が山なりになっている。この場合、ラインはワイドループになってしまう。

アークとストレート・ライン・パスとの関係

アークの基本は11時と1時だが、柔らかいロッドを使ったり、ロングキャストをしてロッドを強く曲げたりする時は、アークを広くしないとストレート・ライン・パスにならない。逆に、硬いロッドを使ったり、ショートキャストでロッドがあまり曲がらない時は、今度はアークを狭くしないとロッドティップの軌道が山なりになってワイドループになってしまう（103頁図4参照）。

キャスティングアーク

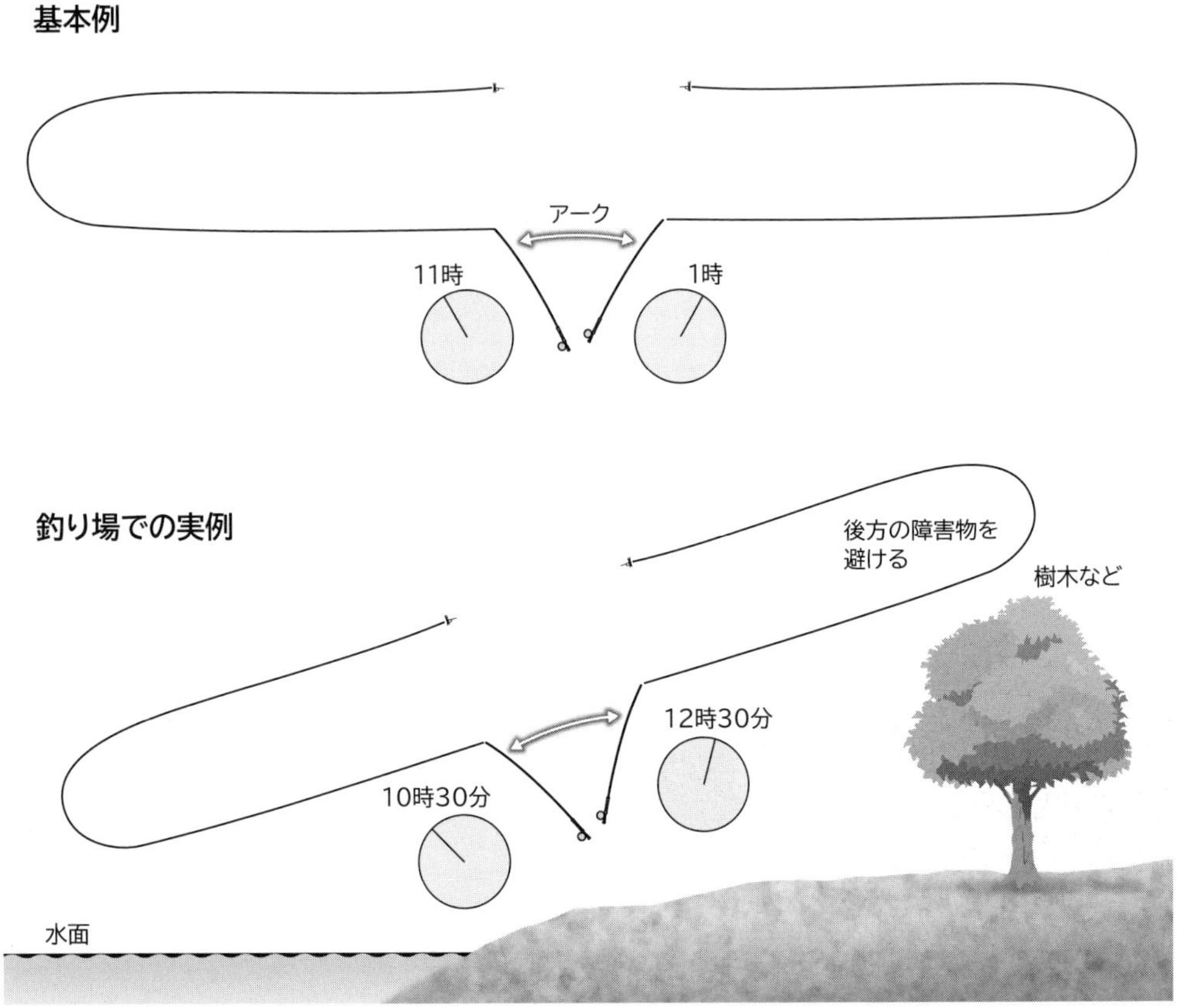

まとめ

フライラインという〝柔らかくて長いオモリ〟をキャストするのは、ほかにはない動きで難しい。基本は、2次元の平面で振ることと、ティップを一直線に動かすことの2点である。初心者によくある飛ばせない理由は、新体操のようにロッドの動きを止めずにラインで円を描いてしまうことだ。フォワードとバックでそれぞれロッドをしっかり止めてポーズを取ることで、ストレート・ライン・パスができる。

キャストには、サイドキャストやオフショルダーキャスト、ロールキャストなど、さまざまな種類があるが、基本はどれも同じである。平面移動とストレート・ライン・パスをぜひ覚えておいてほしい。

図3

ストレート・ライン・パス(SLP)

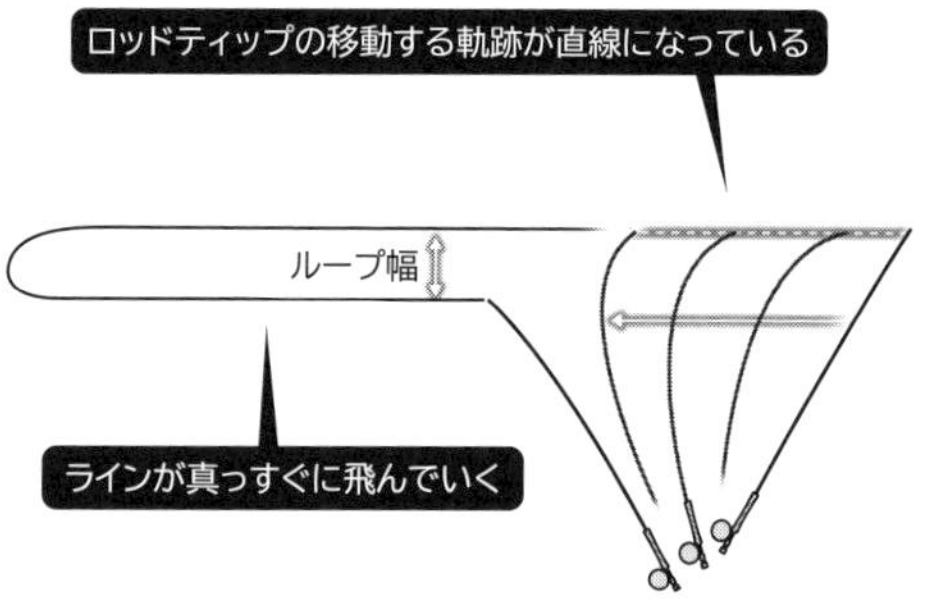

ロッドティップの移動する軌跡が直線になっている
ループ幅
ラインが真っすぐに飛んでいく

テイリング

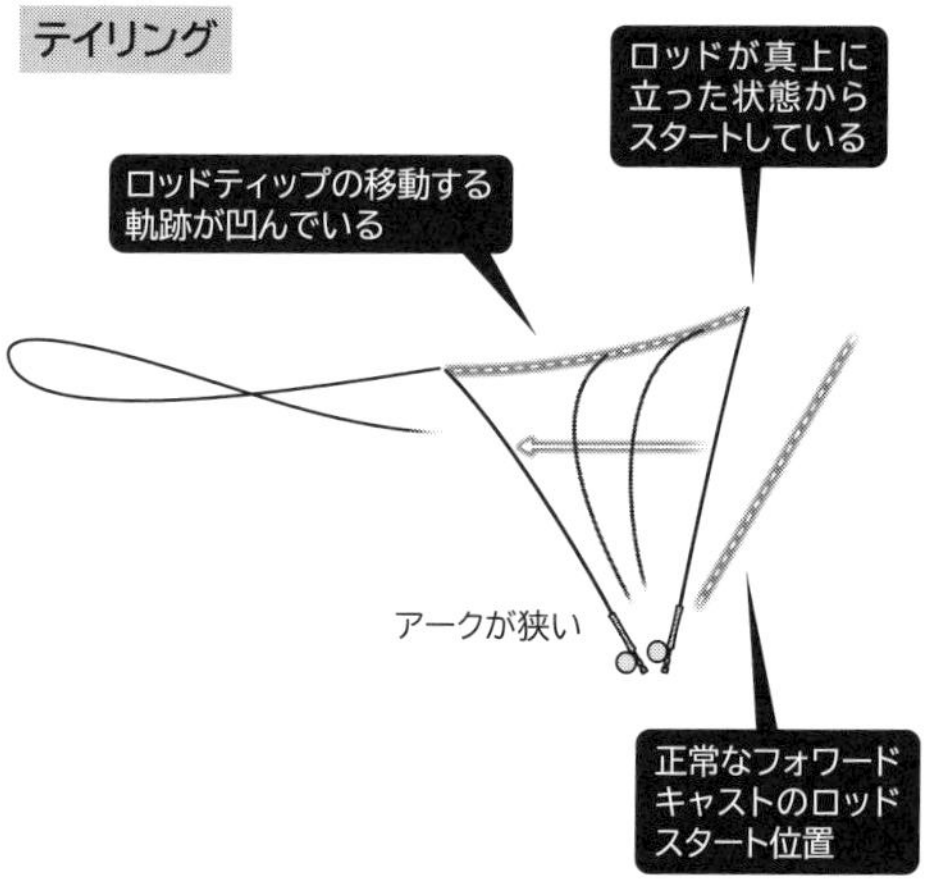

ロッドが真上に
立った状態から
スタートしている
ロッドティップの移動する
軌跡が凹んでいる
アークが狭い
正常なフォワード
キャストのロッド
スタート位置

ワイドループ

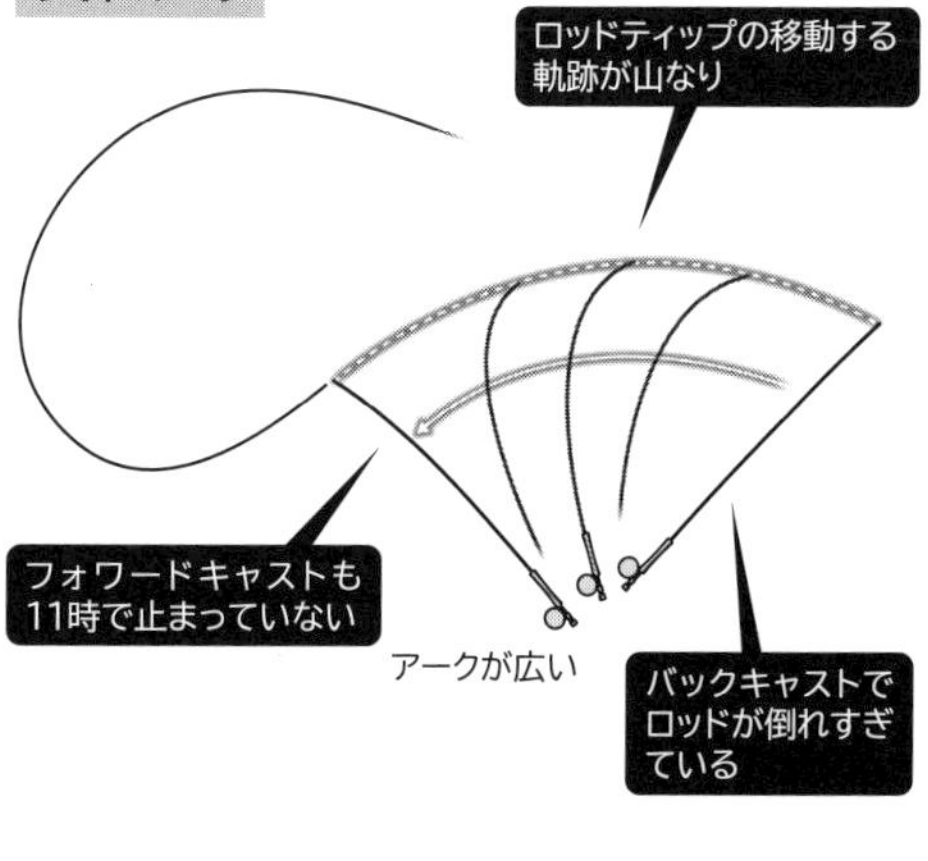

ロッドティップの移動する
軌跡が山なり
フォワードキャストも
11時で止まっていない
アークが広い
バックキャストで
ロッドが倒れすぎ
ている

図4

アークとストレート・ライン・パスとの関係

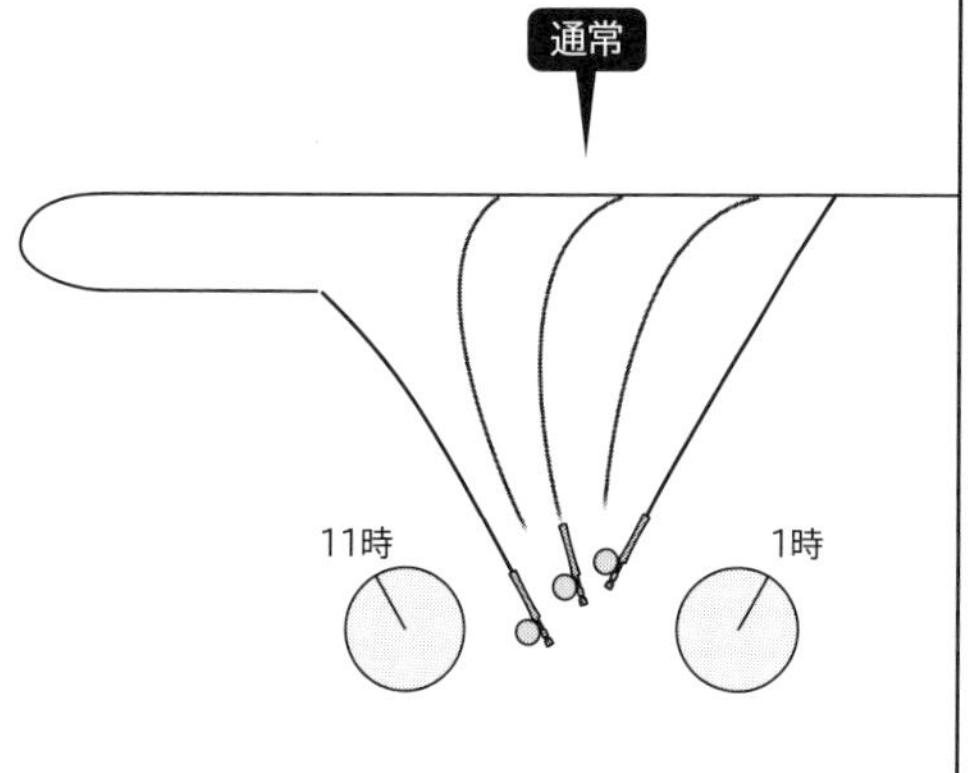

通常
11時
1時

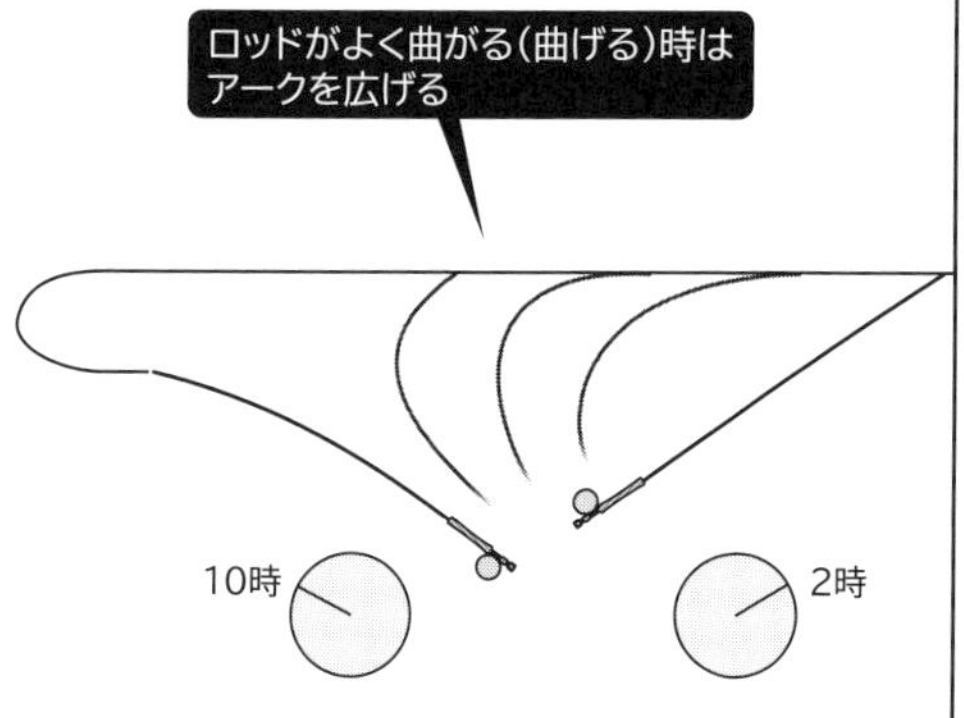

ロッドがよく曲がる(曲げる)時は
アークを広げる
10時
2時

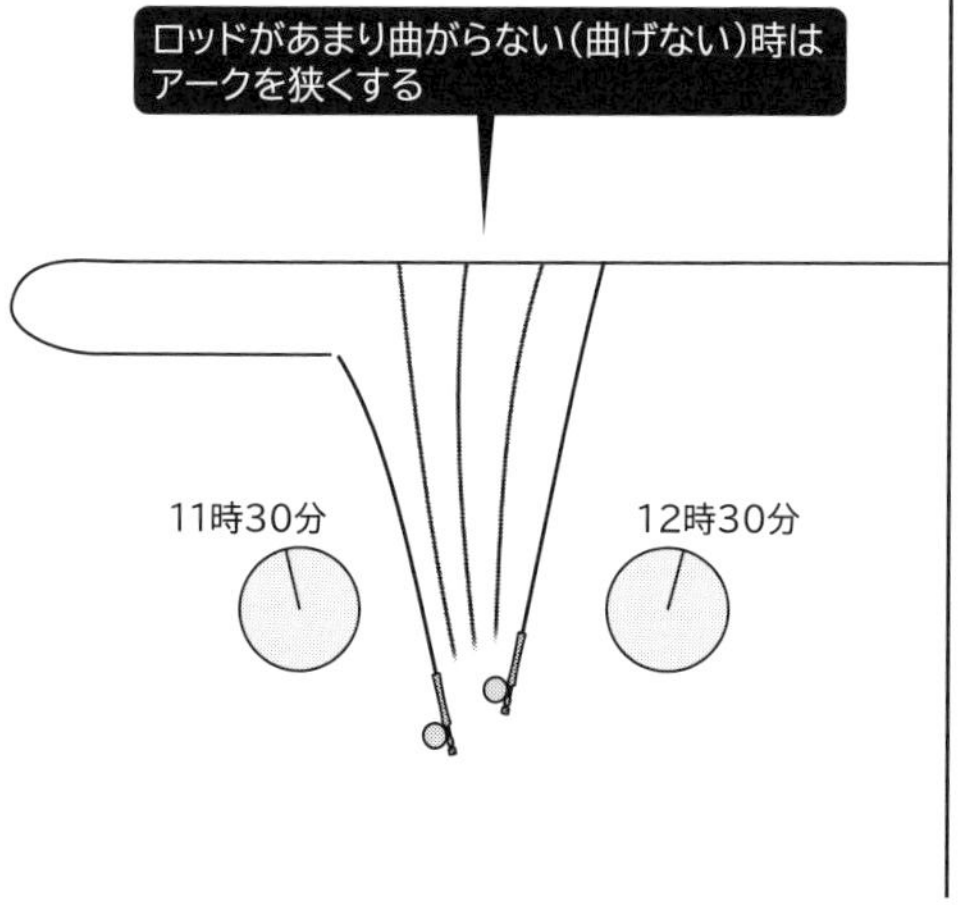

ロッドがあまり曲がらない(曲げない)時は
アークを狭くする
11時30分
12時30分

ウエーダーの種類と選び方

自然のフィールドでフライフィッシングをする場合、ウエーダーは必須アイテムである。しかし初心者にとっては種類が多く複雑で、なおかつ価格も高いので一番迷ってしまうところでもある。また、種類によってサイズも違うので試着が必要になる。ここでは私が店舗で長年接客してきた経験を踏まえ、分かりやすく説明していこう。

素材の違い

ウエーダーにはどんな素材があるのか、以下はその種類と特徴。

・透湿性防水素材　湿気を外に出すが水は入って来ない。

（長所）汗をかいてもウエーダーの中は乾いて快適。軽量である。

（短所）保温性はない。フライのハリ先やバラのトゲなどで穴が開くことがある。価格が高い。

・ナイロン　水は入ってこないが透湿性がない。

（長所）穴が開きにくく丈夫で安価。

（短所）内部が蒸れる。暑くなる夏場は熱中症になる恐れがある。保温性はない。冬場は蒸れた汗が冷えて、かえって寒くなる。

・クロロプレーン（ネオプレーン）　厚みのある素材で保温性はあるが透湿性はない。寒い時期に使用する。

（長所）保温性がある。水圧でも厚い空気の層が潰れないため、長時間の立ち込みの釣りに向いている。伸縮性がある。

（短所）水温が高くなる時期には暑くて使えない。重くてかさ張る。

タイプ

ウエーダーには、ブーツフットとストッキングフットの2タイプがある。どちらも水が入ってこないタイプのウエーダーである。このほかに、ウエットウエーディングと呼ばれる水に濡れるタイプのウエーディングスタイルがある。ウエットウエーディングではウエーダーを履かないため、ウエーダーのタイプとは別になってくる。分かりづらいので、詳しく説明しよう。

●ブーツフットウエーダー

ズボン状のウエーダーに雨靴のような防水靴がつながっている、いわゆるブーツ一体型のウエーダーである。ブーツウエーダーとも呼ぶ。長さによって呼び方が変わるとともに、用途も変わってくる。

・ヒップウエーダー

太ももまでの長さのブーツウエーダー。脱着が簡単でかさ張らないため、少し釣りたい時や、小渓流での釣りに便利。現在市販されているものはほとんどがナイロン製で安価。

・ウエストハイウエーダー

腰までの長さのブーツウエーダー。脱着が楽で、用を足す時にも上着やベストを脱がなくてもよいので便利。チェストハイと比べると涼しく、夏場の釣りにも

ブーツフットタイプのウエーダー

チェストハイウエーダー
（透湿性防水素材）

ヒップウエーダー

チェストハイウエーダー
（クロロプレーン素材）

ウエストハイウエーダー
（透湿性防水素材）

向いている。深い場所での立ち込みには向かないので、小渓流で使用することが多い。

・チェストハイウエーダー

胸までの長さのブーツウエーダー。腰まで浸かるような釣り場で使用する。寒い時期に着用するクロロプレーン製のウエーダーは、このチェストハイ・ブーツフットウエーダーのみで、ウエストハイは販売されていない。

●ストッキングフットウエーダー

ズボン状のウエーダーの先端に、ブーツの代わりに防水クロロプレーン（ネオプレーン）製のソックスが一体になっているタイプのウエーダー。ウエーディングの時に使う専用のシューズ（ウエーディングシューズという）と組み合わせて使う。ストッキングウエーダーともいう。

　現在、フライフィッシングで使われるストッキングフットウエーダーはほとんどが透湿性素材でできているが、ほかの釣り（たとえばアユ釣り）ではクロロプレーン（ネオプレーン）製のものもある。

ウエーディングシューズ

フェルトソールタイプ

ラバーソールタイプ

ストッキングフットタイプのウエーダー

チェストハイウエーダー（透湿性防水素材）。写真はチェストの丈部分を下げてウエストハイ状態にもできる製品

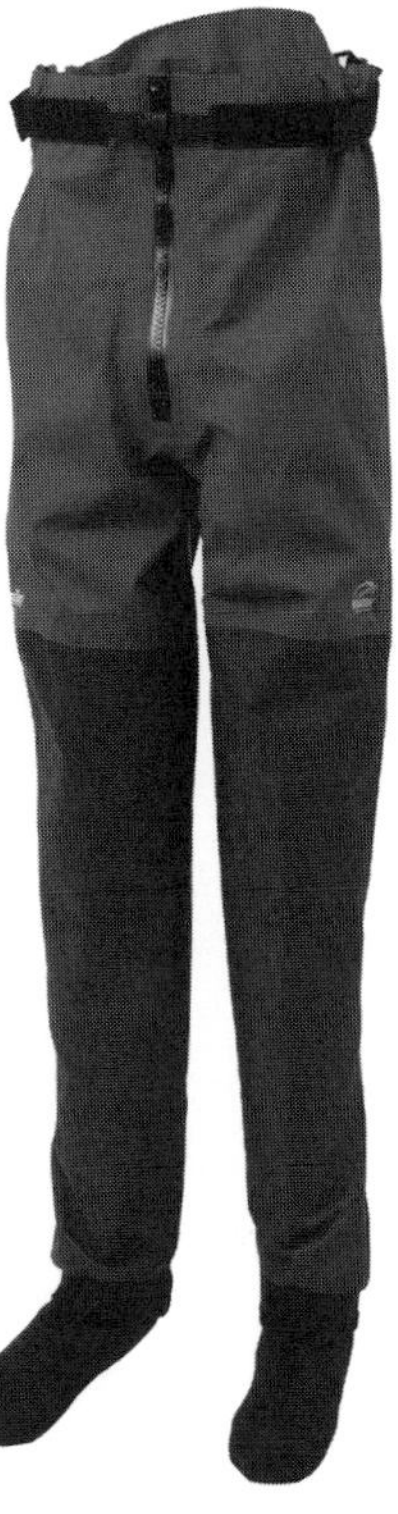

ウエストハイウエーダー（透湿性防水素材）

長さは、腰までのウエストハイウエーダーと、胸までのチェストハイウエーダーがある。太ももまでのストッキングタイプのヒップウエーダーはほとんど製造されていない。

ウエーディングシューズ

ストッキングフットウエーダーに組み合わせて履いたり、ウエットウエーディングの時に履く。ウエーディングシューズは、スニーカーやトレッキングシューズと違い、水中で滑らないように靴底にフェルトや特殊なラバーが貼ってある。通常の靴は水中では思った以上に滑り、浅い所でも足元をすくわれて思わぬ事故になりかねない。ストッキングフットウエーダーを使う時は、必ずウエーディングシューズを履くようにしよう。

ちなみに沢登りでよく履かれるローカットのシューズは、砂地で釣っていると中に砂利がたくさん入ってきて足が痛くなってしまうことがある。源流にしか行かないということもないだろうから、フライフィッシングでは、ハイカットのシューズを選ぶようにしよう。

フェルトソールかラバーソールか

ウエーディングシューズは靴底にフェルトや特殊なラバーがあると述べたが、それについて解説しよう（ここでは靴底にフェルトを貼っているものをフェルトソール、滑らない特殊なラバーを貼っているものをラバーソールと呼ぶ）。

フェルトソールとラバーソール、どちらがいいのか、初心者に限らず悩むところである。私がプロショップで勤務していた時もウエーダーに関する質問ではこれが一番多かったといっても過言ではない。

一般的にはウエーディングシューズといえばフェルトソール（靴底）が定番である。水中でも滑らないという特殊なラバーを使ったソールのウエーディングシューズは、30年くらい前に発売された。たしか、LLビーンがファイブ・テンというラバーソールを使ったシューズを出したのが最初だったのではないかと記憶している。私は、そのシューズを早速使い、その後もさまざまなラバーソールのウエーディングシューズを使ってきた。その経験から、フェルトとラバーソールそれぞれの長所と短所を解説していこう。

・フェルトソール

長所：たいていの川底で滑りづらい。すり減った時に貼り替えることができる。乾くと軽い。

短所：泥底や落ち葉が堆積した川底では滑る。陸上では砂が付着し、乾いた丸い石の上で滑る。土の崖や草の上も滑る。濡れると重い。汚れが落ちづらく、乾きづらい。

・ラバーソール

長所：コケやヌルがついた石以外の川底では滑りづらい。乾いた陸上では、どんな場所でもフェルトに比べて滑らない。特に崖の上り下りでは違いが歴然。濡れても重くならない。掃除が簡単で乾きも早い。そのまま履いてお店に入っても店員から嫌な顔をされない。

短所：水中で滑らない特殊なラバーでも、コケやヌルがついた石では滑る。ほとんどのラバーソールがすり減っても交換できない。乾いた状態でも重い。

これらの特徴を考えると、場所によって適しているほうのソールを使うのがよいという結論になる。たとえば、源流へ行く場合は長く陸上を歩き、崖を上り下りすることも多いのでラバーソールのほうが適しているといえる。また源流部では雨が降ると水量が増し、流れが強くなることが多いため、川底に比較的コケやヌルがついていないところが多いし、川に入っている時間も短い。このこともラバーソールが適している一因である。

川の中流部を釣る時は、コケやヌルが多くなるので、フェルトソールのほうが向く。また川幅が広くなり、川の中を歩く時間が多くなるのでフェルトソールのほうが適している。

一番よいのはウエーディングシューズを複数持ち、行く場所に応じてソールを使い分けることだが、初心者にとっては現実的ではない。また、これからフライフィッシングを始める方は、どこに行くかも決まっていない場合がほとんどだろう。では、どちらのシューズを手に入れたらよいのだろうか。

私は初心者の方には、いつもフェルト

ソールをお勧めすることにしている。というのも、川歩きに慣れていない初心者には、まずはフェルトソールで水中を歩くことに慣れてほしいからだ。するとそのうち、コケやヌルが多く滑りやすい川底を歩く時は石の上に乗らないようにするなど、適応した歩き方ができるようになってくる。コケやヌルが多いか少ないかまだ判断ができない段階で、いきなりラバーソールを使うのは危険だと思う。

スタッド。ウエーディングシューズの底にねじ込んで滑り止めにする

スタッドについて

コケやヌルが多い川だとフェルトソールでも心配だ。そういった時のために、ピン付きフェルトソールというものがある。これが装着されているウエーディングシューズもあり、本流で使用されることが多い。

　一方、ピン付きゴムソールのウエーディングシューズは市販されていない（替えソールとして販売しているものはある）。代わりに、スタッドと呼ばれる鋲が別売りされている。スタッドレスタイヤのあのスタッド（stud）と同じで、複数形はスタッズ。

　スタッドはゴムソールだけではなくフェルトソールにもねじ込めるが、前者に使われることが多い。

　ゴムソールにスタッドをねじ込むことは、コケやヌルで滑ることに対して有効であるが、すべてのゴムソールにねじ込めるというわけではない。薄い靴底のシューズにねじ込むと、靴の内側からスタッズの頭が出てウエーダーのソックスに穴をあけてしまう。また、すり減って先端が丸くなってしまうとかえって滑りやすくなったり、抜け落ちてしまったりするなど、扱いには慣れが必要である。

柔らかいシューズと硬いシューズ

日本や欧米のメーカーからさまざまなウエーディングシューズが発売されている。値段も1万円以下から10万円近いものまでと幅が広い。ここでは柔らかいタイプのシューズと硬いタイプのシューズがあることに注目して説明しよう。

　ショップでウエーディングシューズを見る際に、実際に触ってみると、硬くて曲がりづらいシューズと、柔らかくて曲がりやすいシューズがあることに気が付く。それぞれどういったシチュエーションで使うことがよいのだろうか。

・柔らかいタイプのウエーディングシューズ

　沢登りのシューズはほとんどが柔らかくできている。人より大きな岩を登ったり、滝を直登したり、時には泳ぐこともあり、そのようなアクティビティーには足にフィットする柔らかいシューズが向いている。

ウエーディングシューズも同じように考えることができる。もし、岩や石がごろごろしている渓流や源流を釣るのなら、足にフィットする柔らかいシューズが適しているといえる。またそれらは軽量なものが多く、足の上げ下げが多い渓流ではその軽さも魅力だ。

・硬いタイプのウエーディングシューズ

登山靴にはソールのしっかりした硬い靴があることはご存じだと思う。重い荷物を担ぎ、長い登山道を歩くには柔らかい靴では足が疲れやすかったり、ぐらついたりしてしまう。

このことはウエーディングシューズでも同じである。河原が広く、フットボールほどの大きさの石が多い川を歩く場合は、やはり柔らかいシューズだと足がぐらついて歩きづらい。また本流で釣る場合は、どっしりとしてしっかりとしたシューズのほうが安定していて釣りやすい。渓流でも、とがっている石が多い場合は、柔らかいシューズでは足裏が痛くなってしまう。このように足裏を保護したい場合、ねんざなどから守りたい場合には、硬くてしっかりとしたシューズのほうが適しているといえる。

日本で販売されているウエーディングシューズのほとんどは、日本かアメリカのメーカーである。おおむね日本は柔らかいタイプ、アメリカは硬いタイプが多いといえる。おそらく、日本のフライフィッシャーは渓流や上流部を釣る方が多く、アメリカでは中流から下流で釣る方が多いからだろうと思う。

初心者には、柔らかすぎず硬すぎないウエーディングシューズがお勧めである。ウエーディングシューズは永久に使えるものではなく、これから先何足も購入することになると思う。最初は中間的な硬さのものを選ぶのが無難だろう。価格についても、予算にもよると思うが、安すぎず高すぎない2万円前後のものをお勧めしたい。

ウエットウエーディングとは

ウエーダーのタイプが分かったところで、次はウエットウエーディングと呼ばれる足回りについて解説しよう。ウエットウエーディングとは、ウエーダーを履かず濡れた状態でウエーディングすることをいう。ほとんどが暑い夏のシステムだが、なかには3月の解禁当初からこのスタイルで釣りをする方もいる。代表的なスタイルは、下記を組み合わせたものとなる。

・ウエーディングシューズ（※必須）
・クロロプレーン（ネオプレーン）製ソックス（※必須）
・ゲーター
・伸縮性かつ速乾性のタイツ
・速乾性パンツ（ショートパンツ）

これらは代表的なスタイルで、なかにはソックスとゲーターの一体型があったり、タイツ兼ショートパンツのロングパンツがあったりする。それぞれについてもう少し詳しく説明しよう。

・ウエーディングシューズ

これはストッキングフットウエーダーを履く時に組み合わせるウエーディング

グラベルガードとセットになっているタイプのウエーディングソックス

ウエーディングソックス

ウェットウエーディンショーツ(ショートパンツ)

ウエットウエーディングタイツ。速乾性で保温力もあり、動きやすい

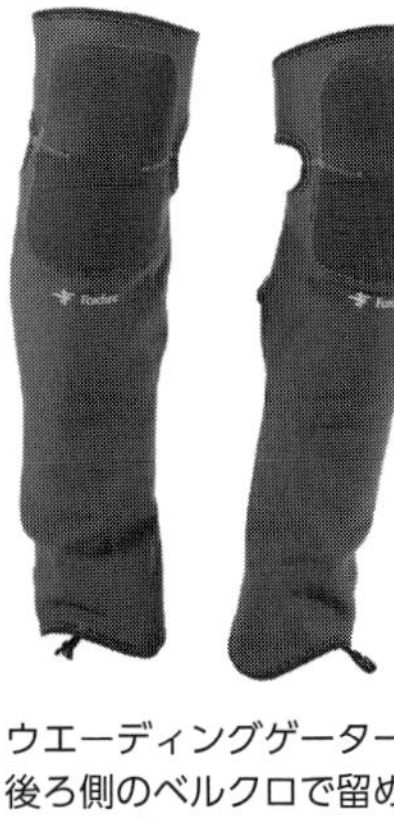

ウエーディングゲーター。後ろ側のベルクロで留めるタイプ

シューズで兼用できる。ただし、中に履くクロロプレーン(ネオプレーン)製ソックスの厚みによってシューズのサイズが変わってくるので注意が必要だ。私が店舗で接客した際、何度か同じような経験をしたお話しをしよう。

お客さんがウエーディングシューズを持ってきて、これに合うストッキングフットウエーダーが欲しいというので試着してもらうと、どのウエーダーもきつくて履くことができない。よく聞くと、そのウエーディングシューズはウエットウエーディングで使っていたもので、中に履いていたネオプレーンソックスは薄手のものだということが分かった。ソックスフットウエーダーに付属しているネオプレーンソックスの厚みは、どのメーカーも4㎜前後ある。ところがウエットウエーディング用のネオプレーンソックスは薄いもので1㎜、通常でも2㎜である。この差でシューズのサイズがワンサイズ違ってくる。

結局、この時はストッキングフットウエーダーと新しいウエーディングシューズを購入してもらった。シューズが大きければ中敷きを入れたり、厚いソックスをネオプレーンソックスの中に履いたりして調整することもできるが、小さいと調整のしようがない。このことは頭の片隅に置いておいおこう。

・クロロプレーン（ネオプレーン）製ソックス

川の中を移動しながら釣って行くと、シューズの中に砂利や小石が入ってくる。それらから足を守るためネオプレーン製のソックスは必要である。シューズのサイズを調整するため中に靴下を履くこともある。

・ゲーター

すねやひざを守るために付けるネオプレーン製のプロテクター。最近ではソックスと一体化したものが多く市販されており、これからそろえる方にはこちらをお勧めする。

・伸縮性かつ速乾性のタイツ＆速乾性パンツ（ショートパンツ）

ウエーダーを履かないので、当然下半身は濡れてしまう。通常のパンツ（ズボン）では、濡れると足にまとわりついて動きづらくなるし、乾きも悪いので不快である。一時期は速乾性のクライミングパンツなどを履くことが多かったが、最近はジョギングする時のような伸縮性があり速乾性のタイツを履き、その上に速乾性のショートパンツを履くスタイルが主流となっている。これらのタイツとパンツは、釣りや沢登りに限らない用品で、釣具店以外でも簡単に手に入る。自分のサイズや好みに合ったものを選ぼう。ただし、派手なカラーのものは魚を警戒させてしまうのでお勧めしない。

まとめ

解説が長くなったので、再度まとめたうえで改めて初心者にはどういったウエーダーがお勧めかを説明しよう。

【ウエーダーの素材】透湿性素材／ナイロン／クロロプレーン（ネオプレーン）。

【ウエーダーのタイプ】①ブーツフットウエーダー＝ヒップウエーダー／ウエストハイウエーダー／チェストハイウエーダー。②ストッキングフットウエーダー＝ウエストハイウエーダー／チェストハイウエーダー。

【ウエーディングシューズ】①ソール＝フェルトソール／ゴムソール。②柔軟性＝柔らかいタイプ／硬いタイプ。

【ウエットウエーディング】装備＝ウエーディングシューズ／クロロプレーン（ネオプレーン）製ソックス／ゲーター／伸縮性かつ速乾性のタイツ／速乾性パンツ（ショートパンツ）。

Aタイプ　川へ行きたいと思っている方、まだ行先を決めていない初心者

「透湿性素材」の「チェストハイ・ストッキングフットウエーダー」と、フェルトソールで柔らかすぎず硬すぎずの「ウエーディングシューズ」の組み合わせがお勧めである。

渓流を釣り歩くのは、急な坂を上り下りしたり、岩を乗り越えたり、要は登山のようなものである。ということは、当然足回りが重要になってくる。シューズが一体になったブーツフットウエーダーのシューズは、ほぼレインブーツ、いわゆる雨靴と同じである。一方、ウエーディングシューズは登山靴やトレッキングシューズのように紐靴でハイカットのしっかりとしたものが多い。川を歩くことに慣れていない初心者ほど、足回りのしっかりとしたウエーディングシューズを履くスタイルをお勧めしたい。

ストッキングフットウエーダーの素材は、今ではほぼ透湿性素材となっている。いばらのトゲなど、とがったものには注意が必要だが、蒸れにくいので快適である。これがなかった時代にフライフィッシングを始めた私は、透湿性素材のウエーダーを初めて履いた時、あまりの快適さに天国にいるような気分だったことを覚えている。

もう1つ、なぜ長さはチェストハイがよいかというと、オールマイティーなウエーダーだからである。深いところでも安心だし、フローター（大きな浮袋のようなもの）で使うこともできる。渓流で尻もちをついても水が浸入してこない。暑い時はサスペンダーを下ろしてウエストベルトで留めれば、ウエストハイウエーダーのように涼しく使える。実際に私がいた売り場では、9対1の割合でチェストハイが売れていた。それだけ一般的に人気ということである。

ウエーディングシューズについては、その項で説明したようにフェルトソールで、柔らかすぎず硬すぎないタイプのシューズがよい。

サイズはメーカーによってまちまちなので、試着してからの購入をお勧めする。ウエーダーは生地が伸びないのと、ズボンのように裾を切っていないので、ひざにかなりたるみがないと足を曲げられない。初心者によくある話だが、ちょうどよい長さと思い購入したウエーダーを履いて釣りに行ったら足が曲げられなくて困った、ということが起きる。試着して屈伸運動のように足を曲げ伸ばししたり、しゃがんだりして自分に合ったサイズを探そう。費用はウエーダーが2万5000円くらいから、シューズは1万5000円くらいからで、合計で4万円以上となり高価である。ウエーダーの中には10万円を超えるものもある。いったいその値段の差はどこから来るのだろうか？　一番の違いは、生地の差だ。同じ透湿性素材であってもその性能が高いものほど、また耐久性が高いものほど価格も上がってくる。

予算にもよるが、ウエーダーとウエーディングシューズは消耗品なので、自分に合ったものであれば最初はそれほど高価な製品ではなくてもよいと思う。

Bタイプ　湖へ行きたいと思っている方

「クロロプレーン製」の「チェストハイ・ブーツフットウエーダー」がお勧めである。もちろんボートに乗って釣りをする方にはウエーディングの必要性はない。

岸からウエーディングしてマス類を釣りたい方は、保温性の高いクロロプレーン（ネオプレーン）製をお勧めする。湖に棲むニジマスをはじめとするトラウト（マス類）の適水温は10～15℃。ということは、長時間その水温に浸かって釣りをするためには、かなり保温性の高いウエーダーを履く必要がある。

透湿性素材やナイロン製ウエーダーのインナーに暖かいタイツやズボンを履くスタイルでは駄目かというと、やはり長時間のウエーディングは難しい。保温性には空気の層があるかどうかが重要になってくるのだが、保温性のないウエーダーの中にいくら厚いタイツやズボンを履いても、水圧で空気の層がつぶされ保温性がなくなってしまうのだ。

クロロプレーン（ネオプレーン）は、素材の厚みの中に空気の粒が詰まっているという特徴をもつ。そして水圧でもこの空気の層はつぶれず保温性が保たれるというわけだ。したがって生地が厚いほど保温性も高くなる。最近市販されているものでは5㎜厚のウエーダーが一番厚いと記憶している。

クロロプレーン製のウエーダーはソックスフットも販売されているが、湖や止水で使用するのであればブーツフットがお勧めである。クロロプレーン製チェストハイ・ブーツフットウエーダーのブーツは、ブーツのゴム生地の内側にもクロロプレーンが貼ってあり、ブーツにも保温性がある。そして、普段履いている靴よりも一回り大きなサイズを選び、厚い靴下を着用しても履けるようにしたい。

ウエーダーのサイズは、上のサイズとブーツのサイズが決まっているため、ブーツの大きさで選ぶようにしよう。たとえば身長170㎝で足のサイズが25・5㎝の場合、サイズチャートによると通常Mサイズの場合でも、ブーツを一回り大きい（26・5㎝くらい）Lサイズを選ぶのが正解になる

Cタイプ

将来渓流に行きたい方で、何より脱ぎ履きを楽にしたいという方には、「透湿性素材」の「ウエストハイ・ブーツフットウエーダー」がお勧めである。

Aタイプで川では「透湿性素材」の「チェストハイ・ストッキングフットウエーダー」をお勧めしたが、脱ぎ履きに時間がかかるのが欠点だ。渓流でも深い場所やそれほど険しいところには行かないという方や、ウエーダーをすぐに脱ぎ履きしたい方には、「ウエストハイ・ブーツフットウエーダー」が便利である。ただし、販売されているものにはゴムソールのものがほとんどなかったと記憶している。あるのはフェルトソールかピンフェルトソールのどちらかだが、ウエストハイ・ブーツフットウエーダー自体種類は少ない。

Dタイプ　極力低予算で済ませたい方

とにかく予算を抑えたいという方には、「ナイロン製」の「チェストハイ・ブーツフットウエーダー」がお勧めである。ナイロン製は透湿性能がなく、内部が蒸れる。暑い時期の使用は、熱中症にならないように注意が必要だ。長所は耐久性が高いことで、業務で使用している方々はこのタイプが多い。ソールはラバーソールもあるが、この場合のラバーソールはニーブーツなどのソールと同じで、特殊なラバーではないため水中では滑る。水底が石の場合はフェルトソールを選ぼう。価格は1万円以下のものもある。

Eタイプ　夏季や源流志向の方

夏だけ釣りに行く方や、源流に何時間も歩いて釣りに行く方は、「ウエットウエーディング」のスタイルでもかまわない。これはコスト的には安く上がる。ただし下半身は常に濡れ、足が風呂上がりのように白くふやけた状態になる。何日も続けて釣りをする場合は注意が必要だ。

また、将来的にウエーダーを購入しようと思っている方は、「ウエットウエーディングとは」の項で詳しく説明したように、サイズに注意して選ぼう。

自然のフィールドでのルールや場所選び

①川で釣りをする場合

本書では管理釣り場の釣り方を説明してきたが、自然のフィールドで釣りをする場合にはどのようなことに気をつければよいのだろうか。さまざまな状況ごとに説明していこう。

「フライフィッシングを始めたいので道具をそろえたい」という初心者のお客さんに、私がまず聞くことは「どこで、何を釣りたいか」である。「川で釣りをしたい」というお客さんでも、何を釣りたいのかが漠然としてよく分かっていない方もいらっしゃる。

フライフィッシングは、魚が食べているエサを模したフライを作って釣る釣法なので、川にいるほとんどの魚は対象魚となり得る。しかし、川底の石についたコケを食べるアユや、川底のミジンコや赤虫を食べているドジョウなどはフライフィッシングの対象外だ。

コイを釣りたいという方、オイカワやハヤを釣ってみたいという方もいるが、ここではヤマメやイワナなどの渓魚を釣る場合の川選びについて解説したい。

川には遊漁期間があり、遊漁券が必要

川を選ぶ前に知っておくべきこととして、ほとんどの自然河川は漁業協同組合（漁協）が管轄している。北海道は例外的に事情が異なり内水面に漁協が存在する川は希だが、漁協が存在しない場合は都道府県内水面漁業調整規則による定めがある。そして、漁協のある川や湖沼で釣りをする際はあらかじめ管轄漁協の遊漁券を購入する必要がある。

遊漁期間と遊漁料は、各漁協の遊漁規則によって魚種ごとに定められている。遊漁期間はだいたい3月上旬から9月下旬まで。渓流魚は都道府県ごとにある程度統一性が見られることが多いが、そうではない場合もある。また遊漁料となるとそれこそバラバラで、日釣り券でおおむね1000~2000円が目安。遊漁期間中に何回でも釣りができる年券も販売されており、よく通う川は年券を購入したほうがお得だ。そのほか、自治体によっては県内のどの河川でも釣りができる県内共通遊漁券を販売しているところもある。

初めて川で釣りをする方は、遊漁期間があることや、遊漁券を購入する必要があることを知らない方も多い。我々が楽しく釣りができるのは、漁協の増殖事業によって河川の水産資源が維持されているからである。もしも漁協が存在せず、何もしなければ川に魚がいなくなってもおかしくない。

私は今から25年ほど前、ソウルに駐在している日本のお客さんに誘われて韓国へ渓魚を釣りに行ったことがある。韓国

漁協のある川や湖沼で釣りをする場合、遊漁券（釣り券）が必要になる。同じ川でも複数の漁協が管轄していることもあるので注意したい

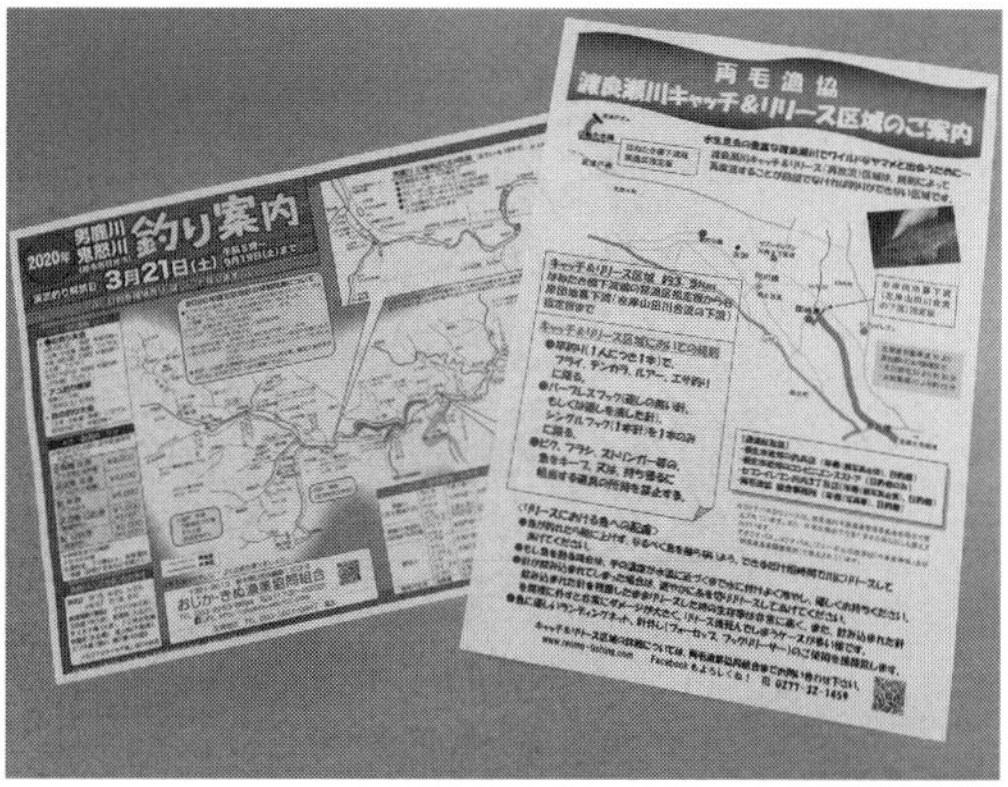

漁協によっては詳細な釣り場案内のパンフレットを作成しているところもあり、とても役に立つ

遊漁券は漁協の事務所のほか、遊漁券を扱うお店（釣具店、食堂、喫茶店、雑貨店、コンビニなど）で買うことができる。写真のような看板や、「遊漁券あり」などのノボリが目印

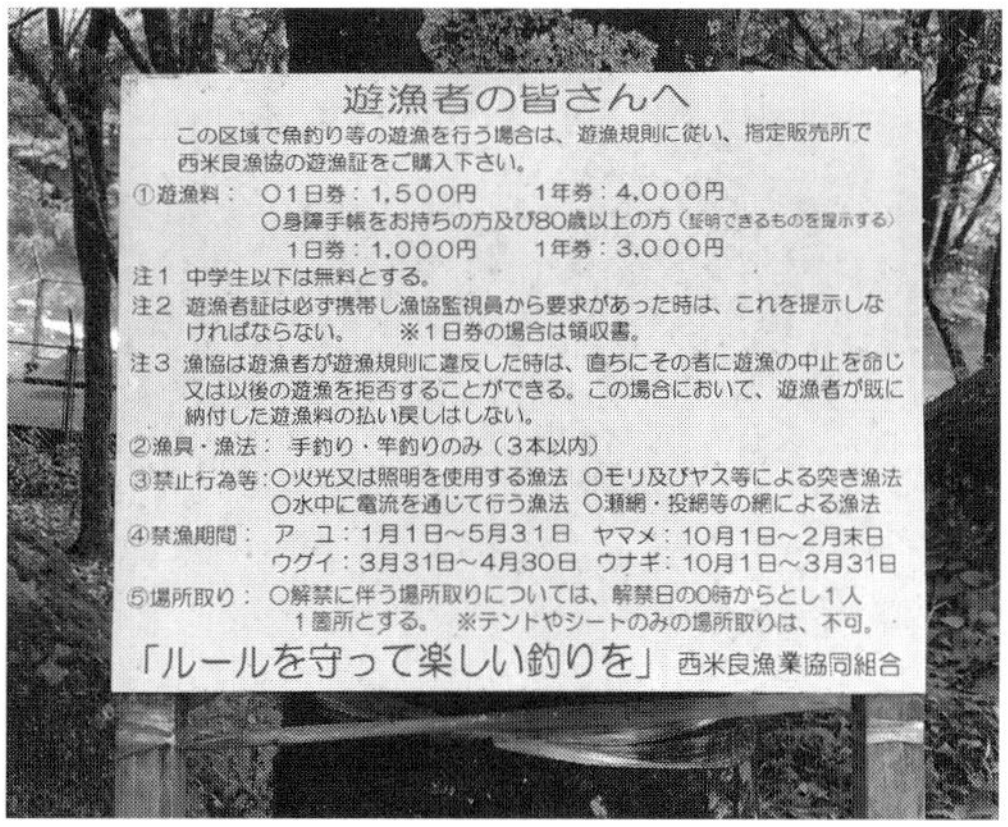

川の近くに、遊漁者（釣り人）に対して注意事項を喚起する漁協の看板がある場合は、念のためしっかり確認しよう

の渓流にはレノック（コクチマス）というトラウトと、日本と同じヤマメがいる。しかし、日本のような漁協がないため、渓魚のいる川が非常に少ない。そして釣り人は釣れる川を見つけても情報をひた隠しにしている。なぜなら釣り人が多く入って魚を持ち帰れば、すぐにその川から魚がいなくなってしまうからだ。私はそんな現地の状況を目の当たりにして、「日本の漁協は何てありがたいんだ」と思ったことを今でも覚えている。

　話を日本の渓流に戻そう。釣りをする際には、遊漁券は川の近くで「遊漁券あります」「釣券取扱所」等の看板やノボリが立っているところ（地域の商店や喫茶店、食堂、釣具店など）のほか、コンビニでも取り扱っているところがあり、そこで購入できる。事前に漁協のHP等で確認しておくとよい。ただし24時間営業のコンビニ以外は、早朝は購入できないことも多いので注意が必要だ。

　最近では「つりチケ」「FISH PASS」といったネットで遊漁券が買えるサービスも行なわれているので、これらも積極的に利用したい。

養沢毛鉤専用釣場（上・東京都あきる野市）と、**BerryPark in FISH ON! 鹿留**（左・山梨県都留市）。管理釣り場といわれなければ普通の自然渓流にしか見えない

川を選ぶ

私は東京のフライショップで働いていたが、自然の川でヤマメやイワナを釣りたいという初心者に「どの自然渓流に行くとよいか」をお勧めするのは、すごく難しいと日頃感じていた。東京近郊は釣り人も多く、漁協が放流してもすぐに釣り切られてしまう川も多い。また土地の開発で、渓魚が自然に繁殖できる環境が少なくなってきている。

そこで私が川を選ぶ方法を、東京起点を例に3つに分けて説明しよう。

自然渓流型の管理釣り場

また管理釣り場か、と思う方もいると思うが、行けば必ず魚がいる自然渓流型の管理釣り場は、釣り方の練習になることは間違いない。ウエーダーを履いて釣り上がることの練習もできるし、魚が食べている水生昆虫もハッチ（羽化）して流れてくる。ただ練習になるだけではなく、遠くに行けない時や、時間がない時などに近くで楽しめる自然渓流として、選択肢の1つとして覚えておきたい。以下は自然渓流型の管理釣り場例。

・**養沢毛鉤専用釣場**（東京都あきる野市）。自然渓流と同じく禁漁期間があるので注意が必要。

・**うらたんざわ渓流釣場**（神奈川県相模原市）。ヤマメクラシックは、ドライフライで釣る自然渓流。

・**丹沢ホームフィッシングエリア**（神奈川県愛甲郡清川村）。宿泊施設（丹沢ホーム）もあるので、泊まりの場合は翌朝すぐに釣りができる。

・**BerryPark in FISH ON! 鹿留**（山梨県都留市）。ポンドとストリームの両方があり、ストリームでは自然のままの流れも楽しめる。また宿泊施設もある。

キャッチ・アンド・リリース（C&R）区間

次にお勧めしたいのが自然渓流の「キャッチ・アンド・リリース（C&R）区間」である。これは漁協が自然渓流で魚の持ち帰りを禁止している区間で、ほとんどのC&Rはその渓流の日釣り券で釣りができる。中には、渓流と別料金に

キャッチアンドリリース（C&R）区間

神流川支流中ノ沢（群馬県上野村）。釣り場はC&Rで、なおかつ毛バリ釣り専用区となっており、事前予約制。素晴らしく美しい渓漁（写真はイワナ）にも出会える

渡良瀬川（群馬県桐生市）。開けた流れで、美しいヤマメに出会える釣り場。クルマでのアクセスもよい

なっているC&Rもあるので、事前に調べてから行こう。

C&R区間は、一般の渓流と比べると魚は多いが管理釣り場ほどではない。ちょうど両者の中間といったところだろうか。遊漁期間は、その属する渓流と同じことが多いが、禁漁期間にニジマスを放し、冬季ニジマス釣り場として開催しているところもある。たとえば東京近郊のC&Rだと、小菅川（山梨県）、中津川（神奈川）、早川（神奈川県、期間あり）、神流川（群馬県）、渡良瀬川（群馬県）などがある。ただし、C&R区間は、年度によって変更されることもあるので、事前に漁協のHPなどで調べてほしい。

また、「C&R区間に行っても釣れなかった」とか、「釣り方がよく分からなかった」という話をお客さんからよく聞かされた。C&R区間はどのような釣り場になっているのだろうか、詳しく説明しよう。

・広い川にC&R区間がある場合

ここでいう広い川とは、河原があったり、すぐ後ろに土手があったりする流れで、釣り人が自由に移動できるような開

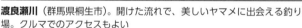

小菅川（山梨県小菅村）。冬の澄み切った流れでニジマス釣りを楽しめる

神流川冬季マス釣り場（群馬県上野村）。紅葉の景色を背景に力強いファイトを見せるトラウトに出会える

冬季マス釣り場

けた川のことである。対象魚はほとんどがヤマメ（川によってはニジマスやアマゴ）になる。

C&R区間のプールには放流したヤマメが溜まり、ハッチがあるとライズを繰り返している。ルアーやエサ釣りもできるところが多いが、プールでライズしている魚をねらう場合はやはりフライが有利だ。C&R区間に出掛けるフライフィッシャーも、プールでライズするヤマメを釣るのが楽しみという人が多い。

解禁日から毎日フライフィッシャーが入り、魚は当然フライにスレてくる。それでも水生昆虫のハッチが始まり、本物のエサが流れてくればライズを繰り返す。熟練のフライフィッシャーも、いかにしてヤマメが本物と間違えるようにフライを流すかを楽しむことができる。

川は基本的に釣り上がりが原則だが、このような広い川のプールでは動かずにずっとライズをねらっていてもかまわない。また、先に入った釣り人に優先権があり、その人がねらうライズを横取りしてはいけないというマナーがある。文字にすると難しそうだが、要するに、河原や土手を歩いてライズを見つけ、ほかに人が入っていなければねらって釣り、ライズがなくなったら移動して次を探して釣ればよいのだ。ただし、スレた魚のライズは難しいので、簡単には釣れないかもしれない。

瀬などでは、原則どおりポイントを探りながら釣り上がっていく。先行者が上流にいて動かないようなら場所を変えるか、その人に断って上流へ向かってもよい。

釣り方は、ドライフライ以外はいけないというわけではないので、ニンフやウエットを使ってもかまわない。ドライフライを使う人が多いので、かえってニンフが有効なこともある。

・小渓流にC&R区間がある場合

通常の渓流と同じく釣り上がる。区間内に堰堤の落ち込みなどのプールがあり、動かずに釣っている先行者がいる場合は、上に行ってもよいかを断ってから、追い越して上流に向かう。釣り方も通常の渓流と同じでよく、魚影が多ければ練習になる釣り場である。C&Rを前提に釣りをしているフライフィッシャーにとっては、このような区間が広がっていくことは大変望ましいことである。

初めて訪れる方は、C&R区間＝魚影が多くてたくさん釣れると期待されるかもしれないが、必ずしもそうとは限らない。これにはいくつか要素があって、前記したように魚はいるがスレていて釣れにくい場合、元々釣り堀のような高密度にしていない場合、そしてもう1つは、魚がいるのは解禁後しばらくの間だけで、ある程度日にちが経つと心ない釣り人に魚が抜かれ、普通の川以下の魚影になってしまうところもある。地理的に常に監視するのが難しい場所では余計にその傾向が強い。

群馬県の神流川の上野村漁協では、毛ばり釣り（フライフィッシングとテンカラ）の区間をいくつか設けて、区間ごとを予約制にし、料金は日釣り券にプラスした料金設定のC&R毛ばり専用区間を設置している。ここでは監視も行き届き、常に魚影の多い釣り場として人気がある。

・冬季マス釣り場

ヤマメ、イワナの釣りが禁漁になった後、C&Rの冬季マス釣り場を開設する漁協が全国で毎年少しずつ増えてきている。マス釣り区間を設定し、特別料金で一日釣りができる。管理釣り場よりも広い区間が設定されている反面、魚影は管理釣り場より少ない。キャスティングしやすい広い川で開設しているところが多いので、キャスティングの練習がてら出掛けてはいかがだろうか。

ニジマスをターゲットとした釣り方は、ドライフライの場合、ヤマメのそれよりも大きなサイズを使う。ライズしている場合はヤマメと同サイズのドライフライを使う。反応が悪ければニンフに替えて、よく沈ませるためショットをつける。

流れの中で釣るニジマスの引きは強く、また大型を放流していることもあるので2、3Xといった太めのティペットを使う。

群馬県の水産試験場で開発された「ハコスチ」というニジマスは、箱島系ニジマスとスチールヘッド系ニジマスをかけあわせてできたニジマスで、引きが強く釣り人に好評である。そのハコスチが群馬県下の冬季マス釣り場に放流され、冬季の楽しみの一つとなっている。

一般の自然渓流

自然渓流型の管理釣り場やC&R区間で練習したら、いよいよ一般の渓流に行ってみよう。その前に、渓流は季節によって適している川とそうでない川があることを頭に入れておきたい。

私がお店で働いていた時の話をしたい。3月半ば、初心者に栃木県の山の上の渓流をお勧めしたことがあった。冬は雪が多い地域で、実際にドライフライで釣れるようになるのは、雪代（雪解けで川の水が増えること）が収まる5月中旬以降だ。すると翌月の4月にお客さんが来店され、「教えてもらった川へ行ったが、雪解けで増水していて全然反応がなかった」と言われた。その時、私は釣れる時期の話をしていなかったことに気づき、自分の中では当たり前と思っていることも初心者にはきちんと説明しなければいけなかったと反省した。

渓魚は冷水性の魚だが、水温が低すぎるとエサとなる水生昆虫の羽化や流下がほとんどなくなり、フライ（特にドライフライ)で釣ることが難しくなる。また、雪の多い地方では、雪代が出ると雪解けの冷たい水が流れ込むので、外は暖かくても川の中は水温が下がり、そのうえ釣りができる状態ではなくなるほど増水することもある。

私は、渓流がフライで釣りやすくなるのは、水温がおおよそ10度以上になってからだと思っている。そこで3月解禁当初は水温が少しでも高い温暖な地方で釣り、徐々に北へ釣り場を変えていくようにしている。それには桜前線を目安に考えると分かりやすい。また、フライフィッシングを始めてからは、その年は雪が多かったのか少なかったのか、春は例年と比べて暖かいのか寒いのか、雨は多いのか少ないのかなど、気象情報にも一層注意を払うようになった。自然の変化を意識するようになること、これもまたフライフィッシングの楽しみの一因である。

「フライフィッシングで魚が釣れるようになるには1年かかる」と聞いたことがあるが、私は、これはある意味では正しいかもしれないが、当たっていないと思う。釣れるか釣れないかは、一に場所、二に条件、三に運、四がなくて五に腕前、だと思っている。

魚がいない場所でいくら釣りをしても魚は釣れない、というのは当たり前のことだが、裏を返せば魚がいるところへ行くのは難しい。釣れた川に翌年また行くと魚がいなくなっていたことはよくある話で、「昔はよく釣れたのに」という釣り人の口グセはまさにこれだ。

では、魚がいる川をどうやって見つけるのだろうか。私は、ネットの情報は早くて参考になるが、実際に役立つ情報はやはり本や雑誌だと思っている。特に私が愛読しているのが、つり人社の『令和版 ○○「いい川」渓流ヤマメ・イワナ釣り場』(○○は県名またはエリア)というシリーズガイドブックである。この本は川の地図だけでなく、解禁期間、遊漁料、管轄漁協、最寄りの遊漁券発売所なども記載されている。知らない川が載っていると、「いつか行ってみたい」と読んでいるだけでワクワクする。

毎年、渓流釣り解禁の時期に書店や釣具店で販売されるその年の渓流釣り場案内の雑誌も参考になる。

次回釣行する日のために、どこの川に行こうか、ああでもない、こうでもないと期待に胸を膨らませながら調べて考えるのも楽しい。

川で釣る場合のルールとマナー

河川を管轄している各漁協のＨＰには、遊漁期間や遊漁料のほかに、釣法(投網は禁止など)、魚を持ち帰る場合の体長制限や尾数制限、遊漁時間(「日の出から日没まで」等)、禁漁区間など、さまざまな規則が記載されているので事前に目を通しておくとよい。公式ＨＰ以外の情報は、更新されていない古い情報の可能性もあるので注意が必要だ。またＨＰを開設していない漁協には電話で問い合わせることになるが、個人宅で日中は留守のことも多い。

次に自然渓流でのマナーについて解説しよう。渓流では、下流から上流へ移動する「釣り上がり」が基本。なかには釣り下る人もいるが、狭い渓流では基本は釣り上がりがマナーで、先行者優先である。つまり、先に川に入った人に優先権があり、その人の釣り上がりを邪魔してはいけない。川に入ろうとして、先に釣り人が釣っていたらその人の下流には入ってもよいが、すぐ上に入るのはマナー違反。自然渓流に棲む渓流魚は警戒心が強く、特に人があまり多く入らない川ほど一度釣り人が釣り上がると、渓流魚は警戒してしばらく出てこなくなるからだ。

先行者がいた場合、私は少なくとも1㎞は距離を空けて入るように心がけている。あるいは声をかけることが可能なら挨拶をして、どれくらいまで釣り上がるかを聞き、その場所の上を釣るようにしている。

このようなことから、目的の川に着いたらすぐに釣りを始めるのではなく、一度川の上流まで車を走らせ、先行者の車が停まっていないか、また高い堰堤はないか、川を上がる退渓点はあるかなどを見てから川に入るようにしよう。

一般の自然渓流

水温、水量、水生昆虫の羽化など、一般の自然渓流に潜む魚たちは、自然の変化にとても敏感だ。そのことをよく承知して、いつかはこんな素晴らしい川で美しいヤマメやアマゴ、イワナに出会ってみたい

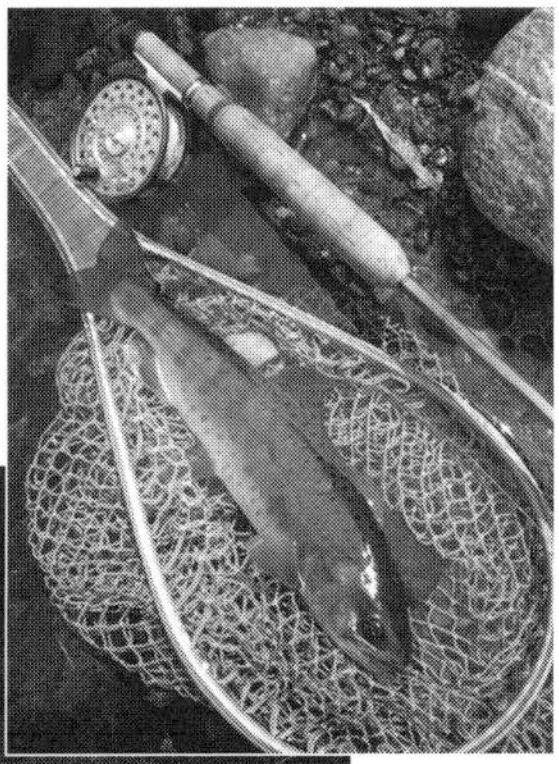

自然のフィールドでのルールや場所選び

②湖沼で釣りをする場合

湖沼も遊漁期間があり遊漁券が必要

湖沼にはさまざまな魚が生息している。ここでは川の場合と同じく、トラウト（マス類）をターゲットにした釣行について解説しよう。

湖の遊漁期間は湖によって異なり、魚種によっても違うことが多い。たとえば、本栖湖ではニジマスとブラウントラウトは通年釣りができるが、ヒメマスは3月25日から4月25日までと10月25日から11月25日までの2ヵ月間となっている（令和5年現在）。漁協のHP等で事前に調べてから釣行しよう。また、北海道などで漁協のない湖では遊漁券の設定がない。

湖沼を選ぶ

まず、行きたい湖沼に対象となるトラウトがいるかどうか、漁協と放流の有無、釣りができる期間を事前に調べる。自然繁殖で魚の数が維持されている湖沼は北海道以外ではほとんどなく、漁協の放流がなければ遊漁の対象にはなりづらい。また、その対象魚を釣るのに適した時期かどうかも重要だ。

私が店舗で働いていた時、6月に来店され「芦ノ湖で釣りたいのでフライを選んでほしい」というお客さんがいた。よく聞くと、芦ノ湖でキャンプをするついでに岸から釣りをしたいという。確かに6月は遊漁期間で、遊漁券を購入すれば釣りは可能だ。しかし、芦ノ湖でトラウトのよいシーズンは3月解禁から5月中旬までで、それ以降は表層水温が高くなり、ニジマスは岸から届かない深場に入ってしまう。岸からねらうなら、日の出前の一番水温が下がる時間にチャンスがあるかもしれないが、通常はブラックバスが釣れる。そのことをお客さんに説明し、バスも釣れる大きめのフックを使ったフライをお選びしたことがあった。

ねらうトラウトの釣りやすい時期は、湖沼によっても変わる。たとえば標高の高い湖沼は水温上昇が遅いので、ねらえる時期も遅くなる。このことも湖沼を選ぶうえで重要なポイントとなる。

ウエーディングの釣りとボートの釣り

まず、湖沼には自然湖とダム湖があることを頭に入れておこう。ダム湖ではインレット（川の流れ込み）以外は急深で立ち込めない所がほとんどで、ボートからの釣りになることが多い。自然湖は周遊歩道がある湖沼が多く、その場合は立ち込んで釣る場所へのアクセスも簡単だ。

初心者には、ボートからのほうが簡単である。ボートは風の向きを利用して、追い風でキャス

ウエーディングでカケアガリをねらう。湖沼の釣りは、岸から釣るかボートからねらうかで釣り方やラインシステムなどが大きく変わる

トロフィーサイズのニジマス。湖沼の釣りではこんなビッグフィッシュに出会うチャンスもある

トすることができる。また、それほど遠投しなくても充分釣りになる。ただし、ボートは揺れるので立ってキャストするのは危険が伴う。
　ウエーディングして釣る場合は、後ろに障害物があったり、岸の傾斜が強くて後方がせり上がりバックスペースが取れないところでは、充分にキャストができない。また、バックスペースを確保しようと深く立ち込むと水面が近くなり、空中でラインをキープするのが難しい。結果的にキャスティングも難しくなる。そこで近年はダブルハンド（ツーハンド）ロッドを使い、スペイキャスティングなどのバックスペースが少なくてすむキャスティング方法で釣っている方が多い。

シンキングラインの釣り

　ポンド型の管理釣り場ではフローティングラインで釣りをしたが、自然の湖沼ではシンキングラインでストリーマーという小魚に似せたフライをリトリーブした釣り方が有効だ。シンキングラインを使った釣り方について説明しよう。

　タックルの項で、フライラインには浮力のあるフローティングラインと沈むシンキングラインがあると説明した。シンキングラインには、さらに沈むスピード（シンクレート）が異なる複数のラインがある。現在主に使われているのはシンクレートが遅いほうから、インターミディエイト、タイプ1、2、3、4、5、6がある。インターミディエイトはかなりゆっくり沈み、タイプは数字が大きくなると沈むスピードが速くなる。実際の沈下速度は水温によって変わるし、ラインメーカーによっても違うので分かりづらい。私がだいたいの目安にしているのは、10秒カウントダウンして、インターミディエイトは30cm、タイプ2は60cm、タイプ4は1m、タイプ6は1・5m沈むと理解している。

　ラインがWF8S Type2と表記されていれば、「ウエイトフォワード8番のシンキングラインで、シンクレートが2」となる。手持ちのロッドが6番用で、そのロッドに合わせたシンキングラインのタイプ3を購入しようと思ったら、WF6S Type3を選べばよいということになる。

どのシンクレートのラインを使うか

　湖沼のトラウトは、ワカサギなどの小魚

を捕食しているので、小魚に似せたストリーマーというフライが有効。そしてその小魚がいると思われる水深にストリーマーを泳がせればよいわけだ。水面近くを泳ぐ小魚を見たら、ほとんど沈まないインターミディエイトかタイプ1を使う。ボートでワカサギ釣りの人が水深5mのタナをねらっていたら、タイプ4か6を使い、水深5mまでカウントダウンしてフライを沈ませ、リトリーブする。

また、岸からウエーディングして釣っている場合は、インターミディエイトからタイプ2までを使う。岸からは、もともと深い層まで届かないし、仮に届いてもリトリーブしてくると手前でフライが根掛かりしてしまうからだ。

フローティング&シンキングの釣り

湖沼では条件によってトラウトのねらい方が変わってくる。たとえば、昼間はシンキングラインでストリーマーを使い、夕方はハッチ（羽化）した水生昆虫を食べるライズがあればフローティングラインに替えてドライフライでねらう……という具合に条件に合わせてラインを変えて釣る。そこですぐラインを替えられるように違うラインを巻いたリールを2つ用意するか、替えスプールに違うラインを巻いておきスプールだけを交換する。

湖沼の条件は季節の進み具合とともに変わっていくので、釣りに行く予定を立てたら、その時期はどのラインで、どのようなフライを使った釣り方が有効かということを、あらかじめ調べておく必要がある。ボートを使う人は、ボート屋さんに問い合わせるのもよいだろうし、ウエーディングで釣る人は、最寄りの釣り具屋さんに聞くのもよいだろう。

湖沼の釣りのマナー

湖沼でも、基本的に先行者優先である。

・ウエーディングして釣る場合

たとえばウエーディングでよく釣れている人がいたとする。管理釣り場では隣の人と3～4m間隔で釣ることもあるが、自然の湖沼ではよく釣れているからといって、同じ感覚で近づいて釣りをすると「こんなに広いのにどうして近づいてくるんだ」とお叱りを受ける。湖沼では、隣の人とは少なくても20mは距離を空けて釣りをしたい。解禁日やGWなどの混む時期に、どうしてもそれ以上近づかなければ入れない場合は、「ここに入っていいですか」と一声かけてから入ろう。

・ボートで釣る場合

ボートからの釣りは、アンカー（いかり）を下ろしてボートを固定して釣る場合と、アンカーを下ろさずにボートを流しながら釣る場合がある。どちらも先に釣っているボートとは30m以上離れ、同じポイントに向かって投げないようにする。また流しながら釣ると、思ったより他のボートに近づきすぎたりするので、ボートがたくさん出ている時はなるべくアンカーを下ろして釣りをしよう。

岸から釣りができる場所では、ボートを岸から50m以上離して釣りたい。それは、釣り人が岸とボートの両方から向かい合って投げることがあっても、ラインが絡まないようにするためだ。アンカーを入れる場合、風が岸に向かって吹いているとアンカーロープとボートの全長分だけ岸に近づいた状態でボートが固定される。すると思っていた以上に近づきすぎていることがあるので注意しよう。

自然渓流のポイント基礎知識

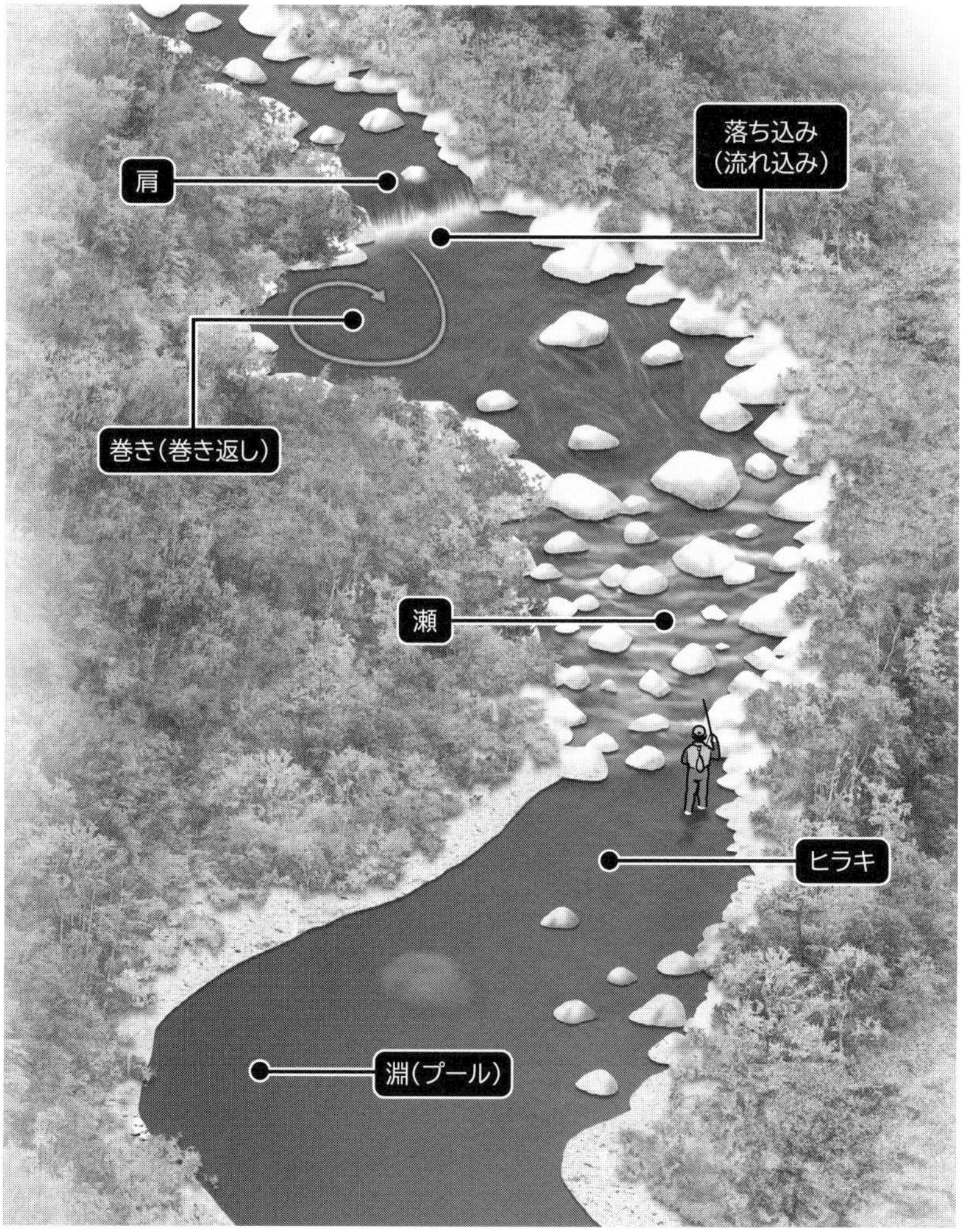

自然渓流のポイントにはいろいろな名前がついている。各ポイントをねらう季節やねらい方とともに説明しよう。

【瀬】

川底に同じくらいの大きさの石が点在して波立っている箇所。水深が浅い順にチャラ瀬、浅瀬、平瀬、深瀬と呼ぶ。流速では緩やかなほうからチャラ瀬、ザラ瀬、ガンガン瀬となる。

瀬は石がたくさん入っているため、水生昆虫が豊富で、魚にとってはエサを捕るためのダイニングルームになっている。水温が上がり水生昆虫のハッチが始まる季節になると、魚は瀬に入ってくる。盛期(5〜6月)はチャラ瀬にも魚が入ってくることがある。

1つの瀬にはいくつもの流れの筋があり、それらをテンポよく広く探っていくことを「瀬を叩く」と言い、盛期のフライフィッシングの有効な釣り方である。

【ヒラキ】

川の落ち込みから広がった流れや、瀬が終わり流れが広がってゆっくり流れる箇所。流れがゆっくりになることで、魚もエサを捕食しやすい。川底の石が魚の身を隠す場所になるため、石のあるところをねらう。

【落ち込み・流れ込み】

段差の上から下に勢いよく白泡を立てて落ち込んでいくところ。酸素量が豊富で、特に水温が高くなる夏場に魚が入りやすい。

川底に向かう水流があるため、ニンフやウエットを深く沈める時に有効なポイントである。ドライフライでねらう場合、白泡の切れ目付近にフライを落として流すと魚が出やすい。

【淵・プール】

流れ込みの下流で、深くゆっくりと流れる場所。淵の一番上流部を淵頭、一番下流部分を淵尻と呼ぶ。深い淵は魚がストックされる好ポイントだが、水面が鏡のようになっていると日中はなかなか魚が出てこない。その場合は障害物の際、たとえば淵の中にある大石や水流が当たる岩盤の際をねらうのが有効である。淵は水生昆虫がハッチする夕方に期待できるポイントで、ライズが多く見られると、まさしくドライフライが効果を発揮する。

【肩】

落ち込みや流れ込みのすぐ上流のポイント。流れが狭まり落ち込むぎりぎり上の流れ。エサが集まりやすく、また肩の両サイドにある石の下がえぐれていることが多いため、魚にとってすぐに隠れられる好都合の場所である。

肩は攻略が難しい。下流側からねらってフライを流すと、落ち込みの速い流れにリーダーやフライラインが取られ、実際の流れよりも速くフライが流れてしまう（ドラッグが掛かる）。魚が出ても、ラインが速い流れに入り込んでいてアワセが不能になりがちだ。そこで、落ち込みにリーダーやラインが持っていかれないように、頭を出している石の上にラインを乗せたり、カーブキャストを駆使するなどが有効なねらい方となる。

【巻き・巻き返し】

流れ込みの両脇にできやすい、流れが下流から上流に向かう反転流のこと。巻きは流下物が溜まりやすく、泡が浮いていることが多い。特に増水時は格好のポイントとなる。

巻きを対岸側からねらうと、手前の速い流れにリーダーやラインが持っていかれ、フライが巻きの反転流に乗る前に出てしまう。川を渡ることが出来れば、巻きと同じ岸側からねらいたい。対岸の巻きをねらう場合は、ラインを上流に打ち返すメンディングを駆使したり、カーブキャストなどでフライを反転流に長く乗せることが有効になる。攻略の難しいポイントである。

渓流では魚を警戒させないように上手に移動しながらポイントを釣り上がっていこう

渓流のポイント例

落ち込みなどの強い流れの両岸には巻き（反転流ともいう）ができやすい。巻きにいる魚は下流に頭を向けていることがあるので、アプローチに注意したい

白泡を伴う瀬が左右から流れ下り、奥のほうで１つになっている。この流れ全体が典型的な盛期の瀬のポイントだ

穏やかな瀬から直線状のプールへと続く流れ。上流は流心手前、その下流側は流心とその奥がポイントだ

落ち込み→瀬＆淵（白泡の脇には巻きができている）→ヒラキと短い距離に複数のポイントが連続する。段差の大きな上流域でこのような流れがよく見られる

手前が肩。ここに魚がいると、チャンスなのだが攻略は難しい

ヒラキと肩のポイント。大小の底石が入り、いかにもイワナが潜んでいそう

自然湖沼のポイント基礎知識

渓流と同じく、自然の湖沼にも特徴的なポイントがたくさんあり、名前がついている。

【インレット（流れ込み）】

川が湖沼に流れ込むエリア。エサとなる水生昆虫や陸生昆虫が川から流れ落ちてきて供給されるため、それを食べようとして魚が集まりやすい好ポイントである。

ドライフライを使う場合は、インレットに向かってキャストし、フライを自然に流す。ストリーマーやウエットフライを使う場合は、インレットの脇から湖沼の沖へ向かってキャストし、フライを泳がせてねらう。

【アウトレット（流れ出し）】

湖沼の水が川に出ていくエリア。湖沼がだんだん狭くなっていく流れ出しは（湖沼の形態によってはその限りではない）、インレットと同様にエサ（水生昆虫や小魚）が集まりやすいポイントだ。魚は沖（＝流れの上流側）に頭を向けて泳いでいるため、ドライフライを使う場合は沖へ向かってキャストし、手前側にフライを流してくる。

ストリーマーやウエットを使う場合は、アウトレット側に向かってキャストしてフライを泳がせるとよい。

【カケアガリ】

浅瀬から深場へ向かう傾斜部分。魚の通り道になることが多い有望なポイントで、湖の釣りではこのカケアガリを意識して釣ることが非常に多い。

カケアガリは、湖沼の地形によって沖へ出たり岸に近づいたり、狭かったり広かったりする。このベルト状の部分をブレイクラインとも呼ぶ。

【馬の背】

岬の延長線上に伸びた水中の起伏。水通しがよい場所で、魚が付きやすいポイント。馬の背に沿うようにフライを泳がす。

【ワンド】

岸が奥まり、小さな湾になっている所。魚がエサとなる小魚を追い込んで捕食するポイントになる。ワンドは水深が浅いことが多く、朝夕になるとエサとなる水生昆虫やプランクトンを食べに小魚が入ってくるのを追って魚が入ってくることが多い。

【藻場】

湖底に藻が密集している場所。プランクトンが多く、それを食べにモエビや小魚が集まり、さらにそれらを追って大きな魚食性の魚が集まる。

ストリーマーを引いていて、藻が頻繁に引っ掛かってきたらそこが藻場で、絶好のポイントである。沈め方を調整しながら、藻のすぐ上をフライが泳ぐようにやってみよう。

【根・沈み根】

水中の岩礁。小魚が集まりやすく、それを追って大型魚が入ってくる好ポイント。大きな根は湖沼図に記載されている。ボートから釣る場合にねらってみたいポイントである。

馬の瀬。右手の岬から続く地形が湖底に変化をもたらし、ポイントとなっている

ワンドに立ち込み魚の回遊を待つ。朝晩がチャンスタイムだ

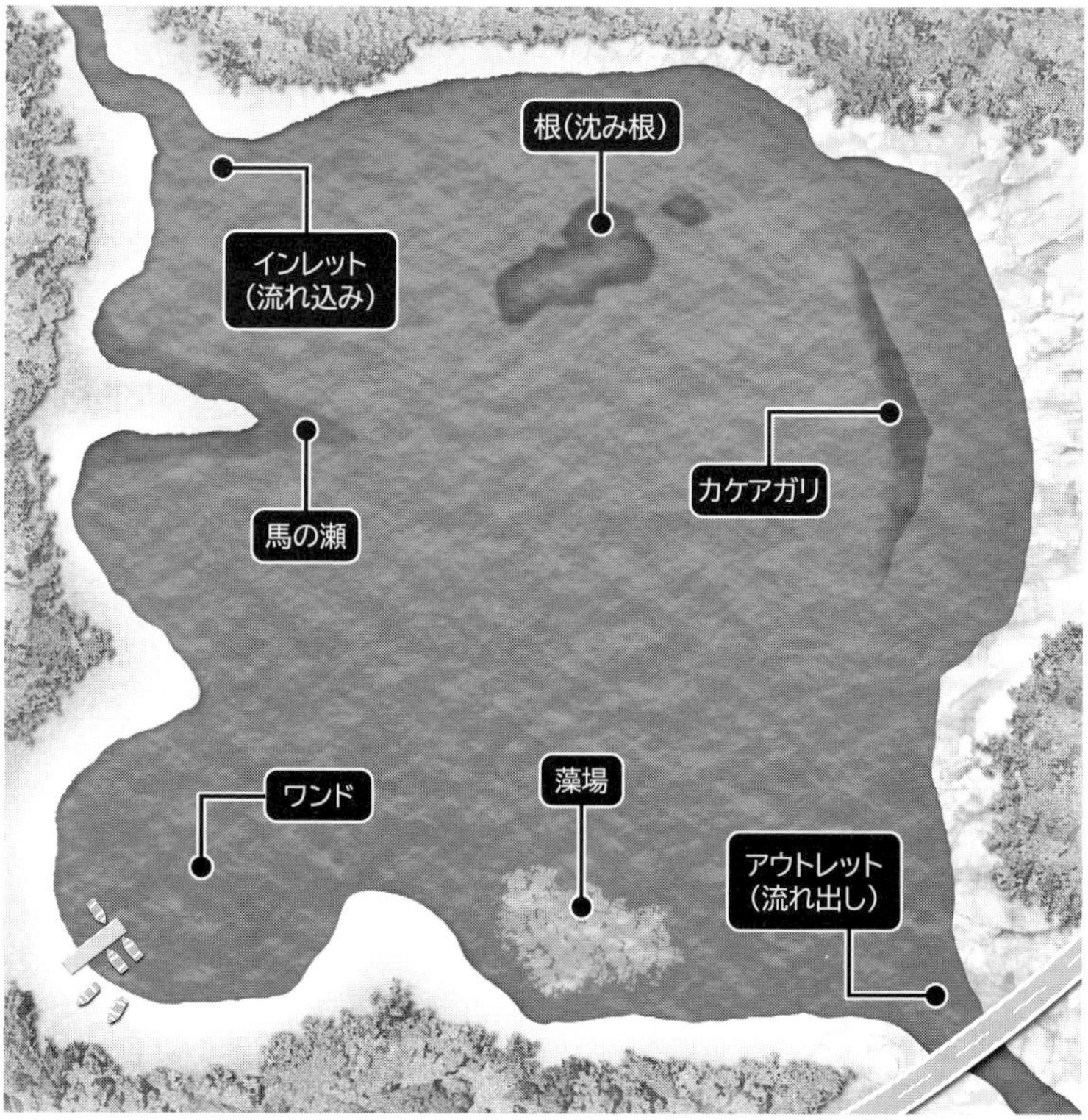

川ではナチュラルドリフトが鉄則

川のフライフィッシングにおいて、ナチュラルドリフトは、特にドライフライを使う時に一番重要なポイントとなる。ナチュラルドリフトとは、自然に流れる（流す）という意味だ。フライはティペットに結ばれ、リーダー、ラインへとつながっている。それらが流れに引っ張られて抵抗となり、フライに干渉する。不自然に流れるフライは魚にとってエサではなく、警戒すべき何かになるので、いかにしてフライをナチュラルドリフトさせるかが重要だ。不自然な流れ方を引き起こすメカニズムと、フライをナチュラルドリフトさせる方法を解説しよう。

ドラッグ発生の仕組みと回避方法

ドラッグ（drag）は英語で「引っ張る」の意味。フライフィッシングでは、フライがティペット、リーダー、ラインに引っ張られて不自然に流れる状態を「ドラッグが掛かる」という。フライが落ちたところの流れと、ティペット～ラインの流れの速さが異なると、流速差でドラッグが発生する。

ドラッグは通常、ティペット～ラインの流され方が、フライの落ちたところのそれよりも速い時に起きるが、逆に遅い時でも起きる（図1参照）。ドラッグを回避するにはいくつかの方法がある。初心者にもできる簡単な方法から順に説明していこう。

・アプローチを考える

アプローチ（approach）は英語で「近づく」「近寄る」の意味。フライフィッシングでは、魚に近づきキャスティングポジションにつくことをいう。ドラッグが掛からない、あるいは遅らせるアプローチとは、フライと、ティペット～ラインが同じ速さで流れるようにキャストできる位置に立つことだ（図2参照）。

自分が動くことで、ドラッグが掛からないようにフライを流せる。これは初心者でもできる一番簡単な方法だが、移動可能なのは河原（岸）と、川の中では水量が少ない小渓流や、水深が浅く流れの緩やかな場所に限られる。水深がある所や白泡の立つ瀬、増水時、川幅の広い流れなどでは、無理に移動しないように注意が必要だ。また、川の中を歩くと下流の魚が警戒する（音や影などで上流の魚を驚かせてしまうことも多い）ので、自分のすぐ下流に仲間がいる時などは、なるべく川の中を歩かないようにしよう。

・メンディング

メンド(mend)は英語で「直す」「繕《つくろ》う」の意味。フライフィッシングでは、水面のラインを流される方向と逆に打ち返して、フライにドラッグが掛からないようにするテクニック。速い流れにラインが引っ張られてフライにドラッグが掛かる前に、引っ張られたラインを水面からはがして上流に置き直す（図3参照）。この時、メンディングの動作自体でフライ

図1 ドラッグ発生の仕組み

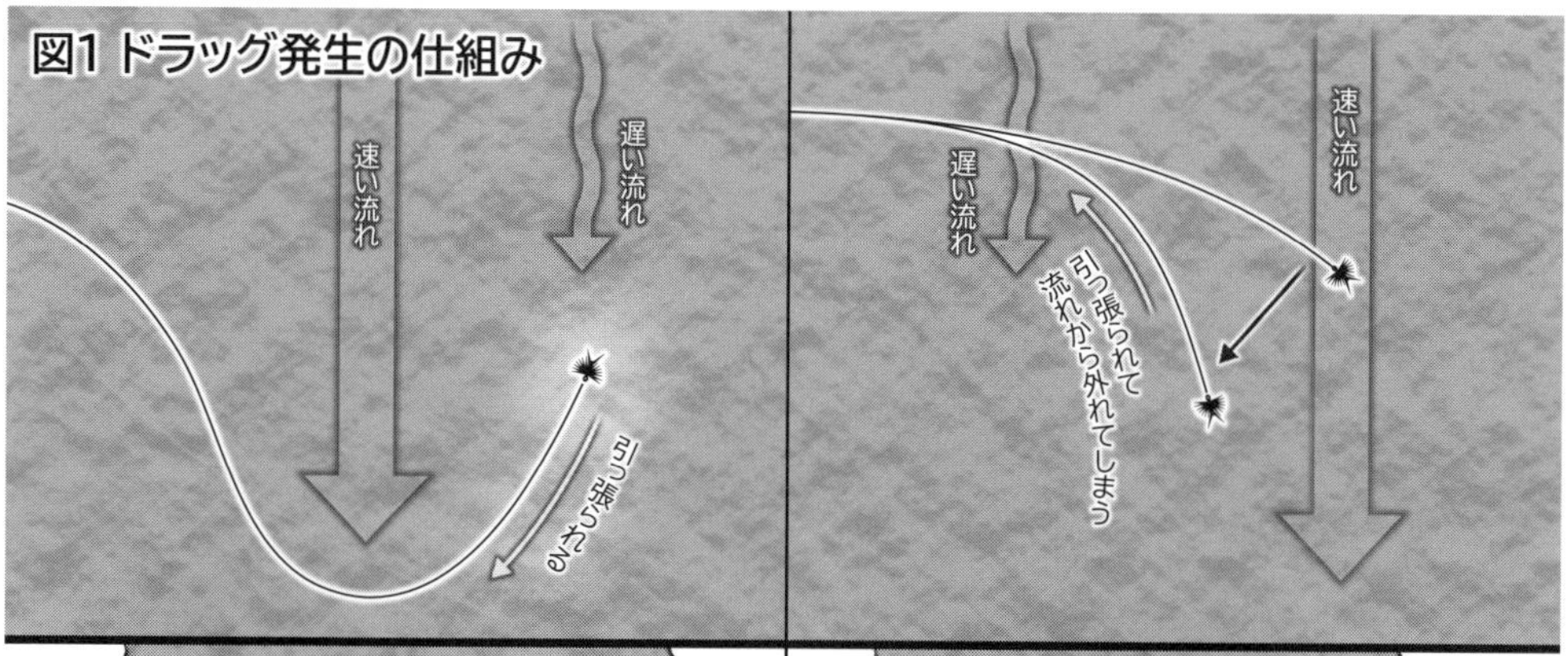

図2 立つ位置を変えてドラッグを回避する

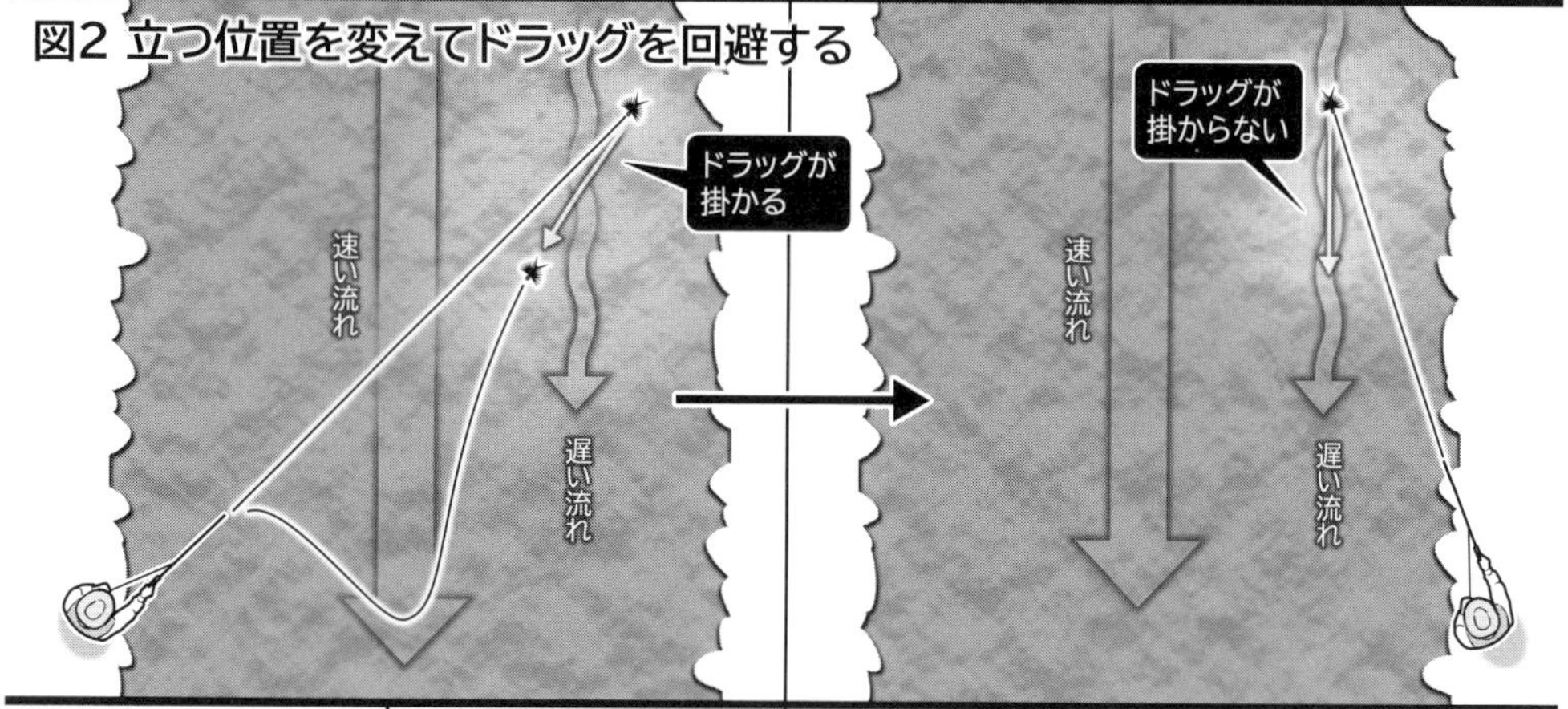

図3 メンディング

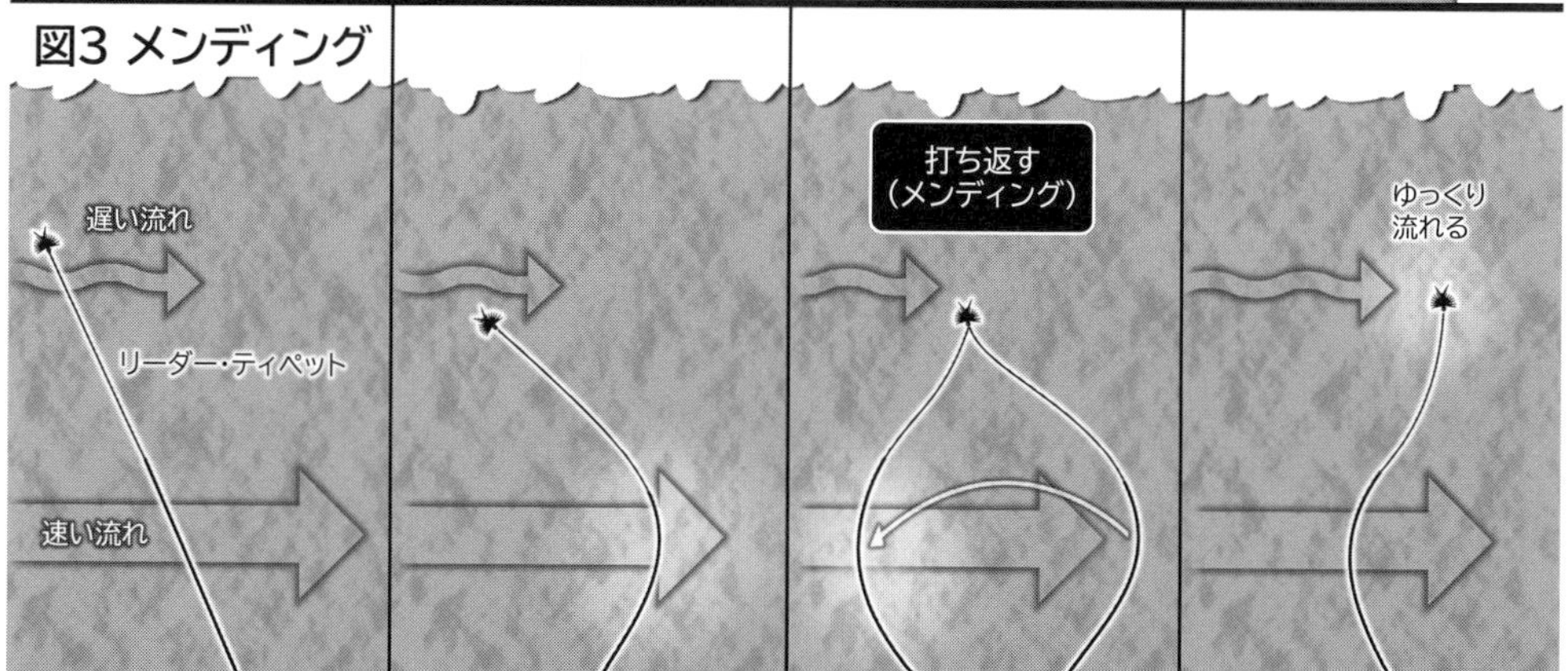

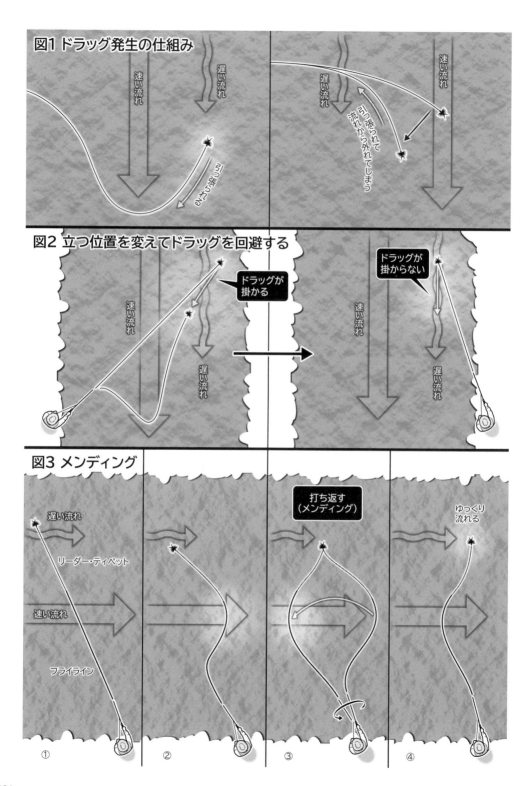

メンディングの実際

①釣り人側から見て流心の奥（写真手前側）にフライを流している

②流心にフライラインが流される一方で、流心脇の水面にあるフライはゆっくりと流れている。このまま放置するとフライが引っ張られてドラッグが発生するため、ロッドを上流側へ打ち返すようにしてメンディングを行なう

③流心に干渉しているフライライン部分が水面からフワッと持ち上がり、このあと上流側へ着地する。ラインが上流側に戻ったぶん、ドラッグ発生を遅くすることができた。なお、メンディングでフライを引っ張っては本末転倒なので気をつけよう

図4 ティペットを長くする

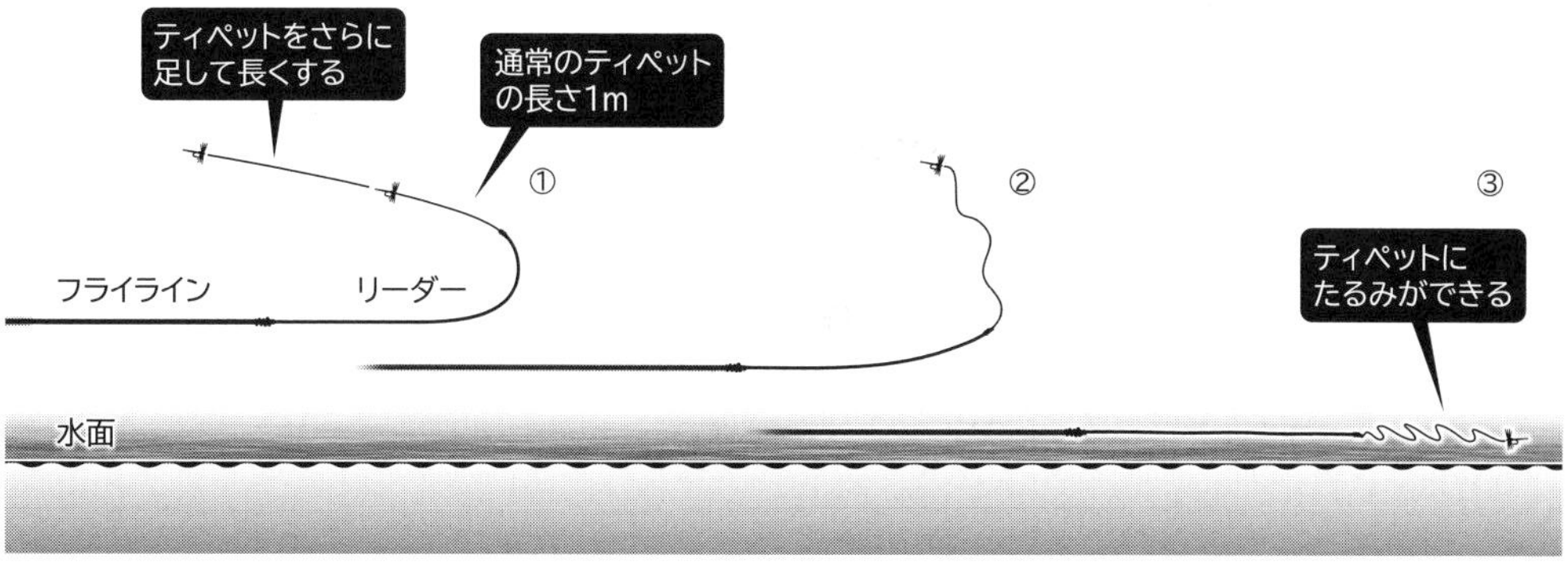

が動かないように注意したい。

・ティペットを長くする

ティペットを足して長くすると、フライがターンせずティペットがクシャっと落ちる。するとティペットにスラック（たるみ）ができ、ほどけて流れ出すまでの間、フライにドラッグが掛かる時間を遅らせることができる（図4参照）。

足すティペットの長さはその時の風向きやフライの大きさなど条件によって違うが、最初は1m足し、まだティペットにスラックができなければさらに1m足す。また先に付けたティペットよりも細くすると、さらにスラックができやすい。ただし障害物が多い場所や風が強い時などは、長くしたぶんティペットが絡んだり、引っ掛かるトラブルが増えるので注意が必要だ。

プレゼンテーション

presentation は英語で「提示」「提出」「表現」の意味。会議で「プレゼンをする」などというあの「プレゼン」だ。フライフィッシングでは、フォルスキャストの最後にフライを水面に置きにいく段階・動作をプレゼンテーションと呼んでいる。

フライキャスティングの基本は、フォルスキャストからシュートをして真っすぐに飛ばし、フライをターンさせる。実践では状況に応じてさまざまなアレンジをすることにより、フライがナチュラルドリフトするように工夫を凝らす。なかなか初心者には難しいが、経験を積んでいくうちに徐々にできるようになる。これもフライフィッシングの楽しさの一つである。

簡単なプレゼンテーションから紹介していくので、通常のキャストができるようになったら少しずつ挑戦してほしい。

・右岸、左岸でキャスト方法を変える

右岸、左岸は実釣1日目で説明したとおり、上流から下流を見て右側が右岸、左側が左岸だ。ここでは釣り人が右利きとして説明する。左利きの方は逆になる。右岸を釣り上がっていく時、ロッドを少し右に傾けて（野球のピッチャーでいえばスリークォーター気味に）キャストす

左岸から釣る場合はオフショルダーでキャストし、ナチュラルドリフトに努めよう

ると、おのずと少し右にカーブしてリーダーとティペットが落ちていき、ドラッグが掛かりづらい形でフライを置くことができる（図5参照）。

左岸から釣る時は、今度は逆にロッドを左に傾け、ラインが自分の左側を通るようにキャストする。これをオフショルダーキャストという。この時、バックキャストのラインは流れの上空を伸びていくので、周りの木や枝に引っ掛かりにくい（流れの上に木の枝が張り出している場合を除く）。しかもフライ〜リーダーは、おのずと左にカーブした形で落ちていくので一石二鳥だ。

初心者にはオフショルダーキャストでねらったところにフライを落とすのは難しいと思うが、ぜひ練習して身につけてもらいたいキャストである。これができるようになると、右岸と左岸をまんべんなく釣り上がって行けるようになる。

・ターンを弱めてスラックを入れる

通常は、フライをきちんとターンさせて、ねらったポイントにフライを落とすことを心掛ける。ここではドラッグが掛かるのを防ぐため、わざとターンさせずスラック（たるみ）を入れて、リーダーにカーブをかけるように落とす。これをネガティブカーブキャストという（図6参照）。先に説明した右岸、左岸のキャストと同じように少しロッドを倒してキャストし、通常はロッドを目の前でストップさせるところを、プレゼンテーション時にロッドをストップする力をわざと少し抜く。すると推進力を失ったリーダーがターンせずに落ち、そのぶんスラックが入る。

このキャストの難しい点は、どれくらい力を抜いてロッドをストップさせればよいかという加減である。なるべくゆっくりとしたリズムでフォルスキャストをするのがコツといえる。

・ティペットをまとめて落とす

ティペットに多くのスラックを入れるために、ティペットをまとめて落とすことでドラッグを回避する（図7参照）。とでティペットを足して長くすると、より効果が上がる。強い流れの奥にあるポイントや、対岸の巻き返しなどをねらう時に有効である。

方法は、通常よりもバックキャストを高く行ない、フォワードキャストでティペットがフライよりも先に着水するイメージでプレゼンテーションする。するとティペットがフライの周辺にまとまって着水するので、ほどけるまでの間フライはナチュラルに流れる。この時、キャストを速くすると水面を強く叩いてしまうことがあるので、ゆっくりと行なうのがコツだ。

図5 右岸・左岸のキャスト

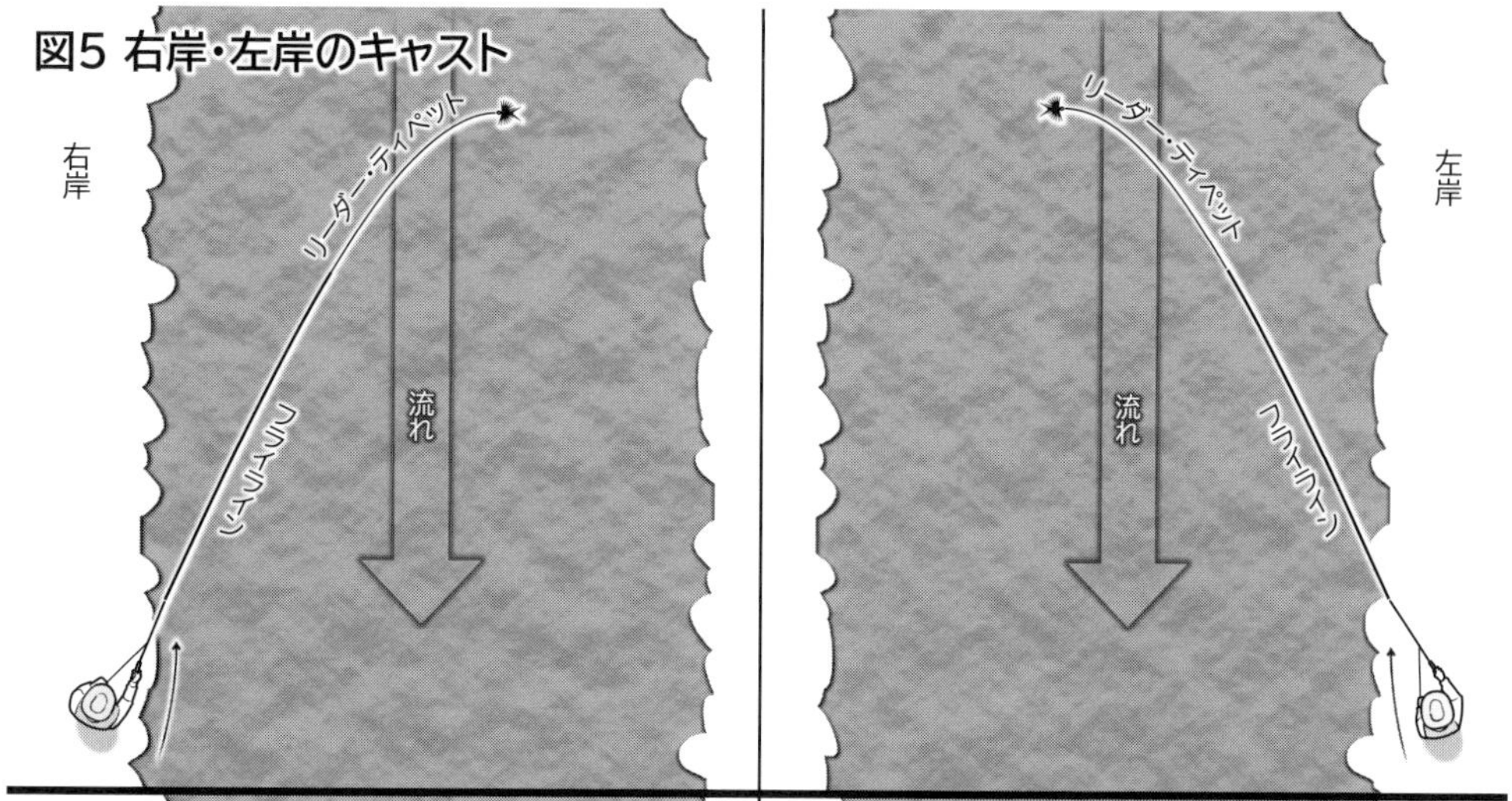

図6 ネガティブ・カーブキャスト

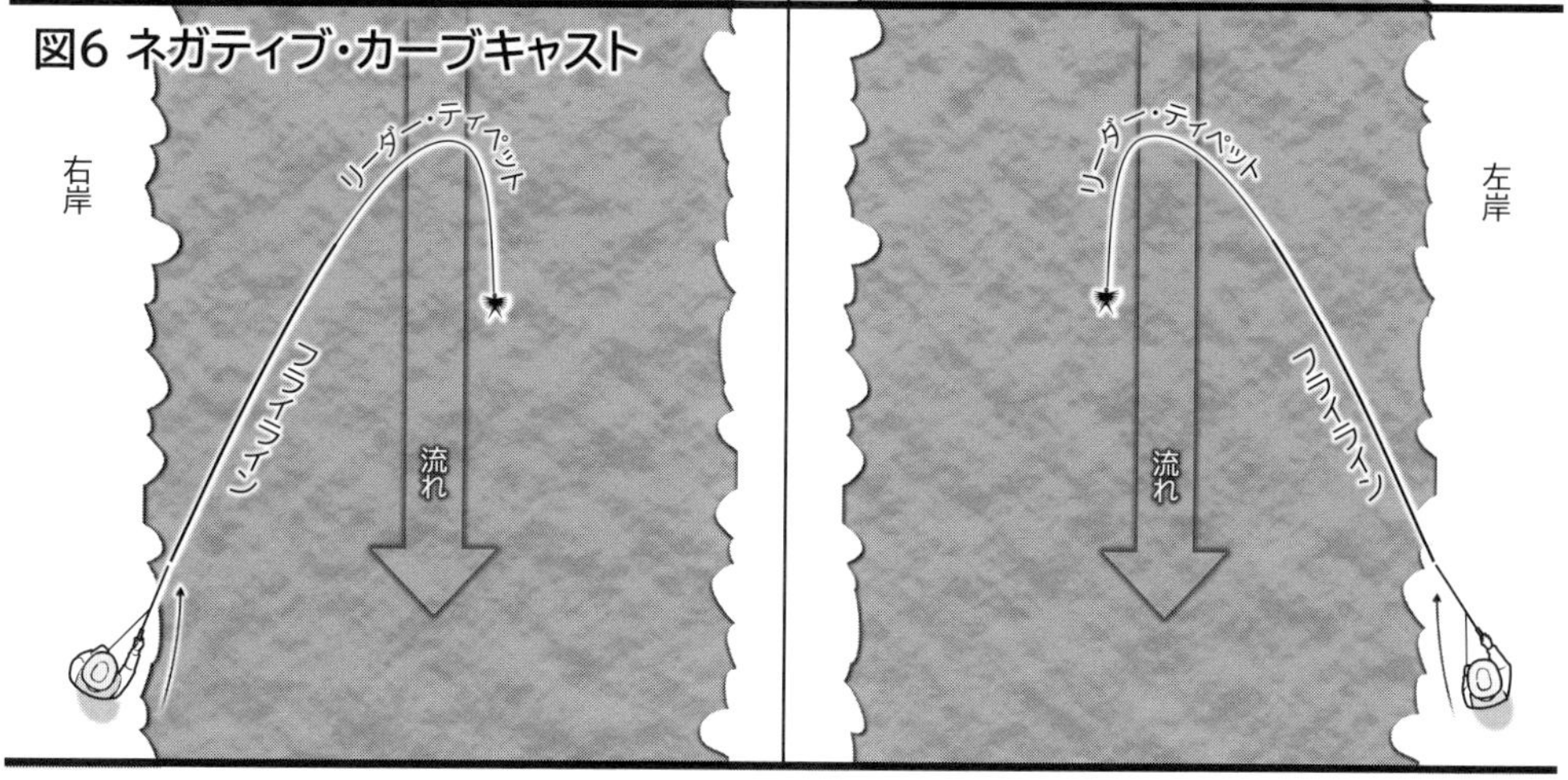

図7 ティペットをまとめて落とす

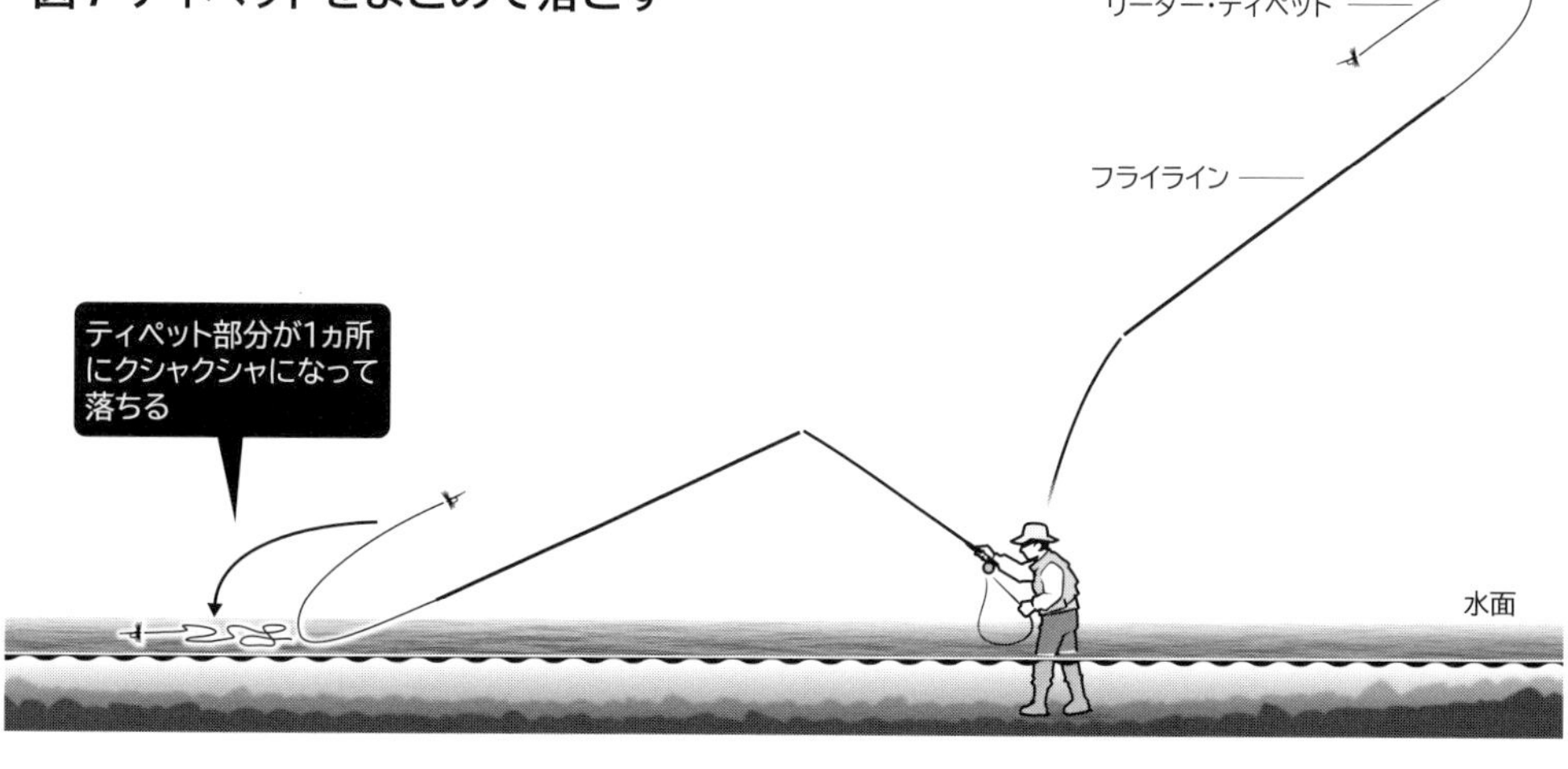

Day4以降

自然状況による戦略

フライフィッシングは自然と対峙する素晴らしいアウトドア・アクティビティだ。季節の変化や天候等で使うフライやプライムタイムも変化する。季節、水温については「自然のフィールドでのルールや場所選び」の項でお話しした。また季節によって使うフライの違いも「フライ選択方法の実際」の中で説明している。ここでは天候と水量、一日の中で特にねらいたい時間帯等を解説しよう。

自然渓流の場合

天気は、山岳渓流以外は基本的に曇天や小雨のほうがよい

アウトドアの遊びなので好天がよいと思いがちだが、実際は曇天や雨のほうが釣果に恵まれることが多い。晴れの日は上空から水中がよく見え、魚が天敵の鳥にねらわれやすい。そのため警戒して岩陰などに隠れ、なかなか出てこない。逆に、曇天や雨の日は日中でも盛んにエサを捕る。これが曇天や雨天のほうが釣果に恵まれることが多い一因である。また水生昆虫のハッチも、私の経験上、曇天や雨天のほうが多いと感じる。ただし渓魚は濁りを嫌い、雨で川底が見えないほど濁ると釣れなくなる。釣り人にもこの状況は大変危険だ。小雨がぱらつく程度なら歓迎だが、本降りになったらすぐに川から上がろう。あらかじめ本格的に荒れることが予想される場合は、釣行自体を控えたい。

一方、山岳渓流では好天のほうがよい。もともと、山岳渓流は気温が高くなり雪代が収まってからの、夏の釣り場。水がきれいで中・下流域よりも水生昆虫は少なく、魚のエサは陸生昆虫が主になる。そして陸生昆虫の活動を考えると、天気が悪い冷たい日より、晴れて気温が上がるほうが活発で、魚の活性も上がるというわけだ。

タマヅメがプライムタイム

「釣りは朝マヅメ・夕マヅメ」というが、次の理由から、渓流のフライフィッシングは夕マヅメに軍配が上がる。まず、水生昆虫のハッチはいろいろな時間に起こるが、早朝よりも夕方に偏りがちだ。また朝マヅメはフライ以外の釣り人との競争にもなり、得てして報われない。そのためフライフィッシングのプライムタイムは、夕マヅメが一般的だ。フライフィッシングでは、夕マヅメをイブニングというが、朝マヅメはモーニングということはあまり使うことはない。

ちなみに私の盛期の釣行パターンは、日が昇って気温が高くなり始める9時頃から釣り始め、夕方中流まで下りてきて、大ものが出そうな安全な大場所でイブニングを釣る、というものだ。

日中は全く反応がなかったり、小さな魚しか反応しなかったプール（大淵）も、暗くなる直前にハッチが始まりライズの嵐になることがある。その場合はあらかじめ安全に帰れる道を確保しておくことと、ヘッドライト等の小型照明器具は必携である。

エサやルアーなど他の釣り人との競争にもなりがちな渓流では、朝マヅメはあまり意識せず、ゆっくりと川に入るほうがよい結果につながりやすい。5月以降は陸生昆虫も活発に動き出すのでなおさらだ

日差しが傾き、光量が落ちてくると期待に胸が高まる。このあとハッチが起きれば、もうフライフィッシングの独壇場だ

渇水と増水

フライフィッシングでは、渇水と増水はどちらがよいだろうか。一般的に、渓流釣りでは増水時のほうがよいとされる。いろいろなエサが流れてきて魚の活性が上がるからだ。雨が降ると急に地元のエサ釣りの人が現われることがよくある。

フライフィッシングでも増水はチャンスだが、上流へ釣り上がるのが基本的なスタイルのため、遡行が困難なほど増水すると釣りにならない。それ以前に危険である。そうすると、雨が上がって増えた水が減り始めるタイミングが、フライフィッシングにとって一番よい増水のタイミングだろう。

渇水は魚が神経質になり、釣りは難しくなる。そして釣り人も少なくなる。ところがフライフィッシングは、この渇水期でも釣果が上がる唯一の釣りではないかと思う（極端な渇水では難しい）。

経験者の方は、渓流で渇水すると、少し近づいただけでも魚が走って逃げられる経験をしたことがあると思う。これではポイントにより近づくエサ釣りや、着水音が大きなルアー釣りではかなり難しい。しかし、フライで遠くからソフトにプレゼンテーションできれば、充分釣りになる。渇水時の釣りについて、もう少し詳しく解説しよう。

魚が走ったらチャンスだと思ったほうがよい。魚はエサを捕るためにエサ場へ出ていたのだが、危険を感じて住処に戻ったのだ。しかも、先行者はいない。魚が走ったのがどんな場所だったのか、覚えておこう。ヒラキの端、終わり、肩、特にイワナは思ったより手前の浅場に出ていることがよくある。遡行しながらそういった場所を、なるべく遠くから、しかもソフトにフライが落ちるようにねらう。これが渇水の釣り方である。

私がお店にいた時に、お客さんが釣りに行った話をよく聞いた。その時私は「渇水でしたか、平水でしたか、増水でしたか」とよくお聞きした。そうするとお客さんの中には「初めて行った川だったから、渇水していたのか増水していたのか、よく分からない」と言われる方もいた。渇水か増水かは、流れの際にある石についた水の線を見れば、だいたい分かる。普段流れている時についた水の線に

湖ではまだ雪が積もる解禁当初から朝マヅメ、夕マヅメがある。しっかりと防寒対策をして釣りに集中したい

強い向かい風の中をスペイキャストで何とか釣っていく。とても投げにくいが、向かい風はエサが岸寄りに集まり、それを食べに大きな魚がやってくるのでチャンス。波立ちで酸素量も増え、魚の警戒心も薄れる。曇りや小雨で空が暗ければさらに期待大だ

対して、増えているのか、減っているのか平水なのか。まず、川に入ったら水量をチェックしてもらいたい。

湖沼の場合

快晴よりも曇天や雨天が有利、風があればなおよし

湖沼では魚がエサを捕食するために浅場へ回ってくるが、天気がよい日よりも荒天のほうが活性が上がる。風がない状態をベタナギと呼ぶが、ベタナギから風が吹き始めた途端に釣れた、ということはよくある。

以前、芦ノ湖で友人と遠浅の岸でウエーディングしていた。私はツーハンドロッドだったが、15mキャストするのが精一杯という強い向かい風。隣の友人はシングルハンドで前方に飛ばすことすら難しく、私のほうを向いて横にキャストし、私の後ろで魚を釣ったことがあった。これは風でプランクトンや虫が押し流され、それを小魚が食べに浅場に入ってくる。さらにそれを追ってトラウトが岸近くまで入ってきていたのだった。

朝マヅメ・夕マヅメはあるか

湖沼では水温が低い解禁当初から朝マヅメ・夕マヅメがある。特に晴れた日は、朝は日の出時刻から太陽が山の端に顔を出し朝日が湖面を照らすまでと、夕方は太陽が山に沈んでから暗くなるまでがプライムタイムとなる。これはフライフィッシングも同じで、シーズンを通して朝マヅメと夕マヅメがある。

渇水と増水

私の経験上、湖沼でも渇水すると魚は神経質になるが、渓流ほどではない。ルアーに比べて飛距離の出ないフライフィッシングは、渇水するとそれまで届かなかったカケアガリ（「自然湖沼のポイント基礎知識」参照）にフライが届いたり、バックキャストができなかった場所でできるようになるなど、有利なことが多い。増水時は逆に不利になる。もちろん、これらは岸からウエーディングして釣った時のことで、ボートで釣る場合は、増水したほうが魚の活性が上がって有利になることが多いと感じる。

フライ選択方法の実際

魚のエサになるさまざまな水生昆虫と陸生昆虫

陸生昆虫!?それとも水生昆虫!?　フライフィッシングをしていると、水辺にいる虫のことがどんどん気になりだす

流れに漂うモンカゲロウのダン（亜成虫）

湖面に落ちたエゾハルゼミも捕食される

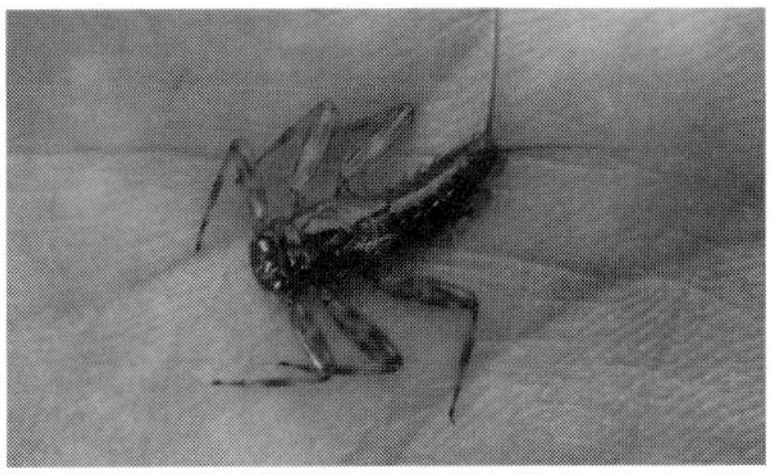

ヒラタカゲロウのニンフ（幼虫）。水中の石にへばりついている

初夏から秋にかけてはバッタやアリなどの陸生昆虫が魚たちの貴重なエサになる

ヒゲナガカワトビケラ（カディス）の幼虫（ラーバ）。地域によってはザザ虫と呼ばれ、伝統的な昆虫食の食材でもある

私がお店にいる時、「どのフライを選んだらよいか」とよく質問された。ここではその選択方法について解説しよう。季節ごとに魚が何を捕食しているかを理解し、似せたフライで釣りをする。これがフライフィッシングの、そしてフライ選択の基本となる。

水生昆虫

まず、川で魚が（ここではヤマメやイワナなどの渓魚を対象とする）捕食している水生昆虫について考えてみよう。日本の川には、カゲロウ、ユスリカ、ブユ、ゲンゴロウ、ホタル、タガメなど、さまざまな種類の水生昆虫が生息する。これらの中で、魚がエサとして主に食べているのは、ユスリカ、ガガンボ、カゲロウ、カワゲラ、トビケラなどである。特に、カゲロウ（メイフライ）、カワゲラ（ストーンフライ）、トビケラ（カディス）は多く生息し種類も多い。研究途中でまだ名前のない虫も多いそうだ。その生態について簡単に説明しよう。

・カゲロウ（メイフライ）　水生昆虫の

幼虫は英語でニンフという。ニンフが羽化（ハッチ）して亜成虫になる。亜成虫は英語でダンといい、虫の中でも亜成虫の形態をとるのはカゲロウだけだそうた。亜成虫は、さらに脱皮して成虫（スピナー）となる。

・カワゲラ（ストーンフライ）　ニンフが脱皮を繰り返し、充分に成長すると石などに登り羽化して成虫(アダルト)となる。

・トビケラ（カディス）　幼虫（ラーバ）は成長すると繭《まゆ》を作り、その中で蛹《さなぎ》（ピューパ）となる。ピューパが羽化し、成虫（アダルト）となる。

ちなみにユスリカとガガンボは、ラーバからピューパとなり、羽化してアダルトとなる。

次に、これらの水生昆虫を模した代表的なフライを紹介しよう。

CDCダン：メイフライの亜成虫（ダン）。

パラシュート：メイフライの亜成虫、成虫（スピナー）。

エルクヘア・カディス：トビケラのアダルト。

ミッジ：ユスリカのピューパ、アダルト。

ヘアズイヤー：メイフライのニンフ、ストーンフライのニンフ。

ウエットフライ：メイフライのニンフ、カディスのピューパが羽化して水面に向かう状態。

ソフトハックル：ガガンボが羽化して水面に向かう状態。

陸生昆虫

季節が進んで暖かくなり、陸生昆虫が動き出すと、これらも魚のエサとなる。陸生昆虫は水中に棲まないが、風が吹いて木の枝や石から落ちたり、あるいは水際で流れにさらわれるなどして、その度に魚に食われる。

水生昆虫の種類によっては一年中ハッチする虫もいるが、春と秋にハッチする水生昆虫が多い。したがって夏は陸生昆虫が魚にとって貴重なエサとなる。なかでもよく食べられているのがアリ（アント）、コガネムシ（ビートル）、バッタ（グラスホッパー）、クモ（スパイダー）などで、これらが代表的なフライパターンになっている。

川へ行く時のフライの選び方

フライフィッシングの用語に「マッチ・ザ・ハッチ」という言葉がある。ハッチしている虫に合わせたフライを使って釣る、という意味である。

川にはさまざまな水生昆虫がいる。それらを覚え、それに合わせたフライを作ったり買って用意するのは初心者には難しい。最初は大まかに「たくさんの種類のメイフライ、ストーンフライ、カディスがいる」と覚えておけば、そのうちによく見かけるものは自然と覚えて、それに合わせたフライを使えるようになる。

まずは釣行する季節に合わせて、汎用性の高い、いわゆるオールパーパス（多目的）なフライを選び、あとは実際に現場で見かけた虫を参考に使い分ければよいだろう。

たとえば季節が初夏の5月だとすると、メイフライとカディスを多めに、陸生昆虫（テレストリアル）を少し用意する。ドライフライ中心でかまわないが、ニンフも少し持って行く。

ドライフライ

フライパターン例
（カラー写真は23~26 頁に掲載）

オオクママダラカゲロウ

エルクヘアカディス

パラシュート

CDC ダン

アント

スパイダー

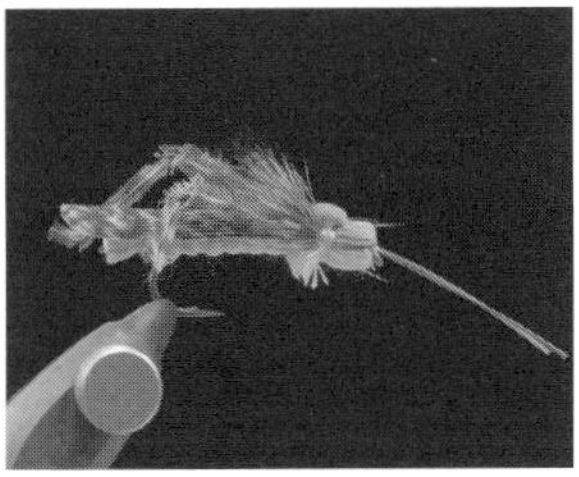
グラスホッパー

ビートル

カメムシ

セミ

モンカゲロウ

ミッジ

ドラゴンフライ

カディス・ブラック

具体的にその10個を想定してみよう（カッコ内は個数）。

ブラウンパラシュート#12（1）、#14（2）、#16（1）
CDCダン#14（1）
エルクヘア・カディス#14（1）
アントパラシュート#14（1）
ヘアズイヤーニンフ（ビーズヘッド）#12（1）、14（2）

　パラシュートパターンは、メイフライがハッチしている時だけではなく、春のオールパーパスなドライフライとして使える。#14を中心に前後のサイズを持っておくと、ハッチがあった時にサイズを合わせて使用できる。5月の天気がよい日にはアリが河原を歩いているのを見かける。その時はアントフライを使うと反応がよいことがある。

　たとえば7月の山岳渓流へ行くなら、10個のフライは次のような内容になる。

エルクヘア・カディス#12、14（両サイズともブラウン、ブラックボディー各1で計4）
アントパラシュート#12、14（各1）
ビートル#12、14（各1）
ヘアズイヤーニンフ（ビーズヘッド）#12、14（各1）

　カディスパターンは、カディスのイミテーションとしてだけでなく、ボディーを黒くすることで陸生昆虫（テレストリアル）のオールパーパスなドライフライとして使える。キラキラしたビートルフライも持って行こう。

　以上は5月と7月の一例だが、フライは木の枝に引っ掛けてなくしたり壊れたりするので、実際には10個といわずなるべく多く持って行くことをお勧めする。

湖沼へ行く時のフライの選び方

　湖沼のトラウトは、エサとなるワカサギなどの小魚がいる場合はそれらが捕食の中心となる。いわゆる「マッチ・ザ・ベイト（Bait＝エサ）」である。一方で、虫を模したフライを使うこともある。大型の虫、たとえば日本で最大のメイフライであるモンカゲロウや、陸生昆虫のセミ、カメムシ、秋はトンボのフライを使うこともある。これらも釣りに行く場所や時期によって変わってくる。

　たとえば3月の芦ノ湖で岸から釣る場合は次のようなフライを10個用意する。

ウーリーバガー#8、10（両サイズともブラックとブラウン各1）
マラブーストリーマー#8、10（両サイズともオリーブ各2、ブラック各1）

　3月の芦ノ湖は水温、気温ともに低く、水生昆虫のパターンはいらないと判断した。リトリーブの仕方では、エビのパターンとしても、ストリーマーとしても使えるウーリーバガーを、色とサイズを変えて用意した。あとは、根掛かりしてロストしてもいいように、マラブーストリーマーのオリーブは各2個とした。

　たとえば8月の菅沼（群馬県の山上湖）で、ボートで釣る場合だとこうなる。

エルクヘアカディス・ブラック#8、10（各2）

ニンフ

ゴールドビーズ・ヘアズイヤー

ヘアズイヤー

ストリーマー

ウーリーバガー

マラブーストリーマー

ウエット

ソフトハックル

スタンダードウエットフライ

ビートルパターン＃10（1）
カメムシパターン＃10（2）
ドラゴンフライ（トンボ）＃6（1）
ウーリーバガー＃10（2）

菅沼は8月になるといろいろな陸生昆虫が飛ばされて水面に落ちる。またエサとなる小魚が少なく、虫のパターンのほうがよく釣れる。ただ、気温が低い早朝は虫が水面に落ちてこないので、その時間帯だけはウーリーバガーを沈めて使う。

湖沼のフライの選択は時期と場所によってかなり変わってくるため、その湖沼での経験が必要になる。初めて行く場合は、本で情報を調べたり、釣具店で教えてもらったほうがよいだろう。

秋に丸沼でヒットしたニジマス。湖沼のフライの選択は、季節や対象魚によって大きく変わってくる

フライフィッシングのお勧めシステム
フィールド・スタイル・キャリア別

①広い川（渡れない幅、深さ）でヤマメをねらう

<初心者>

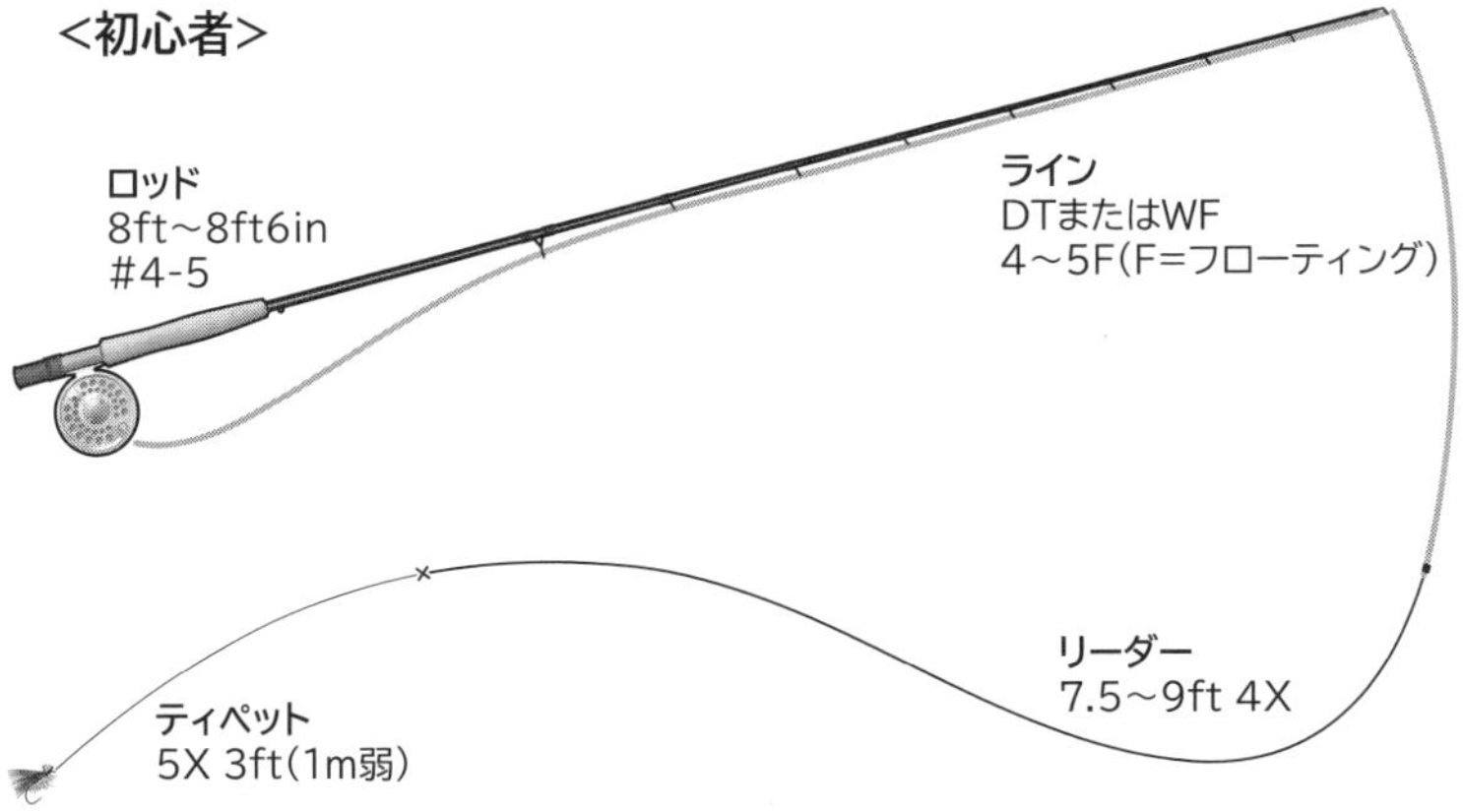

<初心者～中級者>

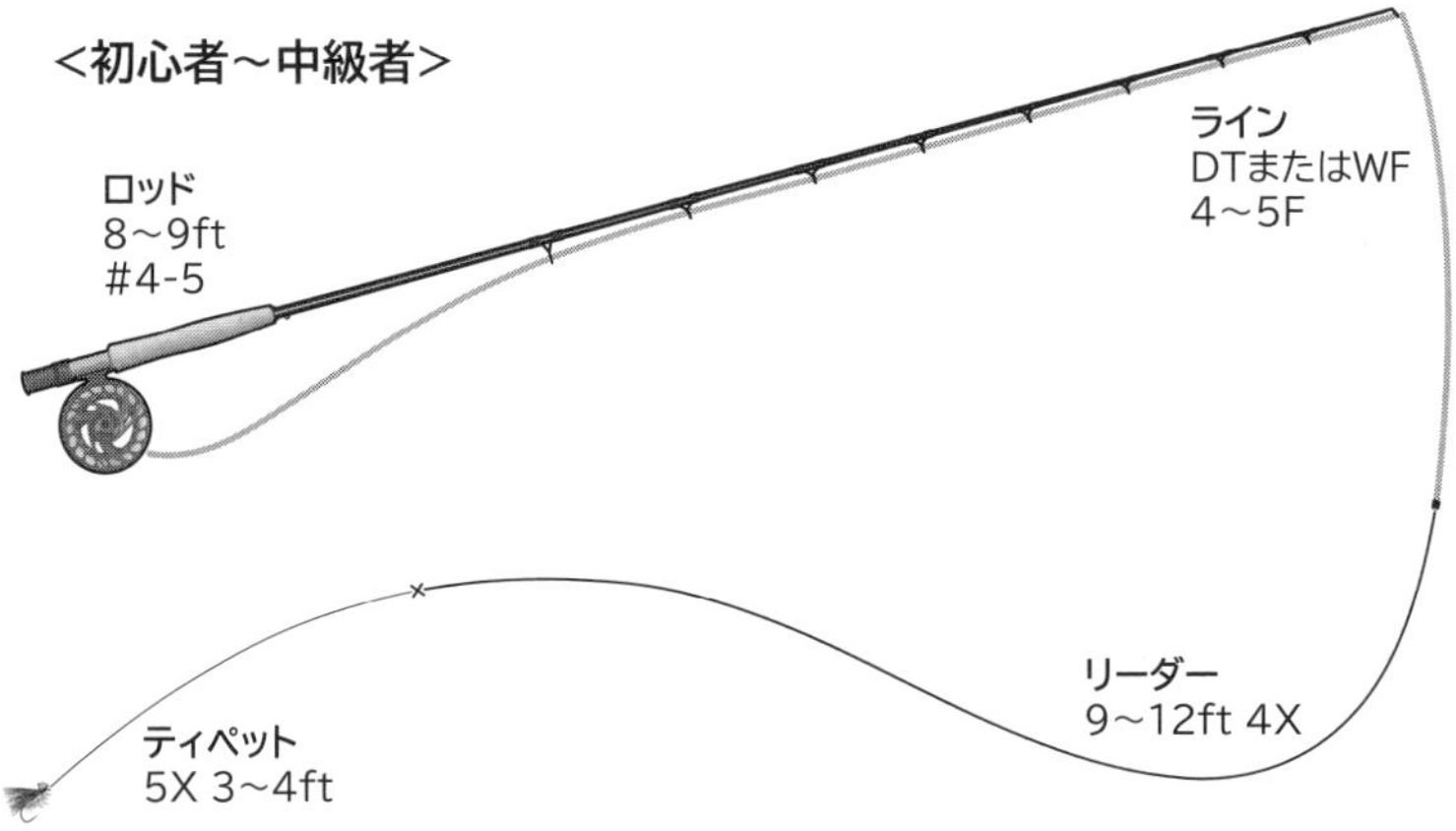

②一般的な渓流（渡れる程度）でヤマメやイワナをねらう

<初心者>

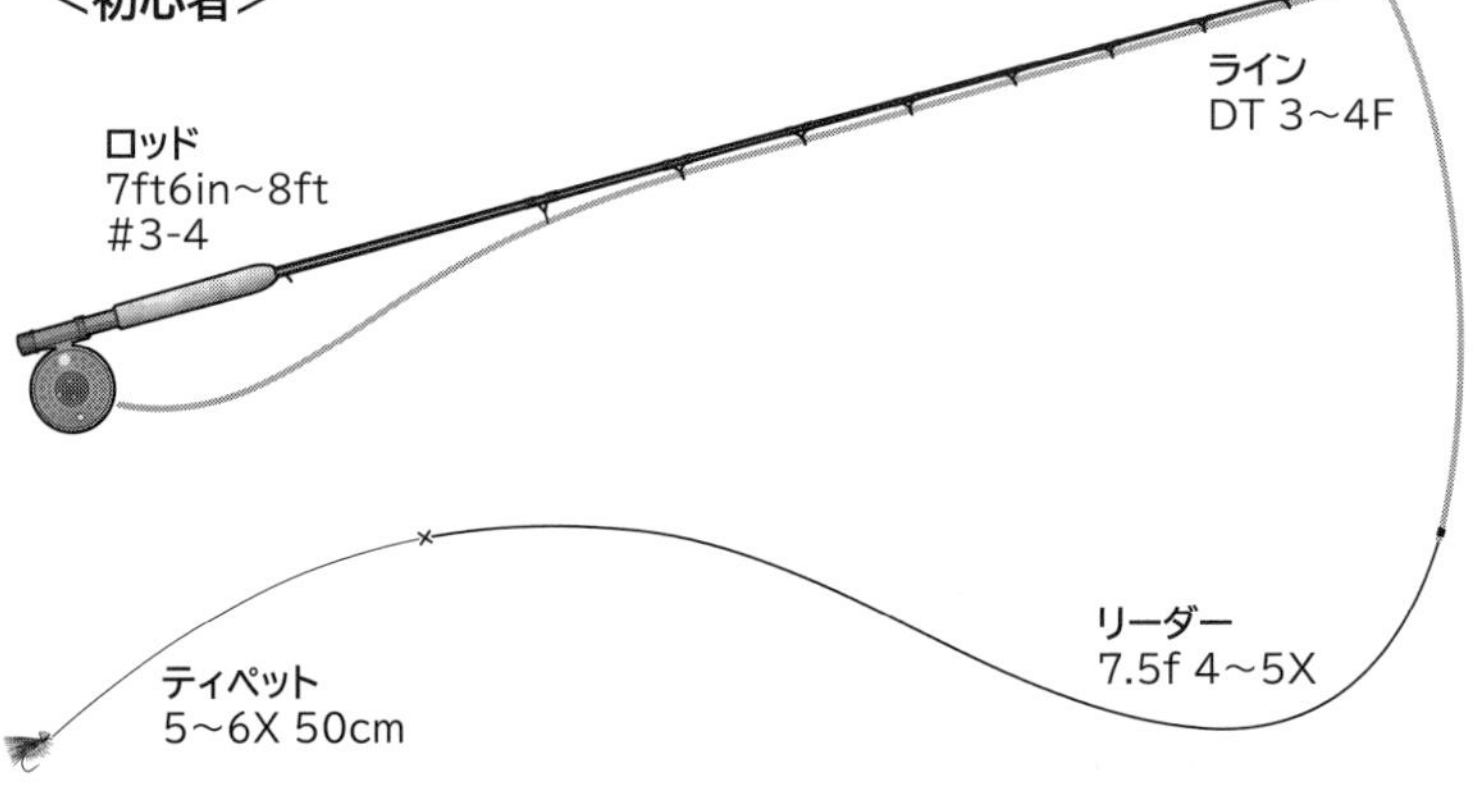

②続き・一般的な渓流（渡れる程度）でヤマメやイワナをねらう

<初心者～中級者>

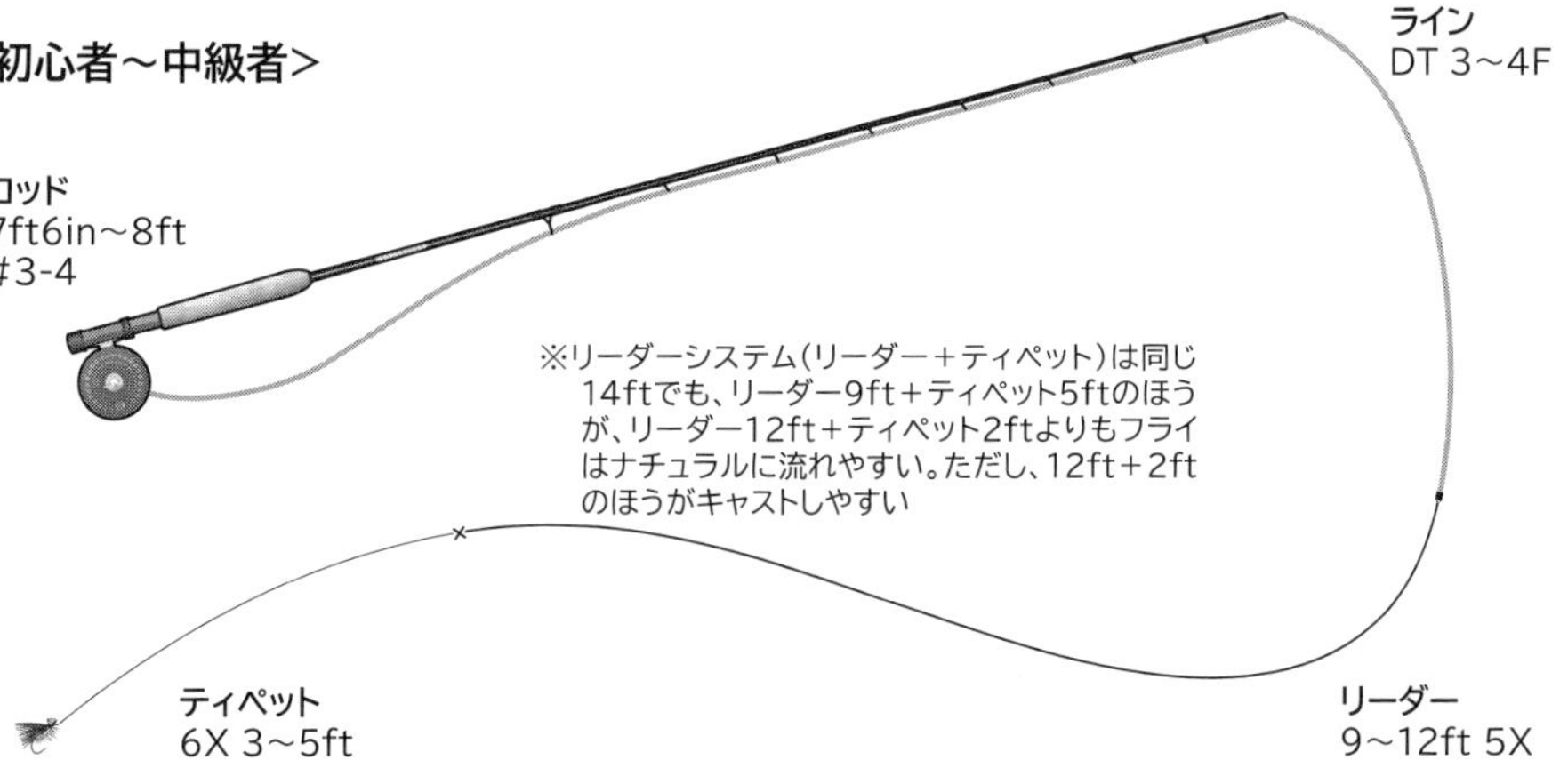

③小渓流や沢（所々で木の枝が邪魔するような流れ）でヤマメやイワナをねらう

<初心者>

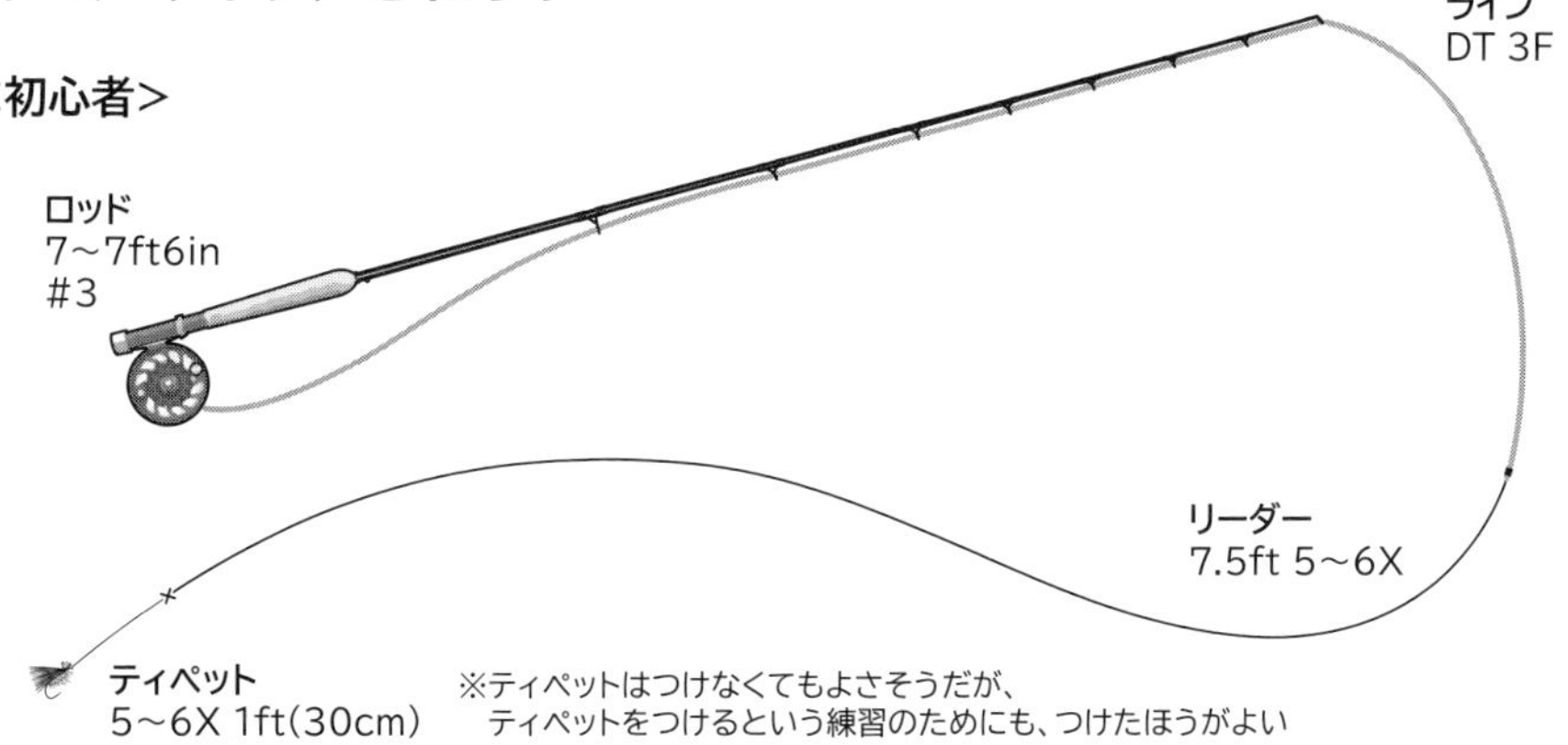

※ティペットはつけなくてもよさそうだが、ティペットをつけるという練習のためにも、つけたほうがよい

<初心者～中級者>

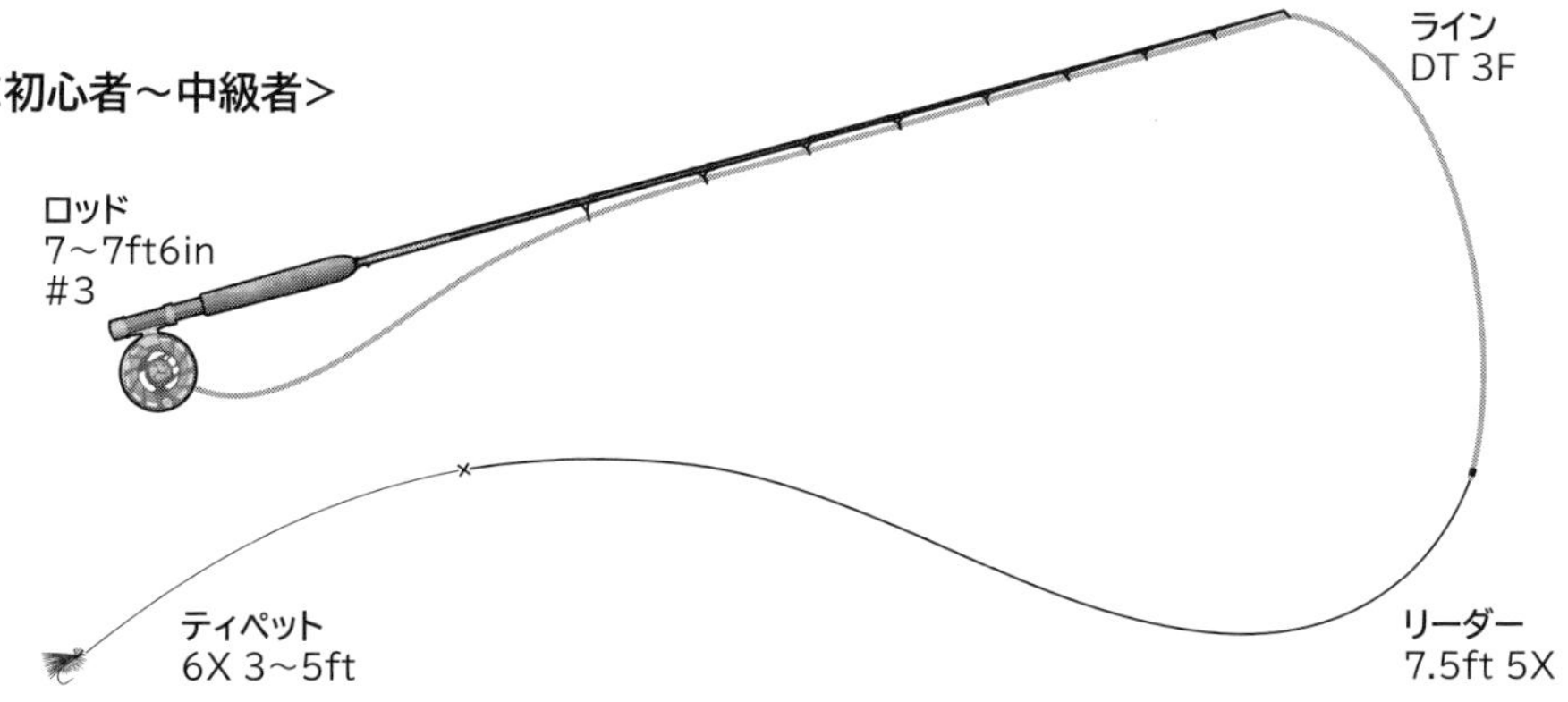

④湖沼でボートからトラウトをねらう

ドライフライで釣る<初心者～中級者>

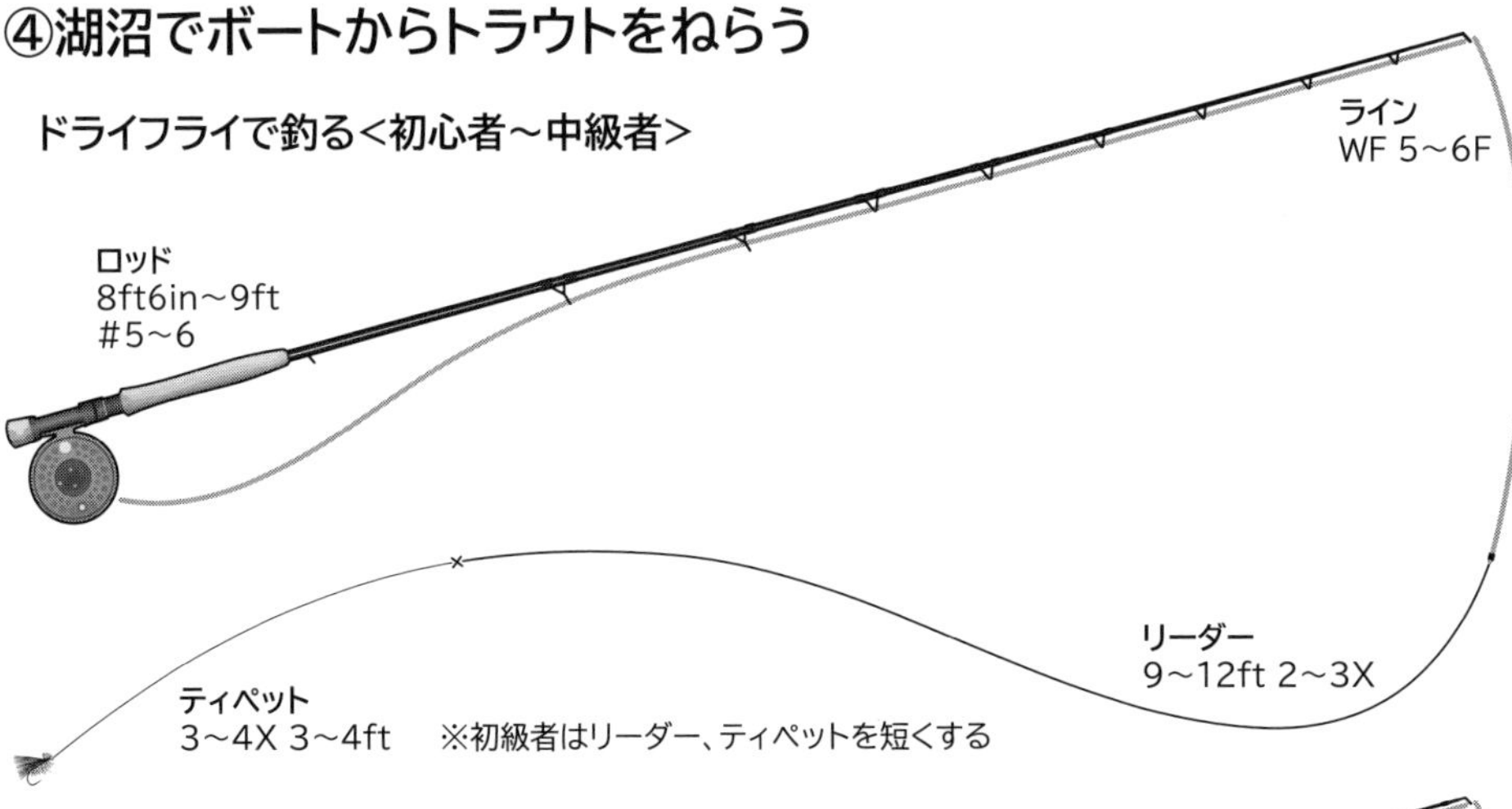

シンキングラインで釣る<初心者>

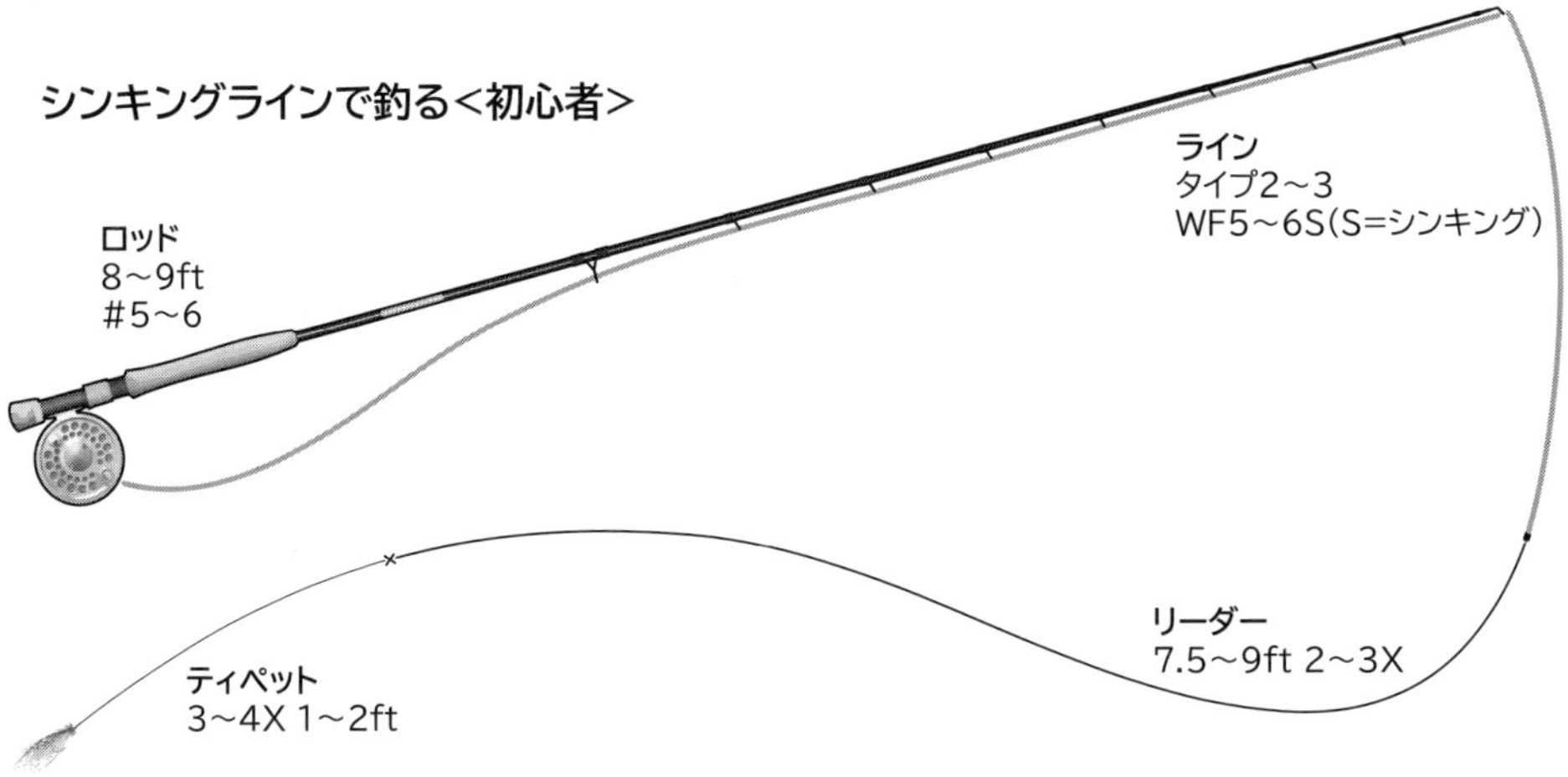

シンキングラインで釣る<初心者～中級者>
A=フルラインを使う

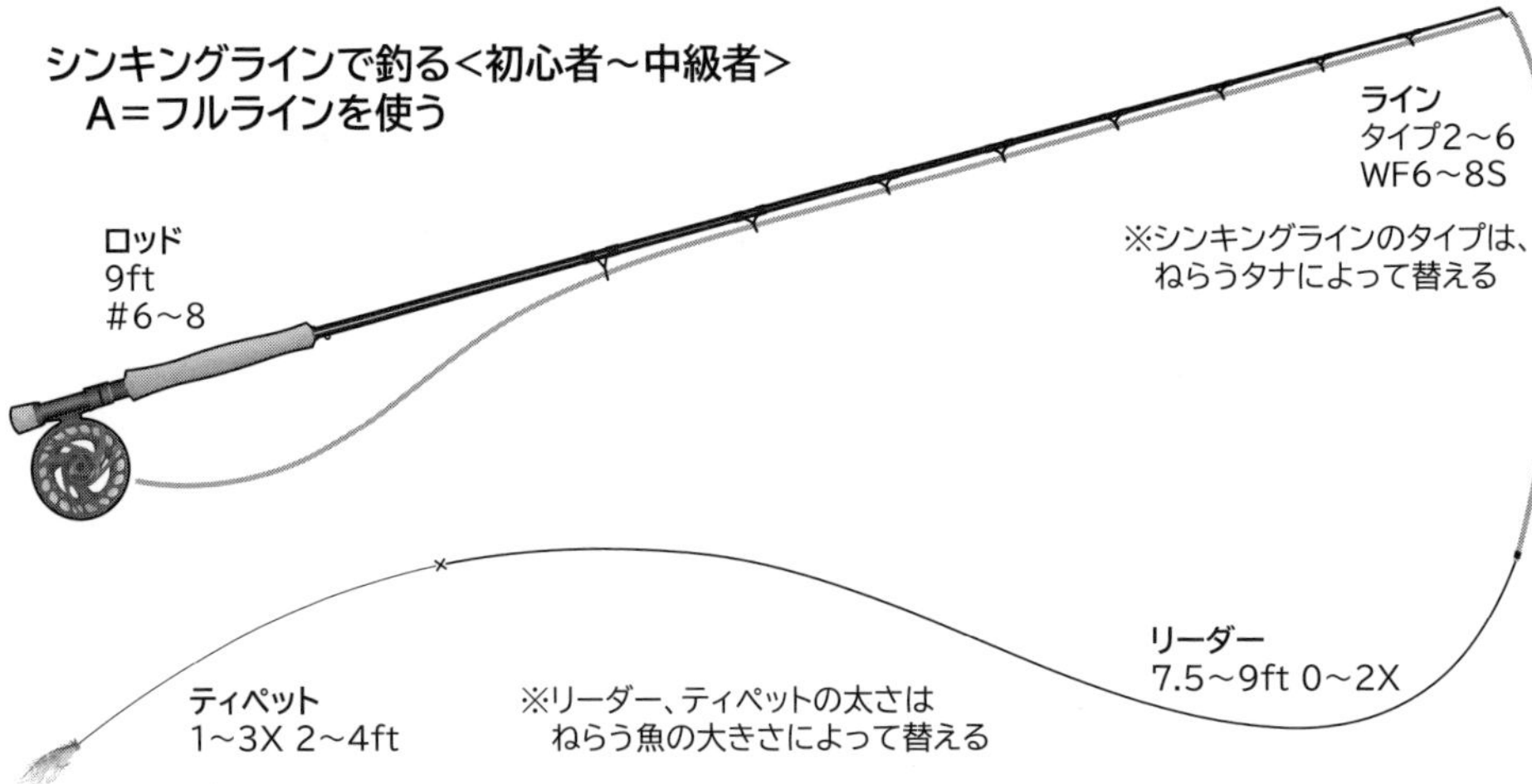

④続き・湖沼でボートからトラウトをねらう

シンキングラインで釣る<中級者>
B＝シューティングヘッドを使う

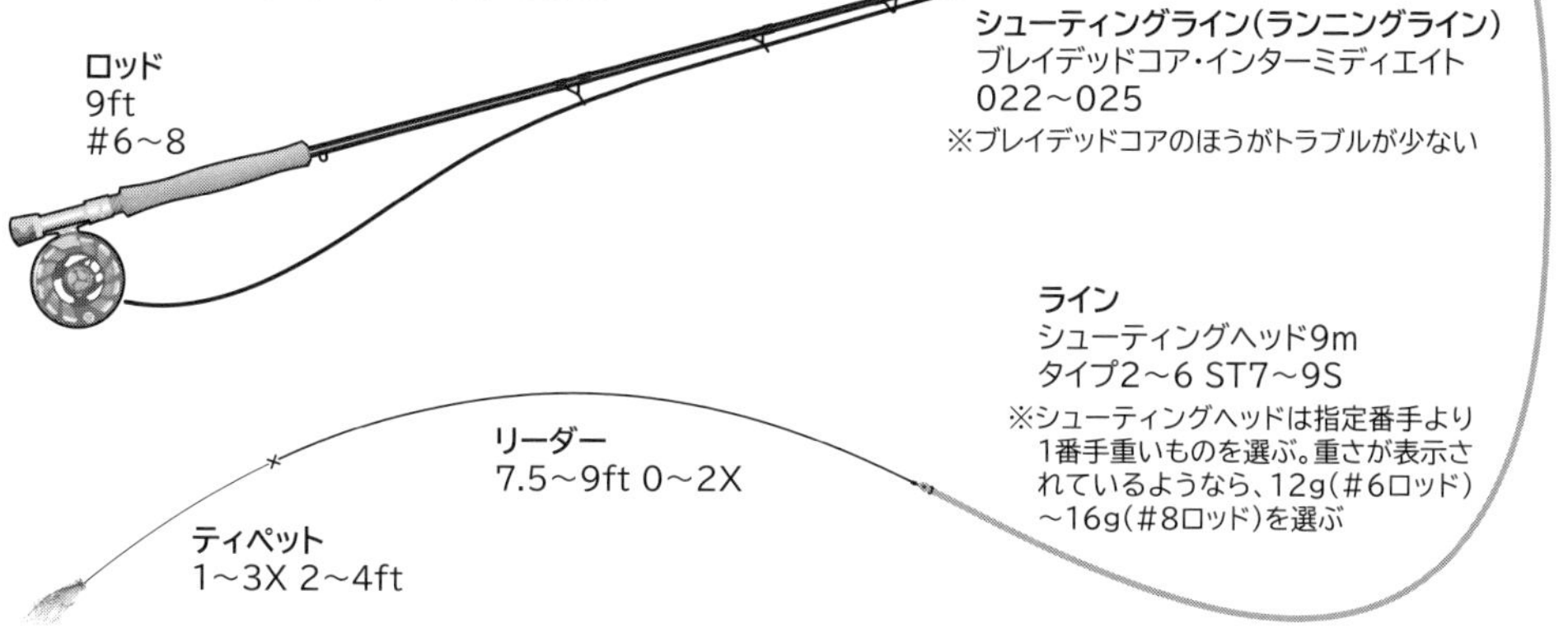

⑤湖沼で岸からウエーディングしてトラウトをねらう

ドライフライで釣る
（ボートからドライフライで釣ると同じ）

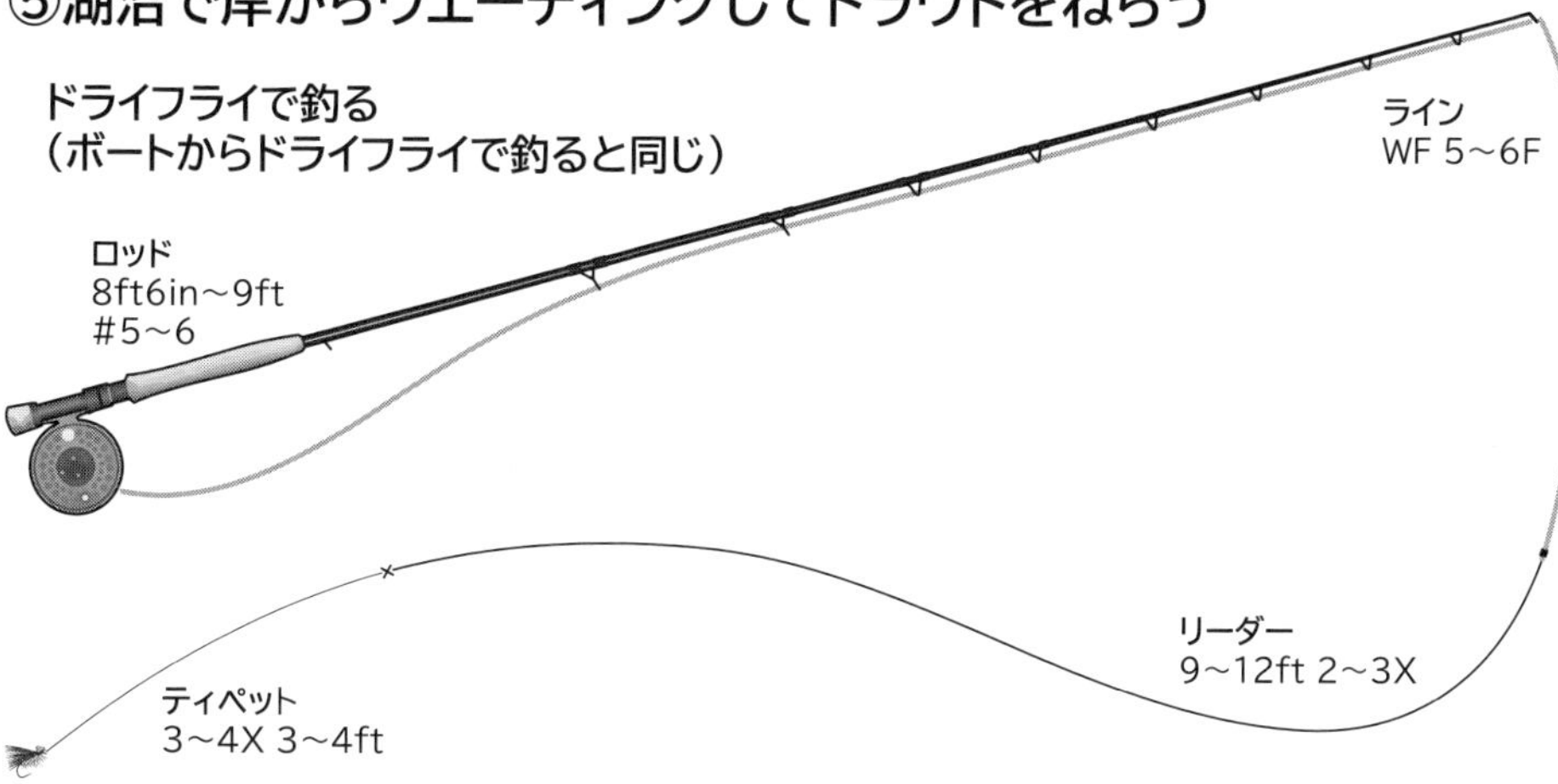

シンキングラインで釣る<初心者>

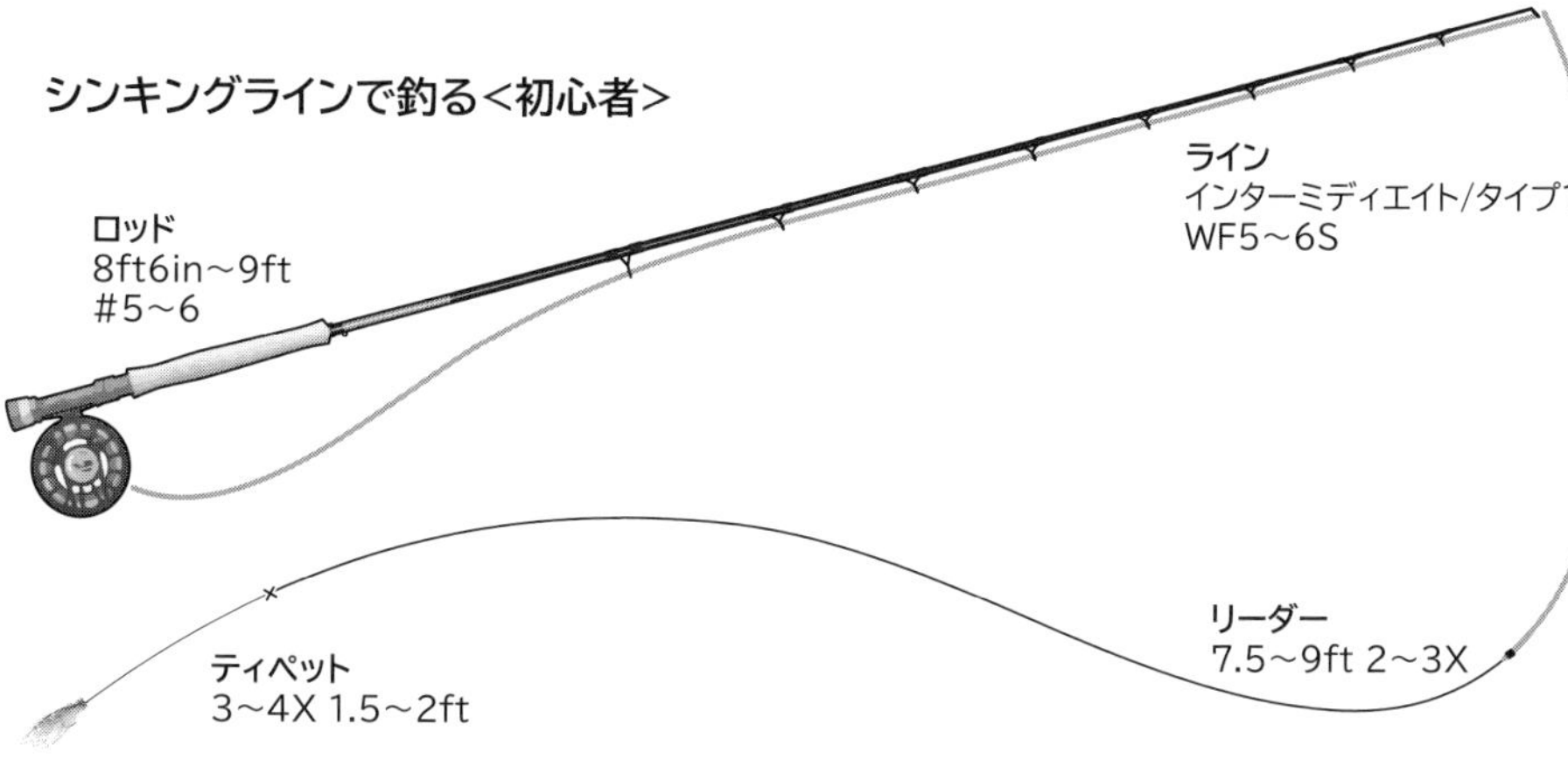

⑤続き・湖沼で岸からウエーディングしてトラウトをねらう

シンキングラインで釣る<初心者～中級者>

A＝フルラインを使う

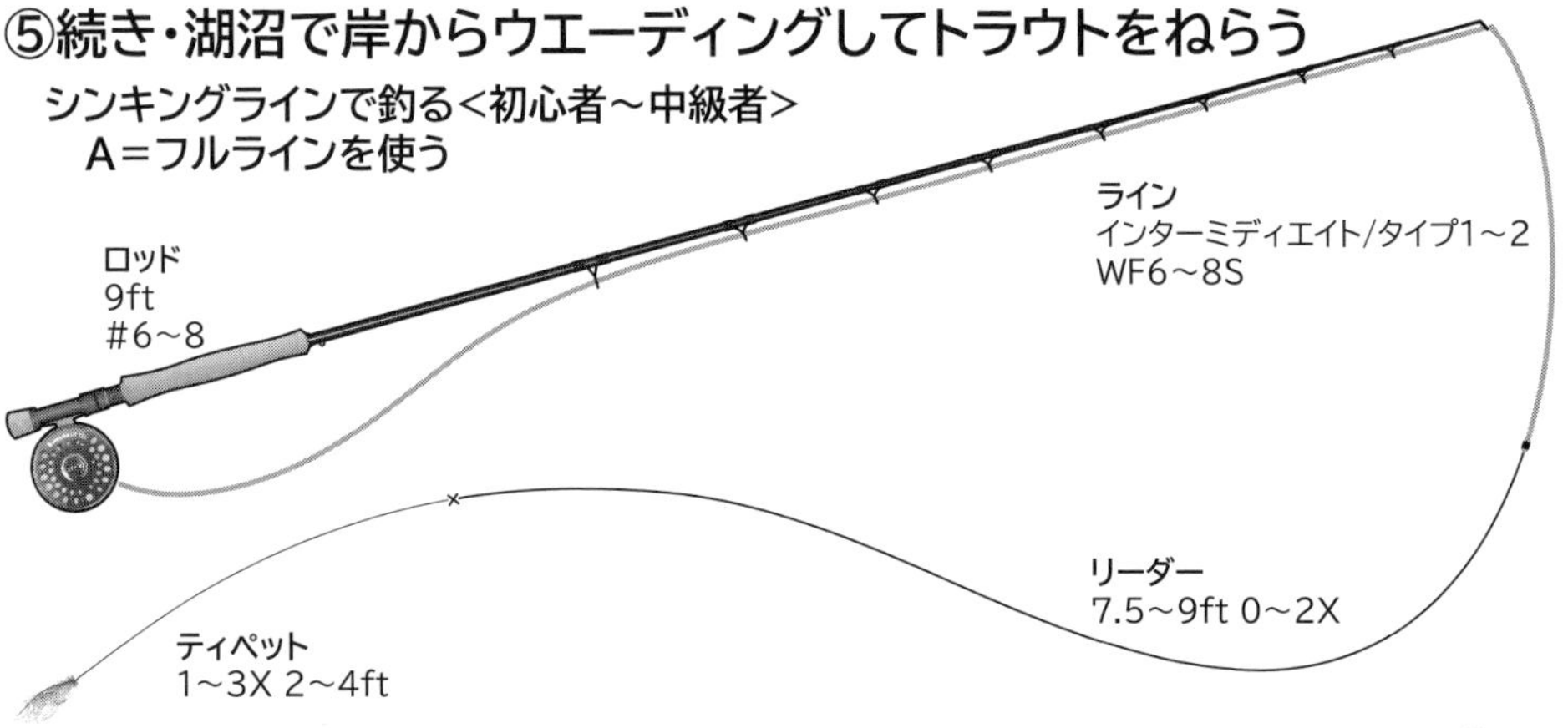

B＝シューティングヘッドを使う<中級者>
（ボートから釣る場合のシステムを参照）

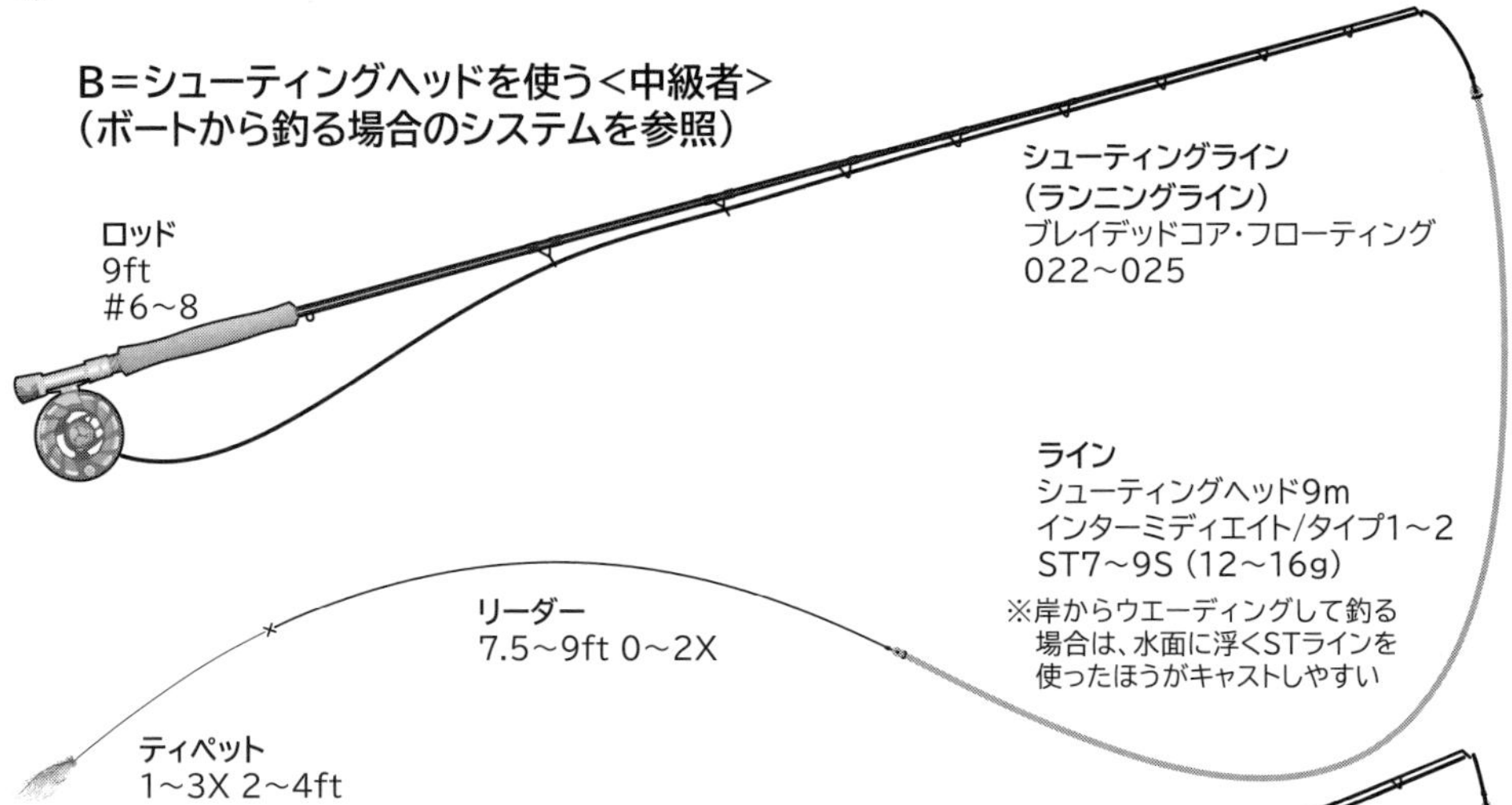

C＝ツーハンドロッド

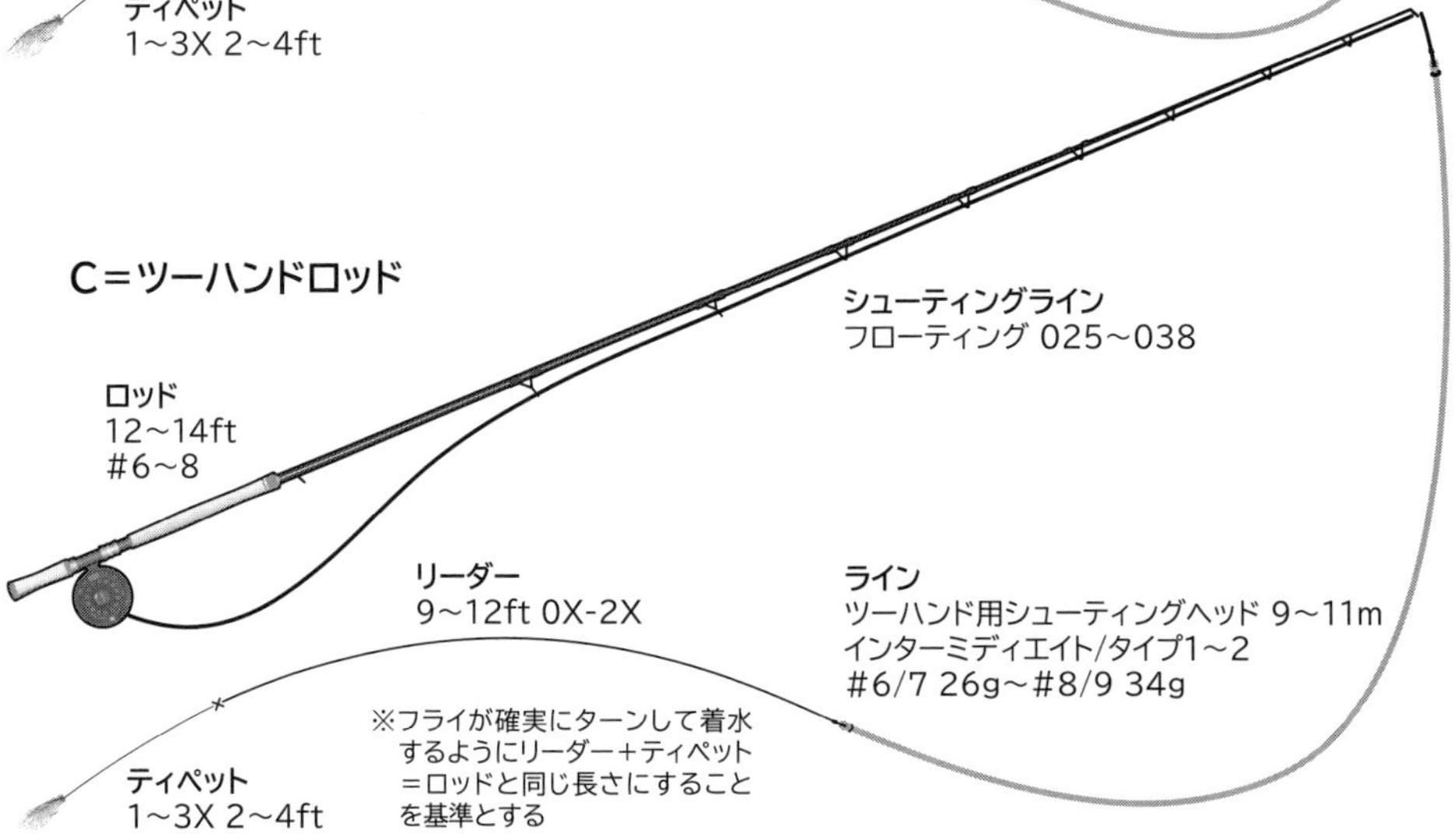

⑥管理釣り場のポンドでトラウトをねらう

<初心者>
ドライフライで釣る

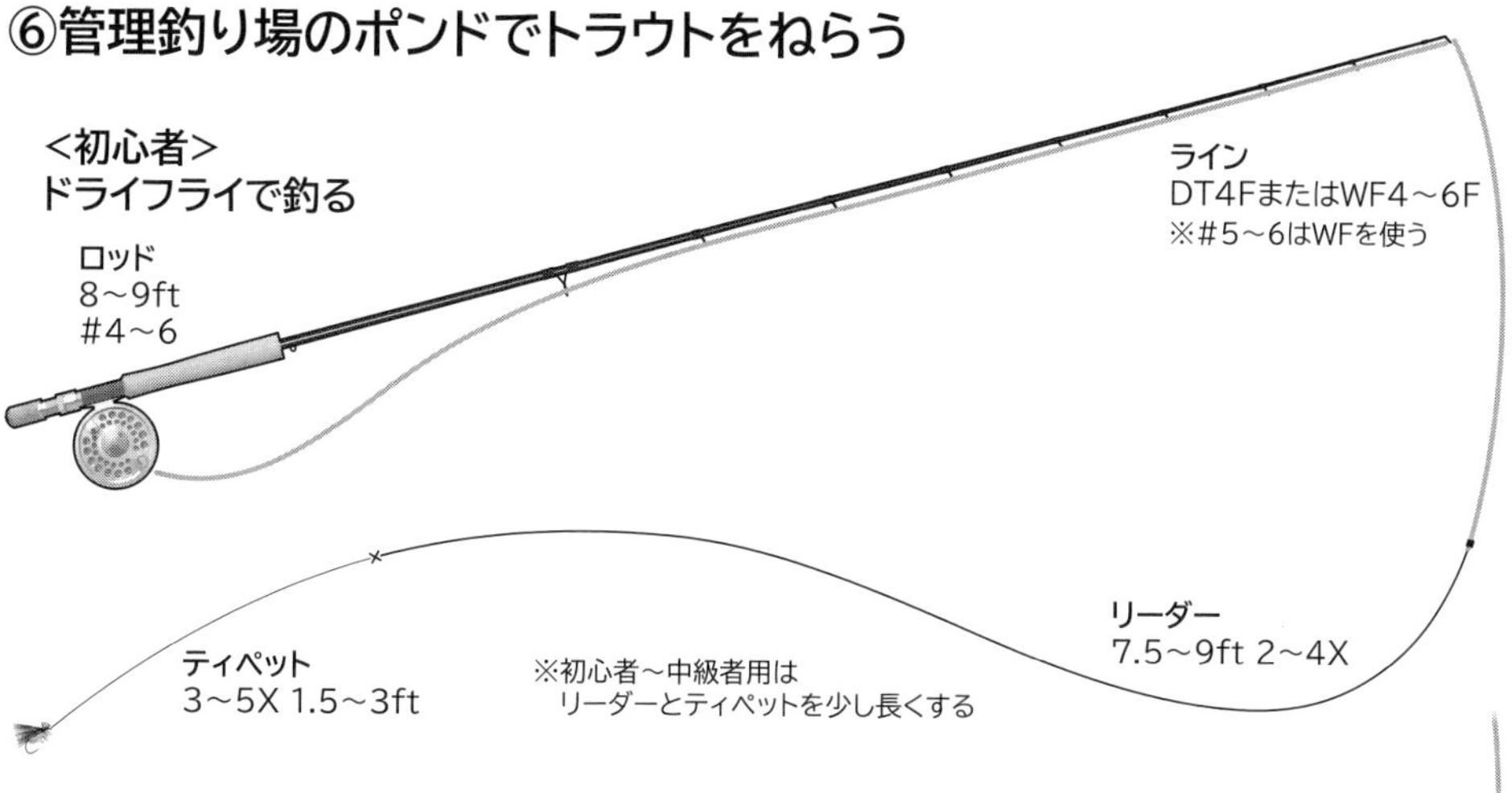

インジケーター（マーカー）をつけてニンフやウエットで釣る

ロッド、ライン、リーダーは「ドライフライで釣る」と同じ

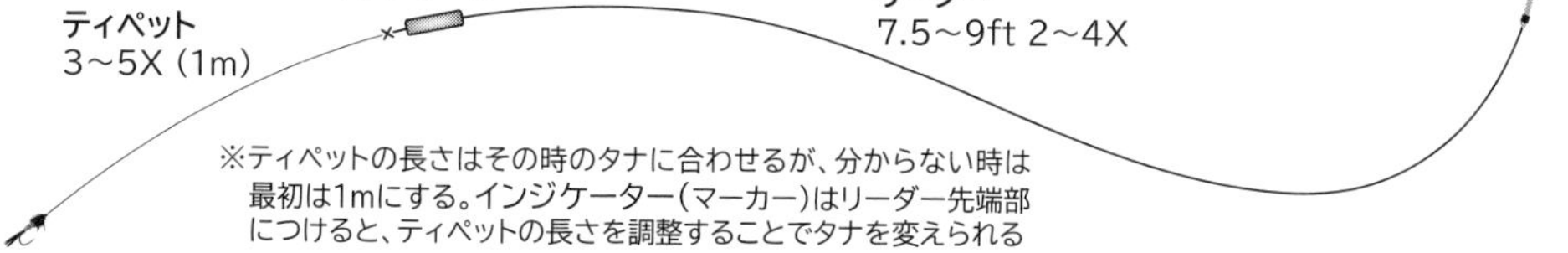

シンキングラインで釣る
<初心者～中級者>

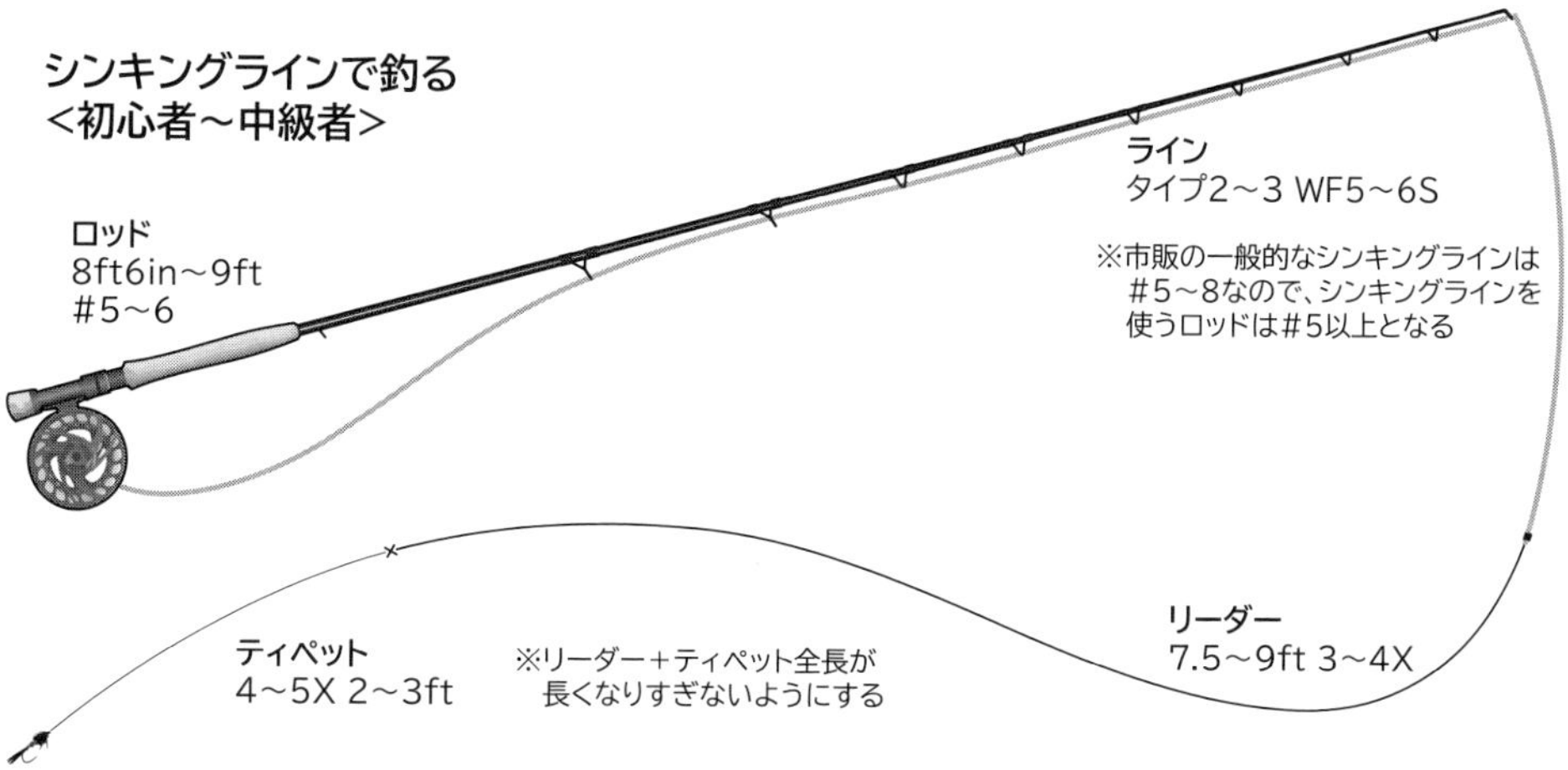

<中級者>
シューティングヘッドを使う

※⑤湖沼で岸からウエーディングしてトラウトをねらうの「シューティングヘッドを使う」のシステムと同じ。
リーダーとティペットは少し細くする

⑦管理釣り場のストリームでトラウトをねらう

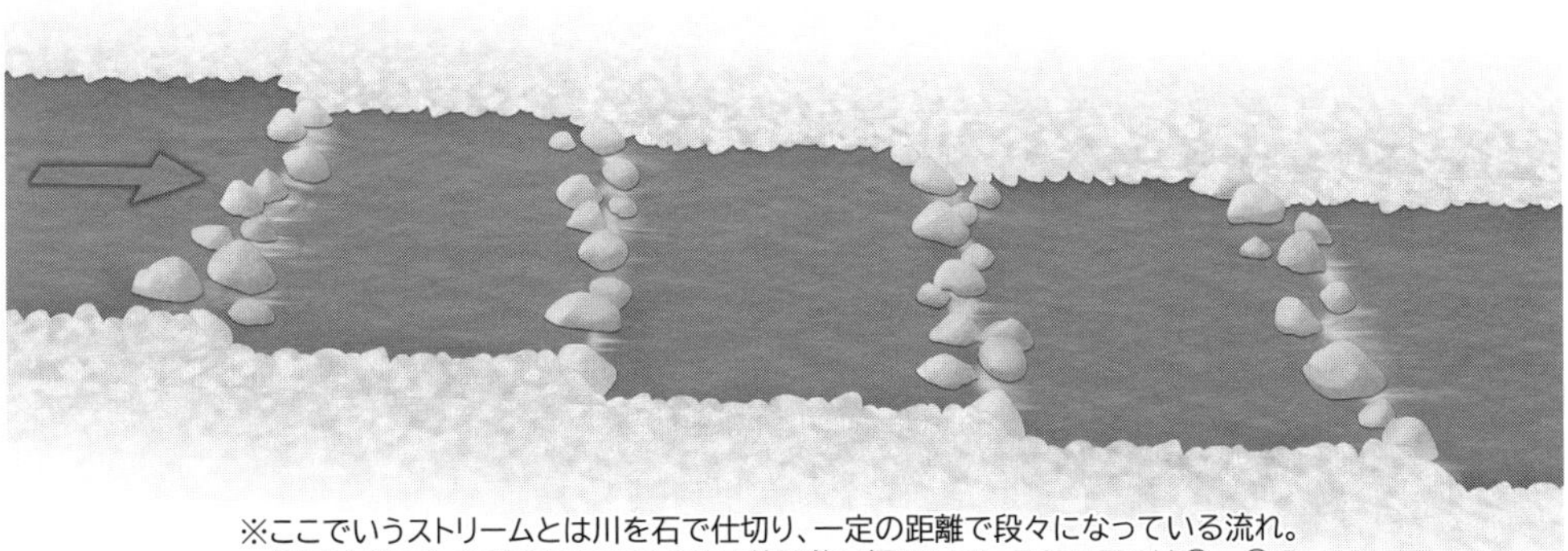

※ここでいうストリームとは川を石で仕切り、一定の距離で段々になっている流れ。仕切りがなく、自然の流れをそのまま管理釣り場にしているところでは①〜③の渓流のシステムを使い、大型のトラウトが入っている場合はリーダーとティペットを少し太くする

<初心者>（初心者〜中級者はリーダーとティペットを長めにする）
ドライフライで釣る

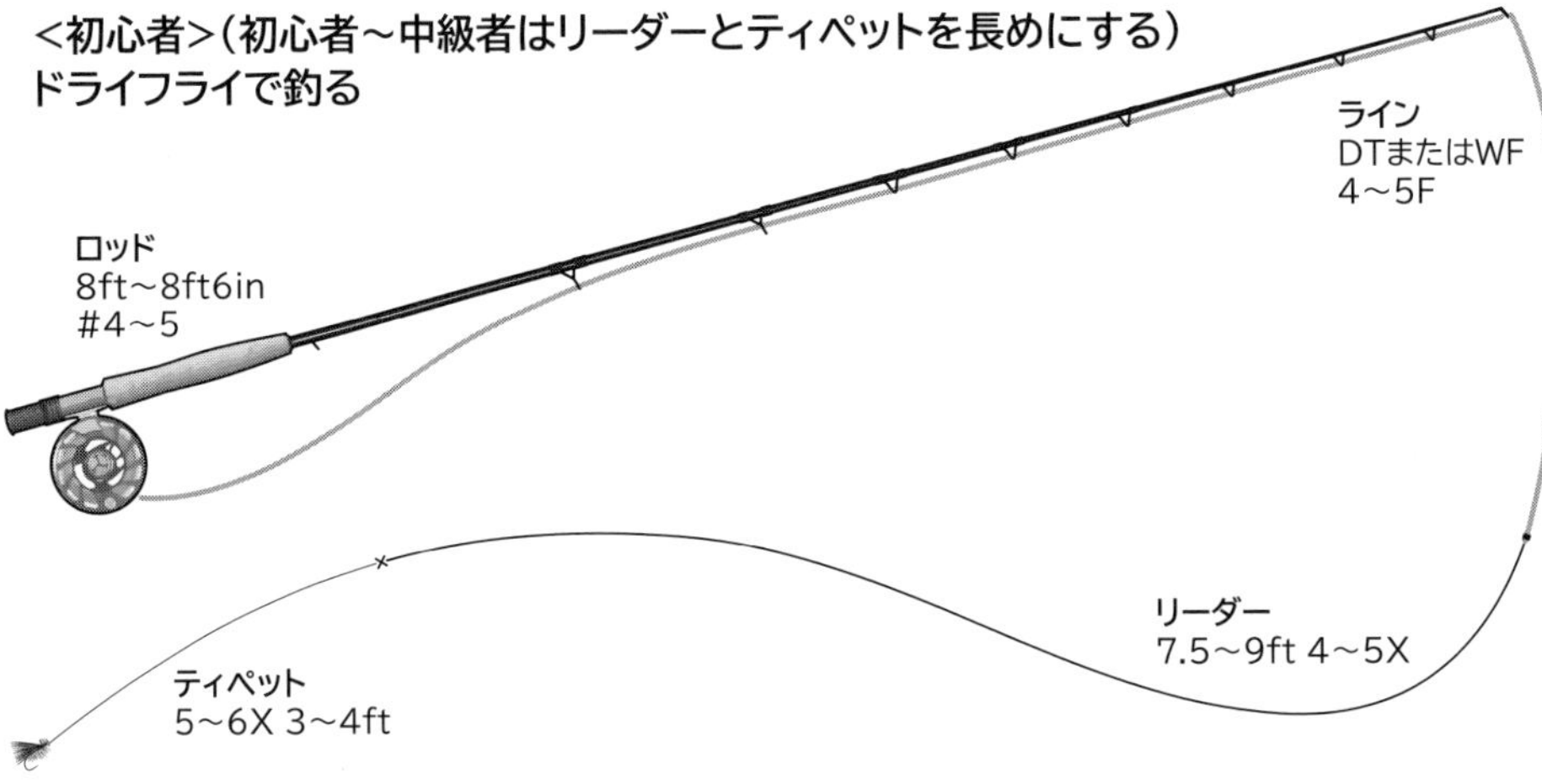

ニンフで釣る

ロッドとライン、リーダーは
ドライフライで釣る場合と同じ

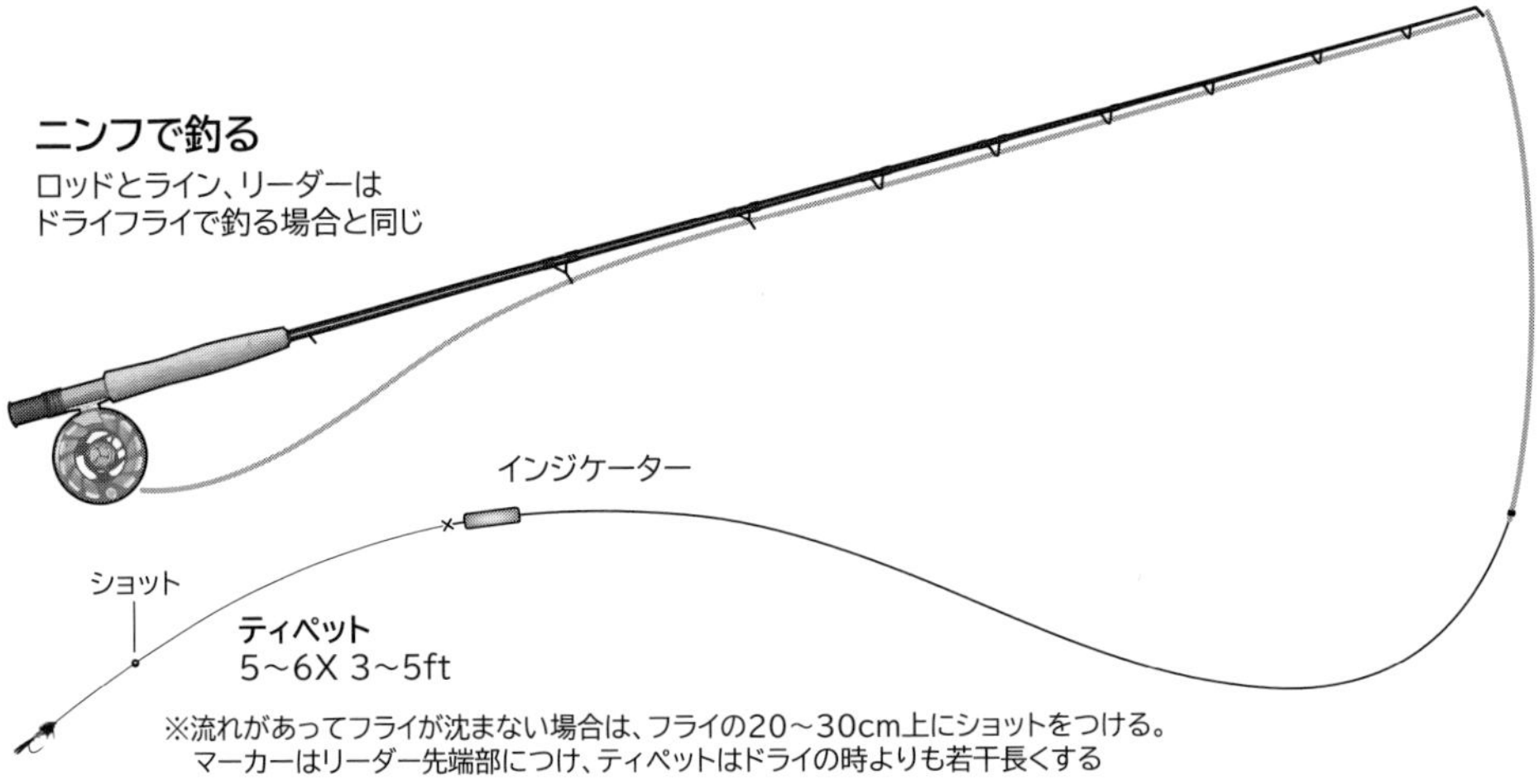

※流れがあってフライが沈まない場合は、フライの20〜30cm上にショットをつける。
マーカーはリーダー先端部につけ、ティペットはドライの時よりも若干長くする

作業がしやすいように整えられたタイイングデスク。釣り場を想像しながらフライを巻くひとときはまさに至福の時間

フライタイイングの勧め

前半の「3日でマスター術」を習得したら、フライを作る＝フライタイイング（以下タイイング）にも挑戦しよう。

フライフィッシングにはフィッシング、キャスティング、タイイングと3つの大きな要素がある。次に行く川や湖でその季節、魚が何を食べているか思いを巡らせフライを巻くのは至福の時間だ。

以前お店でこんなことがあった。初めてタイイングをするというお客さんにセット一式をお買い上げいただき、詳しく説明した。しばらくしてそのお客さんが来店されたのでようすをお尋ねすると、夢中で毎晩のようにタイイングされているという。そして仕事帰りにお酒を飲むことがなくなりお金も使わず、早く帰るので奥さんも大喜び。これは、タイイングが単なるコマーシャルフライを購入しなくてすむという節約の話ではなく、人生に新しい楽しみが1つ増えた好例だと思う。

タイイングを始めるための費用

タイイングのセットは、ツール（道具）とマテリアル（材料）とテキストなど一式で1万円くらいからある。コマーシャルフライは1個250～400円。釣りに行くと、枝に引っ掛けてロストしたり魚が掛かって壊れたりするので、釣行のたびに5、6個購入しなくてはならない。それを考えると、コスト的にはそれほど高くはない。

なかにはもっと高いセットのほうがよいのではないかと悩まれる方もいると思うので、タイイングツールとマテリアルについて、もう少し詳しく説明しよう。

タイイングツールには、バイスというフックを挟んで固定する小さな万力がある。これが一番値段差が大きく、2000円くらいから10万円を超える高額品まである。違いは何か、また安いバイスでも使えるのかが気になると思う。

バイスの値段の違いは耐久性、精密性、機能性、デザイン、製造元である。安価なバイスとツールはほとんどがインド製

Day 4 以降

で、これは不思議に思う方もいると思うが、インドが昔イギリスの植民地だった時代に工場ができたらしい。

安価なセットのバイスは4000〜5000円のインド製が多い。確かに高価な製品と比べると耐久性で劣るが、初心者が通常のペースで巻くなら2、3年は充分使える。機能も劣るが、一般的なフライが作れないことはない。

バイス以外の他のツールにも同じことがいえる。シザーズ（ハサミ）を例に挙げると分かりやすい。安価なシザーズでも最初のツールとしては充分だ。ただし先端が厚く細部までは切れない。シザーズは高価な製品ほど、切りづらい素材もスパッと簡単に切れる。タイイングが上達してたくさんパターンを巻きだすと、安価なものでは満足出来なくなる。

要は、少ない予算で始めたい方は安価なセットで始め、これから先もタイイングをすると思えた時点から徐々によいツールを揃えていくとよい。ツールは複数必要になるので、最初に買った製品も無駄にはならない。予算に余裕があれば、最初からよいツールを使えばそのぶんフライが巻きやすいし、モチベーションにもつながるだろう。当然高価なツールは耐久性も高く、長く使うことができる。

マテリアルは1個のフライに少量しか使わないので、ハックル（羽根）などの貴重な素材を除けば費用はわずかだ。たとえばファーという素材は、1袋500円くらいで100個以上のボディーを作れる。ただし、マテリアルは種類ごとにカラーが何色もあり、ものによってはサイズもあるので無数に存在する。タイイングが上達するといろいろなフライを作りたくなるので、その都度少しずつ揃えていけばよい。

あとは、フックが必要。これは20〜25本入りで500〜700円である。

タイイングは難しくないのか

タイイングは難しいと思っている入門者は多いだろう。実際は思ったより簡単である。私はお店で初心者向けのタイイングスクールを開催していた。初めての方でも2時間後には、実際の釣りに使えるフライを2、3個作り持ち帰っていた。慣れれば巻く時間も短くなる。

お店のコマーシャルフライはきれいだが、ほとんどは人件費の安いタイなどの東南アジアで作られている。現地では若い女性が工場でフライを作っていて、もちろん釣りはせず、ただ教えられたとおりに毎日100個以上巻いている。作り方は私たちと一緒だが、スピードは真似できないくらい早い。つまり、不器用だと思っている方も巻いているうちに確実に上手く、早く作れるようになるので、まだの方はぜひ思い切って始めてほしい。

タイイングすると自然観察力も上がる

タイイングを始めると、魚が捕食しているものが何か知りたくなる。そしてその虫がいつ出るのか、どんなパターンを巻いたらよいかを知りたくなる。

ある日お店でお客さんが、釣りに行った時に川で捕まえた水生昆虫を小瓶に入れて持参され、私に見せて言った。

「このカゲロウは何ですか？　ハッチ（羽化）していてライズがあったのに釣

れなかった。この虫に似せたフライを作るにはどんなパターンがよいですか？」

その瓶に入っていたのはオオクママダラカゲロウのようだった。

「これは春にハッチするオオクママダラカゲロウだと思います」とお答えし、巻きやすいパターンをお教えしてマテリアルを揃えてあげた。

また、こんなこともあった。5月に関東の渓流へ釣りに行くというお客さんから、フライは何を作ったらよいかと聞かれストックをたずねると、アント（蟻）のパターンは持っていないという。

「5月の晴れた日は、結構アリが川岸を歩いています。アリがいたらぜひ使ってみてください」とお答えして、アントパターンのマテリアルをお勧めした。

フライの水生昆虫の本には、虫の写真、大きさや色、ハッチ形態やハッチする季節まで書いてある。だから水生昆虫を見つけると名前やハッチ形態を調べたくなり、その虫を模したフライを巻く。

トラウトが捕食するのは水生昆虫だけではない。流れに落ちたアリやビートル、バッタなど陸生昆虫もエサになる。釣り人は川岸をよく観察して、当然、陸生昆虫を模したフライも巻くようになる。

次の釣行に備えてフライを巻く時、その地域の季節の進み方は早いか遅いか、雪代が終わってどれくらい経つのか、釣行予定日は天気がよいか悪いか……あれこれを思い浮かべてフライを作っていると、あっという間に時間が過ぎていく。

タイイングを始めるにあたって

タイイングを始めようと思った方に具体的にアドバイスをしよう。セットではなく単品で揃えたい方、道具をもらったがこれでよいのか分からないという方に、ツール、マテリアル、フックと分けて、最初に最低限必要なものを説明しよう。

●ツール

・バイス

フックを挟む小型の万力。5000円以下の安価な製品でも充分だが、2～3年使うと先が凹み使えなくなる場合もある。卓上型のペディスタルと、テーブルに挟むタイプのクランプがある。形は、一般的な形のスタンダードと、回転してもフックが水平を保つオフセットがある。また、機能的にジョー（フックを挟むところ）が回転できるものをロータリーという。初心者には、置く場所を選ばないスタンダードタイプのペディスタルをお勧めする。ロータリー機能がついていれば申し分ない。

・シザーズ

500円くらいからあり、高価なものは1万円を超える。シザーズは値段なりで高くなると先端が鋭利で薄くなり、細かいところまでよく切れる。ただし、ワイヤや紙を切ることもあるのでそのために安価なシザーズも必要である。

・ボビンホルダー

マテリアルを巻き留めるスレッド（糸）のボビンを保持するツール。400円くらいの廉価品と2000円以上する高価なものがある。価格の違いは、先端が金属製かセラミックか（後者が高価）。細いスレッドの場合は、セラミック製のほうが糸切れのトラブルが少ない。ボビンホルダーはどんどん増えていくので、最初は安価なものでもかまわない。

タイイングツール

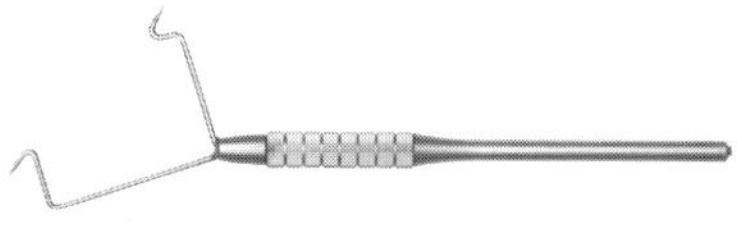

ウィップフィニッシャー
二手に伸びた細いアームの先にスレッドを掛け、くるりと回して三角形を作り、頂点をフックのアイ付近に押し当ててアイを中心に数回転させ、アームからスレッドを抜くと、スレッドが結ばれている

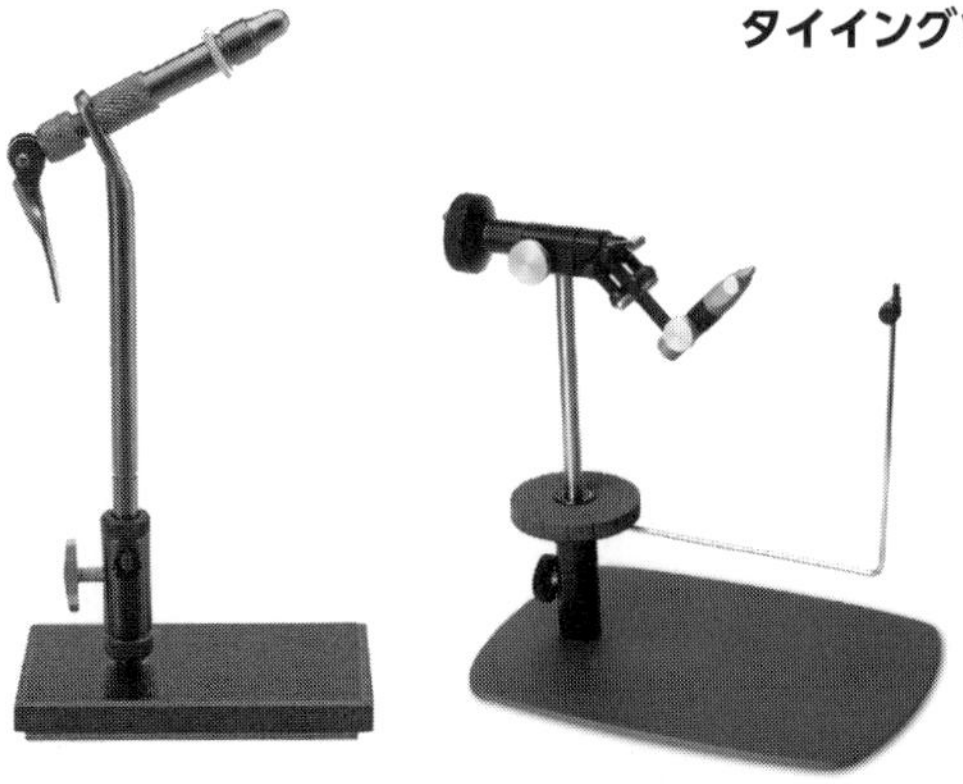

バイス
両方ともペデスタル（卓上型）で、左がスタンダードタイプ、右がオフセットタイプ

ハックルプライヤー
文字どおりハックルを挟むためのもので、ほかにもさまざまなマテリアルを挟んだりそのまま一時的にぶら下げておくのに重宝する。高価なものほど先端のかみ合わせがよい

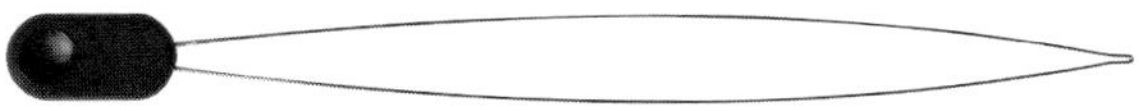

スレッダー
絶対に必要なものではないが、あると大変便利で、作業の取り掛かりも早くなる

ヘアスタッカー
上は広く穴が空いており、そこにエルクヘアなどを入れ、硬いものの上で数回トントンとすると先端が揃う。そのあとで本体を寝かせて上部を静かに引き抜くと先端が揃ったマテリアルが得られる

ボビンホルダー
写真の製品はスレッドを通すパイプ部分がセラミック製のもの。よくデザインされたボビンホルダーは手に馴染み、使うほどに手離せなくなる

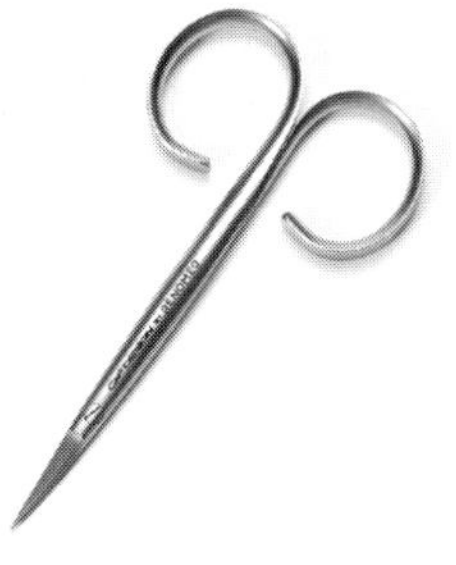

シザーズ
刃の先端側をわずかにカーブさせたデザイン。ストレートタイプもある。切る素材の硬さや用途に応じて2、3種類を使い分けるとよい

ボドキン
この製品は作業がしやすいように先端部分を意図的にかぎ状に曲げてある。本体のブラシ状の部分は、これをフライに軽くこすり付けることでニンフなどのボディーをフワッとさせるためのもの（これは付属しない製品が多い）

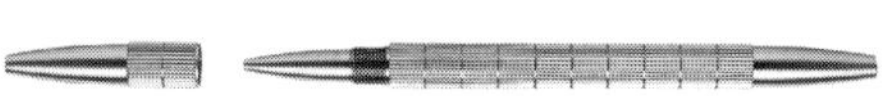

ハーフヒッチャー
スレッドをくるりと本体に巻きつけ、先端の凹みをフックのアイに被せて抜くとスレッドが結ばれた状態になる。それを数回繰り返す。写真の製品はアタッチメントにより複数のサイズのフックアイに対応できるタイプ

・スレッダー

ボビンホルダーの先端チューブの中にスレッドを通すためのツール。なくてもスレッドを通せるが、スレッダーを使うと素早く簡単に出来るので便利。ボビンホルダーがファインタイプの場合は、スレッダーも細くないとチューブに通らないので注意が必要だ。

・フィニッシャー

タイイングの最後にスレッドを結ぶツール。ハーフヒッチャーとウィップフィニッシャーがあるが、最初は使い方が簡単なハーフヒッチャーをお勧めする。ニードル（針）がセットになっているものも使いやすい。

・ハックルプライヤー

エルクヘア・カディスのマテリアル

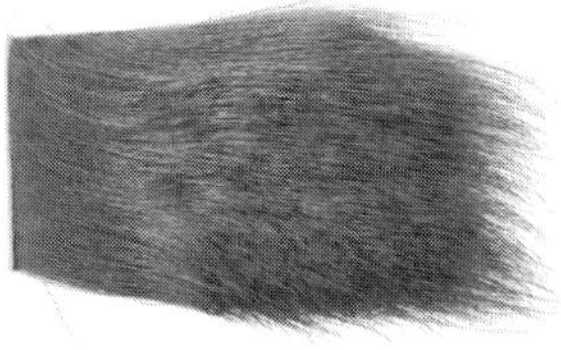
ナチュラルのエルクヘア

ブリーチしたエルクヘア。ウイングに使うと光量の少ない山間の渓流ではとても見やすい

タイイングスレッド。豊富なカラーが用意されている。巻くフライのハックルやボディーのトーンに合わせて色を選ぶとスレッドが目立たない。最初は 6/0 と表示のあるものを使うとよい

コックネックハックル。写真は高価なブランド品だが高品質で、ハックル１枚でドライフライ１本が巻ける

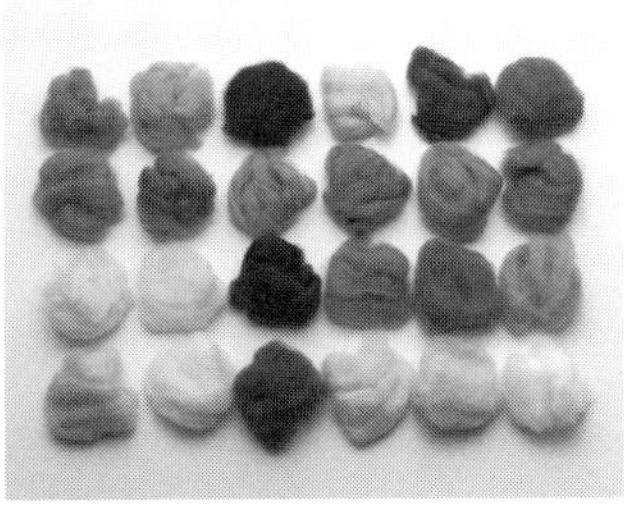
ドライフライ用のシンセティックファー。何十色ものバリエーションが用意されている

ハックル（羽根）をつかむものだが、ほかにもワイヤや細いマテリアルをつかんだりすることもある。

・ヘアスタッカー

エルクヘアなど獣毛の毛先を揃えるツール。代表的なドライフライ、エルクヘア・カディスを巻く時には必須だ。通常はSかMサイズを使う。ドライフライ以外で使うことはほとんどない。

・ボドキン

タイイングの時に使う太いニードル（針）。接着剤を付けたり、マテリアルを分けたりする時に使う。

●マテリアル

初心者にお勧めのフライパターンのマテリアルをドライフライ、ニンフ、ストリーマーに分けて解説しよう（Day1「フライ」の項を参照）。

ドライフライのお勧めパターン「エルクヘア・カディス」

ハックル：ケープ（1羽の状態）で購入するほうが得だが、ブランド品は低グレードでも1枚1万円以上する。初めは

割高でも#14くらいのサイズで小分けされたものを購入してもよい。質のよいハックルは1枚で1個のドライフライが巻ける。安価なインディアンケープだと3枚くらい使うので作業も大変である。

ボディー：ドライフライ用のシンセティック（人工素材）ファー（極細の繊維）をスレッドにダビング（縒り付ける）して作る。ファーにはドライ用の浮きやすい素材と、ウエットフライ用の沈みやすい素材があるので間違えないように。色は豊富だが一般的にブラウン系を、夏はブラックを使うことが多い。

ウイング：エルクヘア。北米に生息する大鹿。雄の立派な角で知られる。通常はエルクヘアの名前で市販しているが、ブルエルク、カウエルク、イヤーリングエルク、スピニングエルクなどとなっている場合、最初はカウエルク（雌のエルク）を撰ぶとよい。ブリーチドエルクは脱色しており、釣りの時によく見えるが、ナチュラルに比べると少し素材が弱い。

スレッド：ボディーの色に合わせて使うとスレッドが目立たない。最初は、6／0というサイズを使うのがお勧めである。小さなサイズを巻くようになると8／0を使う。スレッドのサイズは数字が大きくなると糸が細くなる。

ニンフフライのお勧めパターン

「ビーズヘッド・ヘアズイヤー」

ビーズ：ガラス、ブラス（真鍮）、タングステンの3種類。ガラスが一番軽くタングステンが一番重い。タングステンはブラスの約2倍の重さがある。ニンフを沈みやすくするためフックにレッドワイヤ（鉛の糸）を巻いてもよいが、今回は一番一般的なブラスのゴールドビーズを使う。サイズは3／32インチ。これより大きくても小さくしてもよい。

リブ：スモールかミディアムサイズのゴールドワイヤ。リブはボディーに等間隔に巻き、昆虫の胴部の体節を表わすとともにフライを補強する意味もある。

ボディー：ヘアズイヤー＝野兎の耳。実際に野兎の耳だけを売っている。この毛をむしりスレッドにダビングする。またラビットファーとして毛だけを小袋で売っており、そのヘヤズイヤー色を使ってもよい。ダビング用ワックスを使うと作業が簡単にできる。

ウイングケース：ターキークイルやフェザントテイルなどのファイバー。フェザントテイルが比較的安価で入手しやすく、他にもよく使うのでお勧めである。

スレッド：ボディーのヘアズイヤーに似た色（たとえばタン）。

ストリーマーのお勧めフライ

「マラブーストリーマー」

ハックル：パートリッジ。ヘンネックなどの柔らかく短い羽根でも代用可。

ボディーとテイル：マラブー（現在は主にターキー＝七面鳥）の柔らかいハックルを両方に使う。さまざまな色に染めたものが市販され、オリーブのほか、ブラウン、ブラックに人気がある。

ウエイト：レッドワイヤ（鉛の糸）をフックに巻き付けてフライが沈むようにする。サイズがあり、#2をよく使う。

●フック

大きく分けて細軸と太軸の2種類がある。前者は浮きやすくするためドライフライに、後者は沈みやすいようにウエッ

ビーズヘッド・ヘアズイヤーのマテリアル

ゴールドビーズ。ビーズは、見た目は同じでも素材が複数あり重さが異なる（写真はタングステン製）。最初はブラス素材で巻いてみよう

ゴールドワイヤ。スレッドと同じく細さ（太さ）のサイズがある。ここではS（スモール）かM（ミディアム）で巻く

兎の毛だけを小袋に詰めたもの。ラビットファー、ヘアズマスクダビングなどの名前で市販されている

フェザントテイル。キジの尾羽根。ニンフフライで多用するマテリアル

ターキークイル。通常左右のペアで市販されている

マラブーストリーマーのマテリアル

パートリッジは鳥のウズラのこと。柔らかい羽根が特徴で特に沈めるフライに多用される

マラブー。わずかな空気の動きにも反応して揺れる柔らかさが水中で魚を誘う

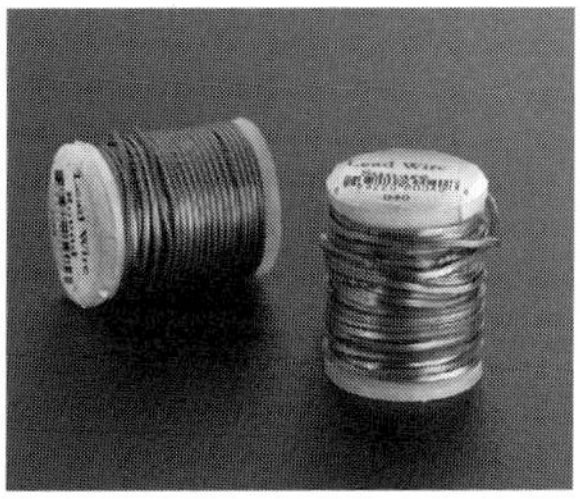

レッドワイヤ。スレッドと同じく各サイズがある。フライを速く沈めるために下巻きに使われる

トやニンフ、ストリーマーに使う。

フックには、それぞれに大きさと形状の番号がある。大きさは、数字が大きくなるとサイズが小さくなり「#（番）」で表わす。形状は、メーカーによって番号や名前で表示され、数えきれないほど多くの種類があるが、よく使うフックの形状番号は自然に覚えているので心配いらない。形状番号のあとに「BL」と表示があるのはバーブレスの意味で、カエシのないフックである。国内では一番需要の多いTMCフックから、説明したそれぞれのフライに合うフックを紹介しよう。

ドライフライ「エルクヘア・カディス」

TMC100BL#12、14。ドライフライで一番使われるフックで、そのバーブレス。最も使うサイズは#14だが、最初は#12が大きくて巻きやすい。

ニンフフライ「ビーズヘッド・ヘアズイヤー」

TMC3761SP-BL#12、14。ニンフで一番人気のある太軸フックのBL（バーブレス）。SPとは、フックの先端が特殊な形状をしているフックとい

う意味でTMCのオリジナル。

ストリーマー「マラブーストリーマー」

TMC5262#10、12。ストリーマー用にもニンフ用にも使え、標準タイプと比べるとアイ2個分シャンクが長い。このフックにはBLがないので、バーブレスにしたい場合はフォーセップなどでバーブを潰してからタイイングする。

タイイングワックスは粘度が異なるものが各種市販されている。硬くて粘度の低いものはタイイング全般に、特に柔らかいものは獣毛のダビングなどに向く

左から、TMC100BL#14、TMC3761SP-BL#12、TMC5262#12（各写真はフックのシルエット）

その他の必要なもの

・ヘッドセメント

『初歩からのフライタイイング』（つり人社）。タイイング初心者におすすめの一冊

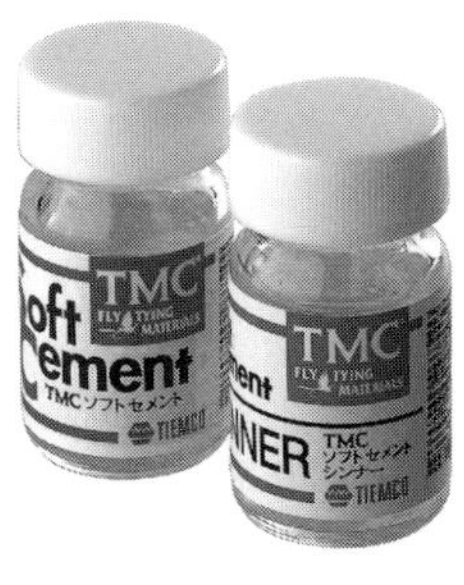

ヘッドセメント。右は薄め液

タイイングの最後にスレッドをウィップフィニッシャーかハーフヒッチャーで留めて切ったところに付ける接着剤。塗布箇所が硬くなりづらい。シンナー系のヘッドセメントが一般的。揮発《きはつ》してドロドロしてきたら別売りの薄め液を足す。

・タイイングワックス

スレッドにマテリアルをダビングする際に使う。ラビットファーなどの動物の毛はスレッドに撚りづらい。タイイングワックスは少し粘り気がある素材で、スレッドに塗ることで撚りづらいマテリアルも簡単にダビングできる。

・タイイング教書

最近はインターネットでタイイングの動画を多数見ることができる。しかし、細かい部分が早く流れて分かりづらい時もある。また何回も繰り返したい時は、本が見やすい。そこでお勧めの入門本は、つり人社から出版された『初歩からのフライタイイング』。比較的新しい本で写真やイラストも多く、初心者向けの分かりやすい内容になっている。

【参考文献】
『フライフィッシング用語辞典』（川野信之／カワノ・ブックス）
『CONTROLLED FLY CASTING』（東　知憲／つり人社）
『水生昆虫ファイル　Ⅰ・Ⅱ・Ⅲ』（刈田　敏／つり人社）

【写真提供】
（株）ウォルトン
（株）シーアンドエフデザイン
（株）双進
（株）ティムコ
（株）バリバス
（株）プロックス
パタゴニア 日本支社

【取材協力】
BerryPark in FISH ON！鹿留

著者プロフィール
白川　元（しらかわ　げん）

昭和 36 年大阪府吹田市生まれ、東京都世田谷区育ち。駒場東邦中高等学校卒、立教大学法学部卒。
医療関係の仕事を 30 歳で退職し、幼なじみでフライフィッシングを教えてくれた親友が大学院生として通う米国オレゴン大学に 1 年間語学留学をする。授業の休みにはオレゴン州内をはじめイエローストーン国立公園などを釣り歩く。
帰国後 32 歳で、都内近郊にプロショップを構える㈱サンスイに入社。40 歳から新宿、池袋、上野、渋谷店の各店店長を歴任し、60 歳で定年退職。現在は悪化した持病の腰痛を治療しながら、フライフィッシングを楽しむ。
FFI（FLY FISHERS INTERNATIONAL）公認インストラクター（CI）、JFF 会員。

都内《とない》超《ちょう》有名《ゆうめい》専門店《せんもんてん》勤務歴《きんむれき》28年《ねん》ベテラン直伝《じきでん》！
フライフィッシングの「高《たか》そうな壁《かべ》」をらくらく乗《の》り越《こ》える、3日《か》でマスター術《じゅつ》

2023 年 7 月 1 日発行

著　者　白川　元
発行者　山根和明
発行所　株式会社つり人社

〒 101-8408　東京都千代田区神田神保町 1 -30-13
TEL 03-3294-0781（営業部）
TEL 03-3294-0766（編集部）
印刷・製本　シナノ書籍印刷株式会社

乱丁、落丁などありましたらお取り替えいたします。

ISBN978-4-86447-719-2 C2075
つり人社ホームページ　https://tsuribito.co.jp/
つり人オンライン https://web.tsuribito.co.jp/
釣り人道具店　http://tsuribito-dougu.com/
つり人チャンネル（You Tube）　https://www.youtube.com/channel/UCOsyeHNb_Y2VOHqEiV-6dGQ